보살예수

: 불교와 그리스도교의 만남

길희성 "종교와 영성 연구" 전집 9

보살예수

: 불교와 그리스도교의 만남

2004년 12월 20일 초판 1쇄 펴냄
2022년   4월 15일 재판 1쇄 펴냄
2024년   6월 10일 재판 2쇄 펴냄

지은이 | 길희성
펴낸이 | 김영호
펴낸곳 | 도서출판 동연
등   록 | 제1-1383호(1992. 6. 12)
주   소 | 서울시 마포구 월드컵로 163-3
전   화 | (02)335-2630
전   송 | (02)335-2640
이메일 | yh4321@gmail.com
블로그 | https://blog.naver.com/dong-yeon-press

ISBN 978-89-6447-709-0 04200
ISBN 978-89-6447-700-7 (전집)

길희성 "종교와 영성 연구" 전집 9

불교와 그리스도교의 만남

보살예수

길희성 지음

동연

전집 발간에 즈음하여

　며칠 전 세브란스 병원에서 건강검사를 마치고 집으로 돌아오는 길에 차 안에서 동연 출판사 김영호 사장과 전화 통화를 할 기회가 있었다. 마침 그분도 세브란스 병원에 입원 중이라는 말을 듣고 깜짝 놀랐다. 다시 한번 생로병사의 고통을 말씀하시면서 인생의 지혜를 일깨워 주셨던 부처님의 말씀이 생각났다. 사실, 입원이 여의치 않아 거의 뜬눈으로 병실에서 검사를 기다리며 지내다 보니, 온통 환자들과 가운을 입은 의료진만을 볼 수밖에 없었다. 그러다 보니 내가 산 지난날의 모습을 회상하게 되었다. 지금은 근 80년을 산 셈이니, 이제 흙 속에 묻혀도 여한이 없겠다는 생각, 세상에는 몸이 아파 고통을 받는 사람이 너무 많구나 하는 생각이 새삼스럽게 들었고, 하느님께서 나의 삶을 비교적 순탄케 이끌어 주셨구나 하고 감사하는 마음도 절로 생겼다. 무엇보다도 병마에 고통스러워서 소리를 지르는 사람들을 보면서, 병마의 고통을 간접적으로나마 느껴보는 것도 그리 나쁘지 않은 경험이라는 생각이 들어, 내가 그동안 받은 많은 복을 너무 당연시하며 철없는 삶을 살았다는 반성도 하게 되었다.

　여하튼 김영호 사장님의 쾌차를 빌면서 대화를 마쳤다. 그동안 나의 부족한 책들을 내시느라 노고가 많았던 분도, 소나무, 세창, 서울대학교출판부, 민음사 그리고 철학과현실사 등의 사장님들과 편집진에게 깊이 감사한다. 특히 애써 만들어 출판한 책을 이번 전집에 포함시킬 수 있도록 흔쾌히 동의해 주신 너그러우심에 대해 감사하지 않을 수 없다. 아무쪼록 이 너그러움과 어려운 여건 속에서도 저의 책을 사랑하는 마음으로 전집 발간을 해주시는 동연의 김영호 사장님의 용단이 합하여, 우리나라의 열악한 출판계와 학계의 발전에 큰 기여가 되기를 기대한다.

전집 발간을 계기로 그동안 출판한 책들과 글들을 모두 다시 한번 읽어 보게 됨에 따라 눈에 띄는 오자, 탈자를 바로잡았다. 또 불가피한 경우에는 약간의 수정을 가하거나 아예 새 문장/문단으로 대체하기도 했다. 전집 발간은 자서전 쓰는 것과 유사하다. 자기가 쓴 글이라도 마음에 드는 글과 안 드는 글이 있기 마련이지만, 마치 정직한 자서전을 쓰는 사람이 자기가 살면서 저지를 잘못된 행동을 감추어서는 안 되듯이, 전집을 내는 것도 이제 와서 자기 마음에 안 든다고 함부로 누락시킬 수 없다. 이런 점에서 자서전과 전집은 정직을 요한다.

지금까지 자기가 쓴 줄도 모르고 있던 글도 있고, 자기 뜻과는 다른 논지를 편 글도 있을 수 있지만, 할 수 있는 대로 다 전집에 담으려 했다. 그러다 보니 전집의 부피가 커질 수밖에 없고, 마음에 안 드는 글은 빼려 하니 독자들을 속이는 것 같았다. 고심 끝에 양극단을 피하려 했지만, 결과는 만족스럽지 못했고, 결국 후학들이나 독자들의 판단에 맡기게 되었으니, 너그러운 양해를 구한다.

참고로, 현재까지 나온 책 9권과 앞으로 출판을 계획하고 있는 책 18권과 나머지 10권가량—아직도 공저 4권과 종교학 고전 번역서 3권을 전집에 포함시킬지 여부를 결정하지 못하고 있다—의 이름들은 다음과 같다는 점을 알려 드린다.

종교와 영성 연구 전집 (총 22권: 잠정적)

1. 『종교 10강 — 종교에 대해 많이 묻는 질문들』
2. 『종교에서 영성으로 — 탈종교 시대의 열린 종교 이야기』
3. 『아직도 교회 다니십니까? — 탈종교 시대의 그리스도교 신앙』
4. 『지눌의 선 사상』
5. 『일본의 정토 사상: 신란의 절대 타력 신앙』
6. 『마이스터 에크하르트의 영성 사상』
7. 『인도 철학사』
8. 길희성 역주. 『범한대역 바가바드 기타』
9. 『보살예수: 불교와 그리스도교의 창조적 만남』
10. 『포스트모던 사회와 열린 종교 이야기』
11. 『신앙과 이성의 새로운 화해』
12. 『인문학의 길: 소외를 넘어』
13. 길희성 · 류제동 · 정경일 공저. 『일본의 종교문화와 비판불교』
14. 한국 불교 사상 개관

(이하 출간 예정)

15. 『영적 휴머니즘』 (증보개정판, 2023)

공저

16. 길희성 · 김승혜 공저. 『선불교와 그리스도교』 (바오로딸, 1996)
17. 길희성 외 3인 공저. 『오늘에 풀어보는 동양사상』 (철학과현실사, 1999)
18. 길희성 외 3인 공저. 『전통, 근대, 탈근대의 철학적 조명』 (철학과현실사, 1999)

종교학 고전 번역

19. 루돌프 오토/길희성 역. 『성스러움의 의미』 (분도출판사, 1987)
20. 윌프레드 캔트웰 스미스/길희성 역. 『의미와 목적』 (분도출판사, 1991)
21. 게르하르트 반델레우/길희성 · 손봉호 공역. 『종교현상학』 (분도출판사, 2007)

기타

22. 에세이 『대담 및 단상』

초판 머리말

　불교와 그리스도교는 동서양을 대표해 온 종교였을 뿐 아니라, 지난 세기에 들어서는 전 세계의 종교가 되었다. 그리스도교가 서양 세계를 벗어나 아시아-아프리카-라틴 아메리카에 널리 퍼졌듯이 불교 또한 아시아의 경계를 넘어 북미 대륙과 유럽까지 널리 퍼지게 된 것이다. 두 종교는 이제 문자 그대로 '세계종교'가 되었다. 이것은 단지 두 종교의 신도수 증가와 영향력의 확대라는 차원을 넘어서 두 종교가 본래부터 가지고 있는 깊은 종교성과 메시지의 보편성을 증언해 주는 것이기도 하다.

　한국은 불교와 그리스도교라는 두 세계적 종교가 막상막하의 세력으로 공존하는 지구상 유일한 나라이다. 하지만 유감스럽게도 두 종교는 단지 물리적으로 공존하고 있을 뿐, 정신적으로는 상호 무관심 내지 무시 속에 병존하고 있는 형편이다. 다시 말해 두 종교는 창조적 만남을 통해 자신의 시야를 넓히고 사상을 심화시킬 수 있는 소중한 기회들을 놓치고 있는 셈이다. 이렇게 된 데에는 무엇보다도 상호 무지가 큰 원인이다. 그리스도인으로서 불교에 대하여 깊은 이해를 가진 사람을 찾아보기 어려운 것은 물론이고, 불자들 가운데서 그리스도교 신앙에 대하여 피상적 차원을 넘어선 이해를 지닌 사람을 만나기도 어렵다. 상호 불신이나 혐오감을 가지지 않으면 다행일 정도로 두 종교는 이 땅에서 상호 무관심 속에 지내고 있다.

이러한 상황을 타개하는 데 조금이라도 도움이 되고자 필자는 '새길기독사회문화원'이 주최하는 제7회 일요신학강좌(2004년 봄)에서 "불교와 그리스도교"라는 제목으로 10회에 걸쳐 강의를 한 바 있다. 이 책은 그 강의 내용을 약간 손질해서 출판한 것이다. 필자는 강의를 통해 일차적으로는 그리스도인들로 하여금 불교에 대하여 올바른 이해를 가지도록 노력했다. 그러나 그 강의는 단순히 불교에 대한 지식을 전달하는 차원을 넘어서, 필자의 오랜 학문적·실존적 관심이었던 두 종교의 창조적 만남을 모색하면서 지금까지의 생각을 정리해보고 사람들과 나누어보는 귀중한 장이기도 했다. 아직도 정리되지 못한 거친 생각들이 많이 들어 있고 더 꼼꼼히 따져보아야 할 문제들도 한둘이 아님을 알면서도, 일단 두 종교의 심층적 만남을 위해 사유의 씨앗을 뿌린다는 의미에서 출판을 결심했다.

'보살예수'라는 책의 제목이 많은 사람에게 호기심 못지않게 거부감을 자아내리라 생각한다. 불자들로서는 보살 신앙까지 그리스도교가 포섭하려는 '제국주의적' 발상이라는 비난이 있을 수 있고, 그리스도교 쪽에서는 그리스도교 신앙의 독특성을 무시하는 무분별한 종교혼합주의 내지 불신앙의 표현이라는 거센 비판이 예상된다. 하지만 여기서 분명히 밝혀두고자 하는 바는 그런 것은 필자의 의도와는 전혀 무관하다는 사실이다. 결코 세인의 호기심을 자극하거나 필자 자신의 지적 만족을 위한 것이 아니라 오랜 공부와 진지한 사색의 결과임을 확언한다. 간단히 말해서 예수에게서 보살의 정신을, 보살에게서 예수의 모습을 볼 수 있다는 확신을 반영한 것이다. 인간을 구원하는 것은 결국 사랑과 자비의 힘임을 믿으며, 예수와 보살은 우리 모두에게 그러한 힘을 매개해주는 존재들임을 밝히고자 했다. '보살예수'는 열 번의 강의 중 한 강의의 제목이기는 하나, 이 책 전체를 관통하는 정신이기에 책의 제목으로 삼았다.

아무쪼록 이 책의 출판이 불필요한 감정 대립이나 비방이 아니라, 삶의 궁극적 의미를 향한 진지한 사색과 대화를 촉진하고 더나아가서는 불자들과 그리스도인들이 교리와 사상의 장벽마저 뛰어넘어 화합과 일치를 이루는 데 조금이라도 도움이 되기를 간절히 바란다. 갈등과 대립을 넘어서 화합과 일치의 삶을 살자는 것이 모든 종교의 공통적 메시지이지만, 종교 간의 장벽만은 너무나 강고하여 종교가 오히려 평화의 적이라는 비판을 면치 못하고 있다. 종교들의 특성과 차이를 인정하면서도 진리 앞에서 겸손해지는 신앙 그리고 교리와 사상보다는 사랑과 자비가 우리를 구원하는 힘임을 깨닫는 지혜의 문에 좀 더 가까이 다가가는 데 이 책이 조그마한 길잡이가 되기를 희망하면서, 일요일 아침의 달콤한 휴식을 희생하고 강의를 경청해 주신 모든 분들께 기쁜 마음으로 이 책을 바친다.

2004년
저자 길희성

차 례

그리스도교와
이웃 종교

1. 하느님은 '종교다원주의자'

그리스도교 단체인 '새길기독사회문화원'에서 "불교와 그리스도교"라는 주제로 강의를 하는 것은 특이한 일일 것입니다. 또한 쉬운 일도 아닙니다. 저는 불교를 전공으로 공부하긴 했지만, 신앙적으로는 그리스도인이며 신학도 공부한 사람입니다. 그런 제가 불교에 대해 마음을 열고 이야기할 수 있게 되기까지는 상당한 내적 갈등과 신앙의 고민이 있었습니다.

저는 신학적으로 상당히 '급진적'인 사람이므로 이번 강좌에서 저의 개인적인 신학적 견해와 종교 이해를 말씀드리게 되겠지만, 이것은 어디까지나 제 개인의 생각이라는 사실을 먼저 밝혀두고자 합니다. 특히 이 강좌는 '새길기독사회문화원'에서 사회·종교문화 운동의 하나로 전개하는 신학 프로그램이지 제가 참여하고 있는 '새길교회'의 신앙과 신학의 입장이 아니라는 점을 이해해 주시기 바랍니다. 저런 생각을 하는 사람도 있구나, 왜 저렇게 생각하게 되었을까를 열린 마음으로 진지하게 들어 주시면 고맙겠습니다.

제가 오랜 종교 생활과 종교 연구를 통해 지금까지 얻은 결론은 인간을 구원하는 것은 그 사람의 신학이나 사상이 아니라 사랑이라는 것입니다. 신학과 사상은 자신의 양심에 따라 지성적으로 받아들일 수 있는 것이어야 합니다. 그러니 어떤 신학적 입장을 갖는가에 따라 인간이 구원을 받거나 멸망한다고 생각하지 마시기 바랍니다. 우리가 사랑에서 하나 되고 사랑으로 구원받는다는 데 동의하신다면, 저의 신학 사상이 보수적 신앙이나 신학과 어긋난다 해도 여유를 가지고 이런 생각 저런 생각이 가능하다는 걸 이해해 주시길 바랍니다.

저는 종교다원주의자입니다. 물론 한국의 신학계, 종교계에서 '종교다원주의자'라고 하면 오명이 됩니다. 정확히 그 뜻도 모르면서 종교다원주의를 공격합니다. 그것을 예상하면서도 저는 종교다원주의자임을 숨기지 않습니다. 제가 종교다원주의자가 아니라면 그리스도인으로서 불교에 대하여 정직하고 열린 마음으로 이야기할 수 없기 때문입니다. 제가 종교다원주의자가 된 것은 외람된 말이지만 하느님 자신이 '종교다원주의자'라고 생각하기 때문입니다. 제가 믿는 하느님은 모든 종교를 초월하는 하느님이므로 그런 하느님을 믿는 저는 종교다원주의자가 될 수밖에 없는 것이지요. 하느님은 다양한 방법으로 인간과 관계 맺는 존재이시며, 다양한 방식으로 인간을 사랑하고 구원하시는 분이라는 의미에서 저는 하느님을 '종교다원주의자'라고 부르는 것입니다.

세계의 다양한 종교들은 모두 시간과 영원, 상대와 절대, 유한과 무한, 인간과 하느님을 매개해주는 미디어, 즉 매개체입니다. 예수 그리스도를 비롯한 세계의 성인과 성자들은 모두 인간으로 하여금 하느님께로 나아가도록 인도해 주는 안내자, 매개자 혹은 그리스도교의 용어로 중보자입니다. 그들은 하느님의 신비와 깊이, 넓이와 풍요로움을 전해 주는 특별한 존재들이며 하느님 계시의 도구들입니다. 하느님이 그들을 통해 자기 존재, 자기 얼굴을 알리시기 위해 특별히 선택한 존재들이라는 것입니다. 하느님은 수많은 성자와 다양한 종교적 미디어를 통해 인간과 교류해 왔고, 인간 역시 그들을 통해 하느님께 나아갈 수 있다는 것이 종교다원주의의 입장입니다.

좀 더 근본적인 말씀을 드린다면 저는 세계의 성인, 성자들뿐만 아니라 모든 인간이 하느님의 계시자라고 봅니다. 모든 인간은 하느님의 형상으로 지음받은 존재들이기에 그 안에 신성을 가지고 있다고 믿습니다. 이것은 인간을 하느님의 모상(imago dei)으로 이해하는 전통적인 그리스도교 인간관입니다. 그래서 어떤 이들은 '하느님의 씨앗'이 우리 안에 있다고 가르쳤습니다. 함석헌 선생은 그것을 '씨알'이라고 했지요. 하느님의 씨앗이 우리 안에 있으므로 우리는 인간을 볼 때 하느님의 얼굴을 보아야 합니다. 물론 일그러진 인간성으로 인해 그것을 보기가 쉽지는 않습니다. 그럼에도 불구하고 우리는 긍정적으로 인간을 봐야 합니다. 우리도 중보자, 계시자가 될 수 있는데, 다만 탐욕과 죄 때문에 우리의 본성을 제대로 실현하지 못하고 있을 따름입니다. 그래서 하느님께 나아가는 데 서로가 장애가 되고 있는 것이지요. 성인과 성자들은 인간의 신적 본성을 드러내 하느님과 하나 되는 경지에까지 나아간 분들입니다. 모든 인간이 본래 하느님의 육화(incarnation)라고까지 생각할 수 있을 것입니다. 바로 이런 면에서 저는 그리스도교 사상과 동양의 종교 사상들이 만날 수 있다고 생각합니다.

2. 제국주의와 그리스도교 선교

세상에는 다양한 문화와 삶의 방식들이 있어 인간의 삶을 풍요롭게 합니다. 우리는 획일적 문화가 세상을 지배하길 원하지 않습니다. 마찬가지로 종교의 다양성도 자연스러운 일이며 하느님의 뜻이라고 생각합니다. 어느 한 문화가 세계를 지배하면 세상이 얼마나 재미없겠습니까? 문화제국주의와 마찬가지로 종교제국주의도 하느님의 뜻이 아니라고 생각합니다.

그리스도교는 현재 가톨릭과 개신교를 합해 세계 15억 인구가 믿는 '세계종교'이지만, 아직도 세계 인구의 대다수는 그리스도교 신앙과 무관하게 살고 있습니다. 특히 서구 나라들이 세계를 지배하기 전인 19세기 이전에는 더욱 그랬습니다. 세계 인구의 절반 이상을 차지하는 아시아와 아프리카는 19세기 전까지만 해도 그리스도교라는 것을 전혀 알지 못한 채 수천 년을 살아왔습니다. 그리고 계몽주의 이후에는 서구에서도 그리스도교가 수세에 몰리며 퇴조해왔습니다. 그러니까 서구에서 실지失地한 그리스도교가 제국주의 세력을 등에 업고 아시아와 아프리카에서 세력을 만회하기 시작했던 것입니다. 근대 그리스도교는 제국주의 세력의 첨병으로 아시아와 아프리카에 진출해 세력을 확장했습니다. 아프리카에서는 한편으로는 노예장사를 하면서 복음을 전했고, 아시아에서는 식민 침탈을 하면서 그리스도교를 전파한 것입니다. '병 주고 약 주는' 셈이지요. 하지만 지금도 인도, 중국, 일본 그리고 이슬람 국가들과 동남아 여러 나라에서는 그리스도교가 거의 있으나 마나 한 존재입니다.

19, 20세기의 그 엄청난 서구의 군사력과 경제력을 이용해 선교했지만, 그리스도교는 아시아에서 결코 성공하지 못한 것입니다.

그리스도교가 성공한 곳은 아시아에서 한국과 필리핀 그리고 아프리카 대륙뿐입니다. 그나마 아프리카에서는 이슬람이 더 강합니다. 더욱이 아프리카 그리스도교는 독특한 아프리카적 영성으로 토착화된 '아프리카적 그리스도교'입니다. 그들은 우리나라 그리스도교처럼 서구의 낡은 그리스도교를 그대로 복제한 그리스도교가 아닙니다. 그러니까 아프리카 그리스도인들은 문화 주체성의 면에서 보면 우리보다 낫다고 얘기할 수 있지요. 아시아 국가 중에서는 고작 필리핀과 우리나라만 그리스도교 선교가 성공한 것입니다. 이것을 명예로 생각해야 할지 수치로 생각해야 할지 고민입니다.

필리핀이나 아프리카에서 그리스도교 선교가 성공한 이유 가운데 하나는 그들에게는 불교나 유교, 도교와 이슬람처럼 깊은 철학과 사상을 가진 '고등' 종교가 없었기 때문입니다. 혼령 숭배(애니미즘, animism)나 샤머니즘적인 '원시' 종교들밖에 없었습니다. 물론 제가 원시 종교를 폄하해서 이렇게 말하는 건 아닙니다. 그렇다면 우리나라는 어떠했습니까? 이상하게도 유독 우리나라에서만 불교, 유교, 도교 등 심오한 종교 전통이 있었음에도 그리스도교 선교가 성공했습니다. 한국은 고등 종교 전통이 있었음에도 그리스도교 선교가 성공한 유일한 나라입니다. 그것도 한물간 지 오래인 서구 그리스도교를, 서구인들조차 외면한 그리스도교를 그들보다 더 열성적으로 믿고 있는 것이 한국 그리스도교의 현실입니다.

3. 한국에서 그리스도교 선교가 성공한 이유

이런 현상과 그 원인에 대해 질문하는 외국인들이 많습니다. 그런데 그들의 얼굴에서 저는 신통하고 놀랍다는 감탄의 표정보다는 약간 신기해하고 조롱하는 듯한 표정을 읽게 됩니다. "당신들은 문화적 주체성도 없는가?"라는 식이죠. 그런 질문을 받을 때 저는 속으로 당혹감과 부끄러움을 느낍니다. 정말 우리는 문화적 주체성과 자존심도 없는 민족이란 말인가? 선교사들이 전해 준 그리스도교를 맹목적으로 추종하고 있는 건 아닌가?

물론 하느님이 한국 사람들을 특별히 사랑하셔서 그리스도교가 이 땅에 번성하게 되었고, 하느님은 한국인들을 통해 그리스도교 신앙을 세상에 전파하는 선교적 사명을 감당하게 했다는 식의 신앙 고백적 해석도 가능하겠지요. 하지만 지성적으로 볼 때, 한국 그리스도교가 번성하게 된 데는 명백한 역사적 이유가 있습니다.

첫째는 우리가 일본의 식민 통치를 받았다는 사실입니다. 만약 우리가 어느 서구 '그리스도교 국가'의 식민 통치를 받았다면 해방과 동시에 그리스도교는 청산의 대상이 되었을 것이 분명합니다. 다행인지 불행인지 우리는 일본의 통치를 받았기 때문에 우리나라에서는 그리스도교 신앙이 애국주의, 민족주의와 함께 갈 수 있었던 것입니다. 서구 식민 통치를 받은 다른 나라들이 해방과 함께 그리스도교를 제국주의 압제자들의 종교로 청산한 반면 일본의 통치를 받은 한국의 그리스도교는 청산의 대상이 되지 않았던 것입니다.

둘째는 그리스도교가 전파되기 시작한 시기에 한국 사회는 종교적 진공 상태를 겪고 있었다는 사실입니다. 조선 시대에 불교는 지리멸렬한 산중불교로 겨우 명맥을 유지하고 있었습니다. 물론 유교도 종교이긴 하지만 종교성이 약해서 민중의 종교적 욕구에 부응하지 못하는 면이 있습니다. 만약 불교가 조선 시대에 박해받지 않고 융성하여 고려나 통일신라 시대처럼 나라의 주류 종교로 자리 잡고 있었다면, 그리스도교 선교는 성공하기 어려웠을 것입니다. 뿐만 아니라 선교사들 역시 안하무인격으로 우리나라의 토착 종교들을 무시하면서 그리스도교를 전파할 수 없었을 것입니다. 제국주의를 등에 업은 선교사들은 결국 종교적 진공 상태에서 선교에 성공할 수 있었던 것입니다.

셋째는 6.25의 아픔, 1970~80년대의 급격한 도시화와 산업화 같은 사회변동의 영향입니다. 불교가 아직 정신을 못 차리고 있을 때 도시 어디에서든 만날 수 있는 교회는 농촌을 떠나 도시로 온 사람들에게 큰 정신적 안식처가 될 수 있었습니다.

이상과 같은 이유는 모두 비(非)신앙적인 요소들입니다. 하지만 누가 이러한 사실을 부정할 수 있겠습니까? 물론 신앙 고백적 차원에서 이 문제를 보는 사람도 있겠지만, 저는 하느님이 유독 한국인들만을 사랑해서 이 땅에 그리스도교를 번성하게 하셨다는 생각에는 동의할 수 없습니다.

한국 불교는 해방 후 60년대까지는 비구·대처 싸움을 비롯해서 많은 혼란을 겪다가 70년대 이후 안정을 되찾고 교세를 회복하기 시작했습니다. 현재는 우리나라의 최대 종교가 되어 그리스도교와 함께 종교계를 양분하고 있습니다. 한국에서 종교를 갖고 있지 않지만, 만약 종교를 갖게 된다면 어느 종교를 선택할 것인가 물어보

면 요즈음 제가 아는 지성인들 대다수는 그리스도교, 특히 개신교
는 아니라고 대답합니다. 대개 천주교 아니면 불교를 생각합니다.
개신교는 '저질' 종교라는 생각이 지성인들 사이에 팽배해 있습니다.

어쩌면 우리나라에서 그리스도교를 믿을 사람은 이미 다 믿었다
고 말할 수 있을 것 같습니다. 정말 이제부터는 신도를 빼앗기지나
않으면 그나마 다행이라는 시절이 되었습니다. 개신교는 참 희한한
종교입니다. 개종도 많이 시키지만, 반면 탈종도 제일 많습니다. 한
국의 종교 통계 자료들을 보면 자기 종교에서 탈종한 사람들 가운
데 개신교 신앙을 버리고 다른 종교로 간 사람들이 제일 많습니다.

4. 그리스도교의 패러다임 전환

우리는 여러 종교가 공존하고 있는 다종교 세계에서 살고 있습니다. 함께 살려면 이웃 종교를 알아야 합니다. 그래야 평화로운 세상을 살 수 있습니다. 가톨릭 신학자 한스 큉Hans Küng은 "종교 간의 평화 없이 세계의 평화는 없다"라고 말한 바 있습니다. 물론 종교 간의 평화가 있다고 해서 세계의 평화가 반드시 있으리라는 보장은 없습니다. 그러나 종교 간의 평화는 필요충분조건은 못 된다 해도 필요조건은 됩니다. 저는 그의 명제에 덧붙여 "종교 간의 대화 없이 종교 간의 평화는 없다"라고 말하고 싶습니다.

최근 서구와 이슬람권의 갈등은 종교와 평화의 관련성을 잘 보여주는 사례입니다. 헌팅턴 교수의 '문명충돌론'은 서구 특수성과 우월주의를 내세우는 면이 있지만, 그래도 문화적, 종교적 갈등이 탈냉전 시대 이후 인류 평화를 가늠하는 중요한 요소가 될 것임을 지적한 것은 옳다고 생각합니다. 문제는 본격적인 종교다원시대를 사는 현대인들의 종교관과 종교의식이 이런 상황을 무시하거나 과거의 단순한 배타적 신앙만을 고수하고 있다는 것입니다. 한국 개신교는 이 점에서 둘째가라면 서러운 종교입니다.

종교다원성을 인정하고, 모든 종교가 하느님께 나아갈 수 있는 길이라는 사실을 인정하게 되면 종교다원주의자가 됩니다. 그렇다면 이런 다원주의적 종교관을 가지면서도 어느 특정한 종교의 신앙이 가능할까요? 이것이 현대인에게 주어진 가장 중요한 문제 중 하나입니다. 저는 가능하다고, 가능해야만 한다고 봅니다. 그렇지 않고 자기 종교의 배타적 우월성을 고집한다면 갈등으로 갈 수밖에 없기 때문이지요.

과연 문화다원주의가 가능하듯 종교다원주의도 가능할까요? 특히 '절대적' 진리를 주장하며 이웃 종교에 대해 배타적 태도를 보였던 그리스도교의 경우 이 문제는 더욱 심각합니다. 가톨릭은 적어도 '제2차 바티칸공의회' 이후부터는 이 문제에 대해 개신교보다 훨씬 전향적 입장을 취해 온 반면 개신교는 여전히 호전적, 배타적, 개종주의적 태도를 지니고 있음을 부정할 수 없습니다.

그리스도교 역사, 신앙, 사상의 역사를 깊이 보면 세 번의 큰 패러다임 전환이 있었음을 우리는 알 수 있습니다. 첫 번째는 그리스도교 신앙이 유대교의 울타리를 벗어나 그리스-로마 세계로 진출하면서 그리스 철학을 접했을 때의 일입니다. 이때 그리스도교 교부와 신학자들은 소크라테스, 플라톤, 아리스토텔레스 등 그리스 철학 사상을 수용해 그리스도교 복음을 옷 입혔습니다. 그리스도교 신학은 이 만남의 산물입니다. 성서는 하느님과의 직접적 만남의 체험이요 특수한 신앙 고백적 언어입니다. 만약 그리스도교가 그리스 철학 사상과의 만남을 통해 신학이라는 보편적 언어를 발전시키지 못했다면, 그리스도교는 유대교의 한 분파로 존재하다가 사라지고 말았을 것입니다. 그리스 철학을 수용하면서 그리스도교는 위대한 사상, 철학, 신학이 있는 종교로 발전해서 지중해 세계를 석권할 수 있었던 것입니다.

두 번째는 갈릴레이 이후 근대 과학과의 만남입니다. 이제는 성서의 천당, 지상, 지하의 '삼층' 세계관과 기적 이야기들을 그대로 믿는 현대인들은 별로 없습니다. 초등학교만 나와도 믿지 않게 될

만큼 현대 그리스도교는 자연과학의 세계관을 수용하지 않을 수 없었습니다. 자연과학만이 아니라 인간이 만든 모든 것이 역사적 산물이라는 역사과학의 발전은 그리스도교에 큰 충격을 주었습니다. 우스운 이야기지만 교황청에서 갈릴레이의 이론이 옳았다고 인정한 게 1991년이었습니다. 참 빨리도 했지요. 그렇게 교회가 늦은 겁니다. 아직도 성서적 세계관과 과학적 세계관과의 만남과 충돌은 그리스도교가 해결해야 할 중요한 과제입니다.

세 번째 도전은 이른바 동양의 고등 종교들과의 만남입니다. 동양 종교들은 불교, 힌두교, 유교, 도교와 같이 우주와 인생에 대한 깊은 철학적 통찰과 지혜를 가진 종교들입니다. 더욱이 동양 종교들은 과거 그리스 철학처럼 단순한 철학이 아니라 구원의 메시지를 가진 종교입니다. 이미 수천 년 동안 무수히 많은 아시아인의 귀의를 받았던 종교들이지요. 그런 종교들 앞에서 그리스도교의 절대적 진리관과 배타적 구원관이 어떤 의미를 가질 수 있는지는 매우 중요한 물음이 되고 있습니다. 그래서 영국의 신학자이며 종교철학자인 존 힉John Hick은 신학에 또 한 번의 '코페르니쿠스적 전환'이 필요한 시대라고 말했습니다. 그리스도교 중심의 종교관은 지구 중심의 세계관과 마찬가지로 폐기되어야 할 시기가 되었다는 것입니다. 이 동양 종교 사상과의 만남이 그리스도교 신학에 어떤 변화를 가져오게 될 것인지는 지금도 진행되고 있는 상황입니다. 심대한 변화를 가져올 것이라고 저는 믿습니다. 적어도 그리스도교 중심적, 제국주의적 시각은 치명타를 입게 될 것입니다. 아니 이미 입었습니다. 이 세 번째 도전은 첫째, 둘째보다도 훨씬 더 심각한 도전이 될 것입니다.

5. 한국 종교문화의 다원성과 그리스도교의 배타성

　한국은 세계적으로도 유례가 없는 종교다원 국가입니다. 주류 종교가 하나가 아니라 둘 혹은 셋인 나라이지요. 불교와 그리스도교 외에 유교까지 생각하면 셋입니다. 장례식장을 가 보십시오. 한 가족의 신앙도 제각각입니다. 스님이 와서 목탁 두드리며 독경하고 나면 목사님이 와서 예배를 인도하는 진풍경이 우리의 종교 상황을 상징적으로 보여줍니다. 그러면서도 심각한 종교 간 갈등이 없다는 게 신기할 정도입니다. 물론 전혀 없는 건 아닙니다. 역대 대선 때 보면 대통령이 그리스도교인이냐 불자냐 하는 게 민감한 사안이 되었던 일이 있었고, 정치인들도 종교를 교묘히 이용했습니다. 신자들 입장에서 보면 대통령이 자기 종교의 신자이길 바라는 감정이 있습니다. 물론 이런 것이 드러난 갈등이 되고 있지는 않습니다. 지난번 총선 때는 그리스도교 정당이 출현하여 걱정을 많이 했는데, 그래봤자 잘 안될 거라고 생각했는지 다행히 불교 정당은 나오지 않았습니다.

　우리나라가 본격적인 다종교 사회임에도 불구하고 심각한 종교 갈등이 없는 이유는 우선 신앙의 자유를 인정하고 가치의 다원성을 인정하는 자유민주주의 체제를 가지고 있기 때문입니다. 또 하나는 유교라는 공통분모를 가지고 있다는 점입니다. 사실 한국인의 행동을 지배하고 있는 것은 효심, 충성심, 예의 같은 유교적 심성과 관습입니다. 우리는 또한 비교적 단일 언어, 단일 민족, 단일 역사를 공유해왔기 때문에 한 특정한 종교에 속하는 정체성보다는 한국인으로서의 정체성이 더 강하다고 할 수 있습니다.

그런데 그리스도교 신자가 되면 타종교에 대한 배타성은 강하게 됩니다. 배타성은 약자들의 자기 보호 본능이기도 하고, 자기의 흔들리는 아성을 지키려는 심리적 기제이기도 합니다. "우리끼리 똘똘 뭉치자"는 마음이 애국심에는 물론이요, 자기 종교를 지키려는 마음에도 있지요. 저는 집단주의는 무엇이든 인류 보편성과 평화의 적이라고 믿습니다. 개인의 이기주의는 그것이 죄라는 걸 금방 알 수 있습니다. 하지만 집단주의는 죄와 이기성을 은폐합니다. 집단 이기주의는 애국심을 가장하고, 신앙적 집단주의의 편견과 증오는 선을 가장하기 때문에 더욱 위험하지요.

배타적 신앙관을 갖는 그리스도인들은 한 가지 난처한 질문을 피할 수 없습니다. 오직 그리스도교 신앙만으로 구원받을 수 있다면 우리 조상들은 과연 어떻게 되었을까 하는 물음이지요. 또 내 사랑하는 식구나 친구 중에 그리스도교 신앙을 갖지 않은 이들의 운명은 어떻게 될 건가 하는 물음입니다. 저는 이에 대해 여태껏 시원한 대답을 들은 적이 없습니다. "하느님이 알아서 할 테니 상관하지 말라" 혹은 로마서의 말씀대로 하느님이 우리의 "양심에 따라 심판할 것이다"라는 식으로 답하기도 하나 모두 시원한 답은 못 되지요.

도대체 과거 조상들이 예수를 믿지 않은 게 그들의 잘못이란 말입니까? 그런데도 그들을 구원에서 배제한다면 하느님은 매우 불공정한 하느님이 될 것입니다. 저는 그런 하느님의 책임을 묻고 싶습니다. 그리스도교를 통해서만 구원받는다면 왜 하느님은 그렇게 우리나라에 '지각'을 하셨는지, 사랑의 하느님이라면 수천 년 동안 한국 백성을 사랑하지 않다가 갑자기 사랑하기로 마음을 바꾸신 건지 묻고 싶습니다. 정말 하느님이 선교사 등에 업혀 다니시는 분입니까? 그것도 제국주의를 틈타 야비한 방법으로 선교하셨다는 겁니까? 하느님이 사랑의 하느님이라면, 모든 인간을 구원하려는 보편적 구원 의지를 가지신 분이라면 도대체 어떻게 된 일입니까? 우리의 모든 전통 종교가 무가치하다면 우리 조상들은 전부 무가치한 삶을 살았단 말입니까? 지금도 우리 주위의 양심적이고 착한 이웃들이 단지 그리스도교를 받아들이지 않는다는 이유만으로 멸망의 길을 간다는 말입니까? 그렇다면 그리스도교는 사랑의 종교가 아니라 증오의 종교입니다. 구원의 종교가 아니라 멸망을 외치는 종교며 복음, 즉 '복된' 소식을 전하는 종교가 아니라 인류의 절대 다수에게 화를 전하는 종교가 됩니다. 어처구니없는 일이지요.

6. 새로운 선교관과 구원관

이렇게 그리스도교를 이해하는 데는 잘못된 신학, 잘못된 선교관, 잘못된 구원관이 자리 잡고 있습니다. 도대체 선교가 무엇입니까? 현대의 선교관은 이른바 '하느님의 선교'(missio dei)입니다. 그것은 예수님 자신의 선교로 돌아가는 것입니다. 예수님은 하느님 나라 운동을 하다가 잡혀 죽은 분입니다. 그는 자기를 전파한 사람이 아니라 하늘나라, 천국 운동을 하신 분입니다. 그러니 예수를 전파하는 선교에서 예수가 하셨던 선교로 돌아가자는 것이 현대의 선교관입니다. 하느님은 선교사 등에 업혀 다니는 분이 아닙니다. 선교사가 들어가기 전에 이미 피 선교지 사람들의 삶 속에 계시고, 그들을 사랑하고, 그들에게 자신을 계시하고 경험하게 하신 분입니다. 하느님이 안 계신 곳은 한 군데도 없고, 종교가 없는 곳도 한 군데도 없습니다. 하느님의 선교는 교회 중심의 선교에서 하느님 중심의 선교를, 사람들을 교회로 끌어들이는 선교에서 하느님 나라를 현장화하고 사건화하는 선교를 지향합니다. 이런 선교관에서는 이웃 종교인들과도 충분히 함께할 수 있습니다.

여기서 또 하나의 중요한 물음이 생깁니다. '구원'이라는 것이 무엇인가 하는 물음입니다. 도대체 구원이 무엇이기에 지옥 간다, 멸망한다고 잔혹하게 말하는 것입니까? 저는 구원은 '하나됨'이라고 생각합니다. 일치입니다. 개인이 이기적, 자기중심적 삶을 떠나 하느님과 하나 되고 동료 인간들과 하나되어 소외와 단절, 외로움을 극복하고 더 큰 자아를 실현하는 것입니다. 하느님에게 열리고 이웃에게 열린 넉넉한 인간이 되는 것입니다. 이 하나 됨이 구원이지요. 하나 됨에는 감사와 기쁨이 있습니다. 그리고 이 하나 됨의 인격적 표현이 사랑입니다. 사랑 속에 하나가 되고 하나가 됨으로써 사랑하게 되는 거지요. 이것이 참으로 인간다운 삶입니다. 구원은 본래 인간의 인간다운 삶입니다. 구원이라는 영어 단어 'salvation'은 라틴어 'salus'에서 왔습니다. 살루스는 '건강'이라는 뜻입니다. 하느님과 동료 인간과의 잘못된 관계에서 잃은 건강을 되찾는 것입니다. 구원은 사람이 사람다워지는 것을 의미합니다. 자기 존재의 근원인 하느님과 통교하며 이웃과 자연과 하나 되는 인간다운 삶이며, 거기에 영생이 있다는 것입니다.

그런데 이런 구원이 과연 그리스도교만의 전유물일까요? 대다수 인류를 멸망으로 몰아넣고도 눈 하나 깜짝 안 하고 우리만이 진리라고 외치는 그리스도교 신앙이 과연 제대로 된 신앙일까요? 그런 하느님이 정말 예수님이 믿고 전한 하느님일까요? 선인에게나 악인에게나 똑같이 해를 비추시고 비를 내리신다는 그 하느님이 맞습니까? 하느님이 그리스도교의 울타리를 벗어나지 못하는 존재, 아니 하느님이 그리스도교 신자라도 된다는 말입니까? 우상숭배가 따로 없습니다.

구약의 예언자들은 스스로를 선민이라고 자만하면서 하느님이 무조건 자기들 편이라고 하는 이스라엘 사람들을 철저히 비판한 자들입니다. 그들은 이스라엘에 볼모 잡힌 하느님을 해방시킨 자들입니다. 예수님도 마찬가지였습니다. 그는 구약의 예언자 정신을 이어받아 이스라엘에 볼모 잡힌 하느님, 바리사이인과 율법주의자들에 사로잡힌 하느님, 성전과 율법에 갇힌 하느님을 해방시키러 오신 분입니다. 예수님의 사역은 온갖 차별과 편견, 집단적 이기주의를 허무는 일이었습니다. 매우 어려운 일이었습니다. 예수님은 그것을 허물다 집단적 배타성과 편견에 희생당하신 겁니다. 그는 유대인과 이방인, 남성과 여성, 어른과 아이들, 정결과 불결, 이웃과 원수의 장벽을 허물고 하나 됨을 선포하고 실천하신 분입니다. 그 하나 됨을 몸소 보여주셨지요. 완전한 사랑, 넘치는 사랑으로 하나 되게 하셨습니다. 그것이 구원이고 복음이었습니다.

한국 가톨릭 초기에 백정 출신의 황일광(1756~1801)이라는 사람이 있었습니다. 그는 양반 신도의 방 안에 들어가 함께 앉을 수 있다는 것만으로도 너무 감격해서 "내게는 천당이 둘이 있는데, 하나는 지상에 있고 다른 하나는 내세에 있습니다"라고 고백했다고 합니다. 양반과 백정 출신의 담이 허물어지는 역사가 초기 그리스도교에서는 이루어졌던 것입니다. 지금은 그게 없어진 것 같습니다.

이런 면에서 바울 사도는 예수님의 정신을 제대로 알았던 사람입니다. 그는 예수 그리스도 안에서 유대인과 이방인, 남자와 여자, 노예와 주인의 차별이 없다고 했습니다. 엄청난 선언입니다. 저는 만약 바울이 오늘 우리와 함께 산다면 "그리스도 안에서는 그리스도인도 불교인도 없다"라고 말할 거라고 믿습니다.

그리스도교 역사는 이런 예수님을 배반해 온 과정이었습니다. 하나 됨을 실천하신 예수님을 구세주로 믿고 선포한 그리스도교가 예수의 이름으로 도그마를 만들고 그리스도교라는 울타리를 쳐서 하느님의 구원을 전매특허라도 낸 듯 독점했습니다. 그래서 사람들은 예수님은 좋지만, 그리스도교는 싫다고 합니다. 예수님은 열린 분이지만, 그리스도교는 닫혀 있기 때문입니다. 예수님이 지금 이 세상에 오신다면 아마도 독선적이고 배타적인 그리스도교인들의 기득권과 독점권을 인정하지 않으실 겁니다. 교회의 담과 그리스도교의 편견을 부수고, 모든 사람을 사랑하고 구원하기 원하시는 사랑의 하느님을 그리스도교의 울타리에서 해방시키실 것입니다. 그리스도교의 참다운 존재 이유는 자기 울타리를 치고 영역을 확장하는 데 있지 않고, 무차별적 사랑으로 자기를 비우고 내어주고 십자가에 죽는 데 있습니다. 이것이 진정한 예수님의 정신이고 삶이라고 저는 믿습니다.

언젠가 "공자가 죽어야 나라가 산다"라는 말이 유행했는데, 저는 그리스도교가 죽어야 나라가 산다고 말하고 싶습니다. 그리스도교가 죽어야 예수님이 살고 나라도 살기 때문에 그렇습니다. 예수님을 독점하고 예수님의 이름을 팔아 교회라는 아성을 쌓는 그리스도교가 아니라, 있는 듯 없는 듯 세상 속으로 들어가 빛과 소금이 되는 게 진정한 그리스도교 아니겠습니까? 빛은 지배하지 않고 비추고 감쌉니다. 밝고 따뜻합니다. 소금도 자신을 잃고 스며들어 음식을 맛나게 합니다. 인생을 살맛 나게 하지요.

7. 종교다원성을 보는 네 가지 입장

여전히 문제는 남습니다. 우리는 종교다원성을 어떻게 대해야 할 것인가요? 무엇이 진리이고 무엇이 진리가 아닌지요? 이에 대해 논리적으로 네 가지 입장이 가능합니다.

첫째는 우리 것만 옳다는 배타주의(exclusivism)입니다. 교회 밖에는 구원이 없다는 과거 가톨릭교회의 전통적 입장이고 지금도 대다수 한국 개신교 지도자들과 신자들의 입장이지요.

둘째는 가톨릭에서 제2차 바티칸공의회 이후 대두되기 시작한 진일보한 입장으로서 이른바 포괄주의(inclusivism)라는 겁니다. 교회 밖에도 '그리스도인'이 있다는 입장이지요. 제2차 바티칸공의회의 신학적 기초를 제공한 칼 라너Karl Rahner라는 신학자는 그들을 '익명의 그리스도인'이라고 불렀습니다. 교회 밖에서 진실되고 선하고 거룩한 삶을 사는 이들은 자신이 그리스도인이라는 걸 모를 뿐 실제상 모두 그리스도인이라는 것입니다. 여기에는 '그리스도'에 대한 넓은 이해가 전제되어 있습니다. 우주적, 보편적 진리로서의 로고스logos를 가리키는 말이지요. 교회 밖 사람들도 선하고 거룩하게 사는 건 모두 이 '우주적 그리스도'(cosmic Christ) 덕분이라는 것입니다. 이런 시각에서 그리스도는 그리스도교만의 독점물이 아닙니다.

이런 입장은 배타주의보다는 낫지만 그래도 썩 만족스럽지는 못합니다. '익명의 그리스도인'으로 불리는 타종교인들은 결코 달가워하지 않을 일이지요. 생각해 보십시오. 불교인들이 그리스도인들더러 '익명의 불자'라고 하면 좋겠습니까? 그건 타자성을 인정하지 않는 일종의 횡포지요. 그리스도인들 사이에서만 그렇게 생각하자는 건 어느 정도 이해할 수 있지만, 다른 사람들을 공개적으로 익명의 그리스도인이라고 하는 것은 결국 예수 믿고 교회로 들어오는 게 좋다는 이야기에 지나지 않습니다. 최종 완성은 그리스도교라고 보기 때문이지요.

셋째는 다원주의(pluralism)입니다. 수천 년 역사를 가지고 세계인들로 하여금 인간다운 삶을 살게 한 영적 힘을 가진 종교들은 우열을 가리기 어렵습니다. 종교다원주의는 이 종교들이 모두 하느님께 나아가는 길, 하느님과 인간을 매개해 주는 매개체라고 봅니다. 이는 신 중심적(theocentric) 신앙입니다. 배타주의가 교회 중심적이고 포괄주의가 그리스도 중심적 구원관이라면, 종교다원주의는 하느님 중심적 혹은 실재(Reality) 중심적 신앙입니다.[1]

넷째는 해답 아닌 해답으로서, 세속주의와 회의주의입니다. 종교는 골치 아프다, 생각이 다 달라서 믿을 게 하나도 없다고 하여 종교를 거부하는 것입니다. 이는 우리의 고려 대상은 아닙니다. 물론 이런 입장에도 의미가 있지만, 종교사를 공부한 저는 모든 종교가 다 훌륭한 점을 가지고 있음을 보았습니다. 종교가 죄악도 많이 저질렀지만, 각 종교 전통에는 우리가 모르는 깊은 영성이 있고 사람을 변화시키는 도덕적·영적 힘이 있습니다. 그래서 저는 세속주의로 가고 싶지는 않습니다.

모든 인간이, 모든 종교가 하느님께로 가는 길이고 매개체고 중

---

1 종교다원주의에 대한 상세한 논의는 저의 글 "존 힉의 철학적 종교다원주의론," 『종교연구』 제15집(1998), "종교다원주의: 역사적 배경, 이론, 실천," 『종교연구』 제28집(2002)을 참고하시기 바랍니다.

개자고 계시이며 창구입니다. 종교는 상대적이지만 하느님은 절대적입니다. 사람들은 흔히 이것을 등산에 비유하기도 합니다. 산을 오르는 길은 여럿이지만 우리는 모두 한 정상에서 만날 것입니다. 그것을 어떻게 알 수 있을까요? 아무도 모릅니다. 산정에 올라가 본 자가 아무도 없기 때문이지요. 하지만 위로 오르다 보면 결국 정상에서 모두 만나게 될 거라는 '가설'입니다. 이것이 종교다원주의의 최근 이론입니다. 저는 이 입장을 받아들입니다. 저만 아니라 토인비, 간디 같은 이 그리고 수많은 사람이 받아들이는 입장입니다. 이론은 없어도 '상식적' 차원에서 모든 종교가 '궁극적으로' 일치한다고 말하는 사람이 많습니다. 문제의 핵심은 우리가 같은 산을 오르고 있는지 아니면 처음부터 다른 산을 오르고 있는지 어떻게 알 수 있는가 하는 것이지요. 저는 다른 산이 아니라고 생각합니다. 인류가 하나고, 한 분 하느님을 믿고, 궁극적 실재가 하나라고 믿기 때문입니다. 평생 종교를 공부하다 보니 비슷한 점이 너무 많다는 것을 발견합니다. 그래서 결국 같은 것을 달리 이야기했을 거라는 잠정적 결론을 내리는 거지요. 물론 아무도 입증은 못 합니다. 어느 정도 근거를 가진 하나의 가설이지요.

그러므로 하느님과 종교 사이에 일정한 거리 두기를 해야 합니다. 우리는 하느님을 완전히 알 수 없으므로 겸손해야 하는 겁니다. 어느 종교도 하느님을 독점하거나 완전히 알 수 없기에 거리 두기를 해야 하지요. 그러면서 자기 종교를 따라야 합니다. 여러 종교를 동시에 다 믿을 수는 없으니까요. 종교의 공통어 같은 것을 만드는 건 불가능합니다. 각기 자신의 언어를 가져야만 하지요.

이런 다원주의 신학은 우리나라에서는 아직 어렵습니다. 그러나 우리나라에서도 다석 유영모 선생이나 함석헌 선생 같은 분은 종교의 경계를 자유롭게 넘나들며 진실한 그리스도인으로 사신 분들입니다. 지금 봐도 따라가기 어려울 정도로 서구의 진보적 학자들이 지금 하고 있는 생각들을 이미 몇십 년 전에 하셨던 분들입니다. 이론적은 아니지만 동양의 그리스도인으로서 자유롭게 사고하고 사신 분들이지요.

이런 다원주의의 시각에서 볼 때 그리스도교는 무엇일까요? 그리스도인은 그리스도 예수를 통해 계시 된 하느님에 대한 체험과 신앙을 가진 사람들입니다. 그리스도 예수를 통해 알려진 하느님을 믿는 사람이 그리스도인입니다. 이것이 최소한의 정의지요. 우리 신앙의 대상은 어디까지나 하느님입니다. 그 보이지 않는 하느님을 보여주신 분이 예수 그리스도입니다. 그는 매개자요 계시자입니다. 하느님 자신이 손에 잡힐 듯 우리에게 다가오신 분이 예수 그리스도입니다. 이런 그리스도 신앙이 배타적일 이유가 없습니다. 예수님이 가르쳐주신 분은 사랑의 하느님이며, 모든 장벽을 허물고 인류를 하나 되게 하시는 하느님이므로 결코 그리스도교의 배타적 전유물이 될 수 없기 때문입니다.

그렇기 때문에 그리스도교 선교는 여전히 계속되어야 합니다. 예수님이 전한 하느님을 전하는 것이 그리스도인들의 의무입니다. 도그마에 사로잡힌 예수님이 아니라 흙과 땀을 묻히고 돌아다니신 인간 예수, 역사의 예수가 전하신 사랑의 하느님을 전하는 것이 오늘의 선교이어야 한다는 말입니다.

동시에 우리는 다른 종교의 이야기, 부처님, 공자님, 노자, 무함마드의 이야기도 겸손히 경청해야 합니다. 그럼으로써 우리가 예수님과 하느님을 제대로 이해하는지를 점검하고, 우리의 이해를 심화시키고, 배울 점은 배우자는 것이 종교다원주의 신앙입니다. 그중에서 저는 불교를 가장 좋아하고 중시하므로 이번 강좌에서 불교가 그리스도교 신앙에 어떤 도전을 주며, 우리의 하느님 이해와 그리스도 이해를 어떻게 심화시킬 수 있을지를 함께 생각해 보고자 하는 것입니다.

왜 불교와
그리스도교인가?

지난번 강의에서 저는 한 분 하느님, 모든 사람을 사랑하고 구원하시기를 원하시는 예수 그리스도의 하느님을 믿는 그리스도교 신앙은 오히려 이웃 종교에 대한 배타성과 상치되며, 그리스도교는 세계 모든 종교와 대화하고 깊이 이해하고 품으며 나아가서 서로 배움으로써 자신의 신앙과 사상을 심화시키고 풍요롭게 해야 함을 말씀드렸습니다. 종교는 모두 사랑을 말하지만, 이 사랑이 타종교에 와서는 한계에 부닥치는 것을 봅니다. 참사랑이 자기를 버리고 자기를 초월하는 것이라면, 그리스도교는 역설적으로 자기를 버리고 자기를 초월하는 사랑의 모험까지 감행할 수 있어야 합니다. 예수님은 인간을 차별하고 분열시키는 일체의 장벽과 편견을 넘어서 이러한 사랑과 일치의 구원을 보여주신 분이기 때문입니다.

　오늘 저는 현대 세계에서 그리스도교가 가장 깊은 대화를 나누고 배워야 하는 종교가 있다면 그것은 불교임을 말하고자 합니다. 우리에게 너무나 가까이 있으면서도 그리스도교인들이 너무나 모르는 종교, 모르면서도 막연한 거부감을 가지거나 툭하면 '우상숭배'라고 매도하는 종교가 불교입니다. 그러나 제가 이 강좌에서 특별히 불교를 그리스도교의 대화 상대로 선택한 것은 불교가 단지 우리의 유구한 문화 전통이고 우리 사회의 주류 종교라는 점 때문만은 아닙니다. 불교는 현대 사회에서 전 세계적으로 각광을 받고 있는 사상이자 영적 운동이며, 신학적으로나 영성적으로 그리스도교에 가장 큰 도전이 되고 심대한 변화를 줄 수 있는 종교라고 믿기 때문입니다. 이 점을 저는 오늘 말씀드리고자 합니다.

1. 왜 그리스도교는 불교와 깊은 대화를 해야 하는가?

두 부분으로 나누어 말씀드리고자 합니다. 첫째, 이 세상에 다른 종교도 많은데 왜 하필 불교인가 하는 점입니다. 왜 그리스도교는 불교와 깊은 대화를 해야 하는가에 대해 말씀드리고자 합니다. 결론부터 말해서 두 종교는 현저한 교리나 사상의 차이에도 불구하고 근본적으로 '코드'가 맞는 종교, 심층적 문법이 맞는 종교이기 때문입니다. 따라서 현대 세계에서 그리스도교의 대안적 혹은 보완적 종교가 될 수 있는 것이 있다면 그것은 바로 불교가 될 것이라는 점을 말씀드리고자 합니다. 둘째, 그러면 불교는 어떤 장점을 가지고 있으며 어떤 면에서 그리스도교의 대안적 혹은 보완적 종교가 될 수 있으며, 어떤 면에서 그리스도교에 창조적 도전이 되는지에 대하여 말씀드리고자 합니다.

불교와 그리스도교는 동서양을 대표하는 세계 양대 종교였으며, 20세기 후반부터는 이러한 지리적 구분을 넘어서서 문자 그대로 '세계종교'(world religion)가 되었습니다. 아시아의 그리스도교가 서구 그리스도교보다 더 열성적이며 번창하고 있듯이 백인 불자들이 더 순수하고 진지한 불교도가 많다고 할 수 있을 정도로 상황이 변한 것입니다. 백인 불자들은 흔히 아시아 불자들의 약점으로 지적되는 것으로부터 자유롭기 때문에 앞으로 아시아 불교에도 큰 영향을 주리라고 저는 믿습니다. 백인 불자들은 우선 기복 신앙이 없습니다. 순전히 영적 관심에서 불교를 믿지 기복적 동기를 가지고 믿지 않습니다. 그리고 그들은 환경, 평화, 여성 문제 등 사회 문제들

에도 많은 관심을 가지고 이른바 '참여불교'(engaged Buddhism) 운동
도 전개하고 있습니다.

신도 수만으로 본다면 불교보다는 이슬람이 훨씬 많으며, 그리
스도교와 이슬람을 세계 양대 종교로 꼽아야 할 것입니다. 뿐만 아
니라 10억 인도인들의 다수 종교인 힌두교도 신자 수로만 말한다면
불교를 훨씬 능가합니다.[1] 여하튼 이러한 수적 열세에도 불구하고
제가 이슬람이나 힌두교보다 불교를 그리스도교에 견줄만한 세계
종교로 간주하는 이유는 불교가 그리스도교처럼 지니고 있는 그 세
계성 때문입니다. 즉, 불교는 근본 성격상 그리스도교와 마찬가지
로 어떤 특정한 지역이나 문화, 계급이나 신분, 인종이나 성별의
제약을 받지 않고 모든 인간을 대상으로 보편적 메시지를 전하는
종교라는 것입니다. 바로 이러한 보편성으로 인해 불교는 과거에도
그랬고 현재도 세계를 무대로 '복음'을 전파하는 이른바 '선교적 종
교'(missionary religion)가 된 것입니다.

우리는 종교라 하면 다 어떤 메시지를 전하고 사람들을 개종시
키는 선교적 종교로 생각하기 쉬우나 사실은 그렇지 않습니다. 그
런 종교는 사실상 그리스도교, 불교, 이슬람 정도라 해도 좋습니다.
가령 힌두교, 유교, 도교, 일본의 신도 혹은 우리나라의 무교(샤머니
즘) 같은 종교들은 모두 선교나 전도라는 것을 거의 하지 않습니다.[2]
이 종교들의 신자에게 당신이 믿는 교리가 무엇입니까 혹은 무슨
메시지를 전하냐고 물으면, 당혹해하며 쉽게 대답을 못 할 것입니

---

1 이것은 물론 중국에 불자가 얼마나 있느냐에 달린 문제이지만, 아직은 확실히 알 길이
  없는 것 같습니다.
2 힌두교는 좀 다른 면이 있지만, 이것은 조금 후에 곧 말씀드리겠습니다.

다. 그들은 자기들의 종교를 그냥 단순한 신앙 혹은 생활 양식 정도로 생각하는 것이지요. 하지만 불교, 그리스도교, 이슬람 이 세 종교는 다릅니다. 온 인류를 향해 적극적으로 어떤 메시지를 전하는 선교적 종교이며, 인종과 지역과 문화를 초월하는 뚜렷한 메시지를 전하는 보편성과 세계성을 지닌 종교라는 말입니다.

하지만 불교에 비하면 이슬람의 세계성은 떨어집니다. 두 가지 근본적 제약이 있지요. 하나는 이슬람이 좀처럼 서구 백인들을 개종시키지 못했다는 사실적 한계이고, 다른 하나는 사회와 문화의 세속화(secularization)를 거부하는 이슬람의 근본적 성격 때문입니다.

우선 이슬람은 그리스도교와 마찬가지로 유일신 신앙에 기초한 종교이기에 백인들에게 근본적으로 새로운 세계관, 인간관, 가치관, 종교관을 제공하지 못합니다. 뿐만 아니라 이슬람은 그리스도교의 유일신 신앙이 현대인들에 대하여 안고 있는 동일한 문제들을 다 가지고 있습니다. 창조론, 신의 섭리와 악의 문제, 초자연적 계시, 가부장적이고 전제 군주 같은 권위적인 하느님의 이미지, 부활과 최후 심판의 사상 등 현대인들이 일반적으로 수용하기 어려워하는 신관을 이슬람은 그대로 지니고 있는 것입니다.

둘째로 이슬람은 유대교와 마찬가지로 인간의 외적 행위를 중시하는 율법 중심의 종교입니다. 이슬람이나 유대교도 물론 인간의 내면적 신앙이나 경건성을 무시하지는 않지만, 확실한 것은 두 종교가 모두 하느님의 계시에 입각하여 인간의 삶과 행위를 매우 구체적인 율법으로 규정하고 규제하는 종교라는 사실입니다. 유대교와 이슬람에서는 율법의 준수가 가장 핵심적인 신앙 행위입니다.

두 종교 모두 하느님의 뜻을 지나치게 구체적으로 규정하고 있어서 (결혼, 이혼, 상속, 음식, 농사, 송사, 전쟁, 경제 활동, 축제 등에 관해), 인간 의 자유와 합리적 자율성의 여지를 협소하게 만듭니다. 삶 전체를 율법이라는 성스럽고 정형화된 행위 곧 종교적 의례(ritual)로 살도 록 명하는 종교이지요. 이러한 면에서 유대교와 이슬람은 예의범절 을 중시하는 유교와 유사한 면이 있습니다.

문제는 이렇게 구체성을 띤 율법이 당연히 시대적 제약성을 지 닐 수밖에 없다는 점이며, 이슬람이 아직도 중세적 유산을 극복하 지 못하고 현대 세계에 적응하는 데 많은 어려움을 겪고 있는 것도 바로 이 때문입니다. 이슬람은 세속화되고 다원화된 사회에서 살고 있는 현대인들, 특히 그리스도교적 배경을 갖고 있으나 탈 그리스 도교 시대를 살고 있는 서구 백인들에게는 개종의 대상이 되기 어 렵다고 봅니다.

종교의 세계성과 보편성은 단순히 신도 수나 지리적 범위의 문 제가 아니라 한 종교의 근본 성격과 본질적 측면에 관한 것입니다. 이것은 힌두교의 경우를 보아도 잘 드러납니다. 신자 수만을 따진 다면 힌두교가 불교를 제치고 단연 세계 3대 종교 가운데 하나로 꼽힐 것입니다. 하지만 우리는 힌두교를 '세계종교'라 부르지 않습 니다. 힌두교는 유대교처럼 다분히 인도 사람들만의 종교, 다시 말 해 인도의 민족종교와 같은 성격이 매우 강하기 때문입니다. 사성 계급제도 내지 카스트제도를 본질적 요소로 가지고 있는 힌두교는 본성상 인도라는 특수한 문화, 사회체제와 불가분의 관계를 가지고 있기 때문에 세계성이 제약을 받을 수밖에 없습니다. 이런 면에서 보면 힌두교와 불교의 관계는 유대교와 그리스도교의 관계와 매우 유사합니다.

힌두교의 중심 테마 혹은 주요 관심사는 다르마dharma(사회법도)와 목샤mokṣa(해탈)입니다. 이 가운데서 해탈에 관한 한, 힌두교도 불교와 같이 세계성을 띠고 있으며, 실제로 각종 요가와 정신 수련을 통해 힌두교적 영성을 추구하는 서양인들도 적지 않습니다. 그러나 그들은 자신이 힌두교로 개종했다고 여기지는 않습니다. 그들은 힌두교의 지극히 작은 부분인 어떤 특정한 정신 수련법 혹은 힌두교의 다양한 해탈의 길 중 하나의 길을 따르고 있을 뿐이며, 카스트제도에 따른 힌두교적 사회 질서나 관습과는 전혀 무관한 삶을 살기 때문입니다. 이는 백인 학자들 가운데서 우리나라나 동아시아의 유교 전통을 높이 평가하는 사람이 있어도, 결코 아무도 유교로 개종하거나 유교 신자가 될 수 없는 것과 유사합니다. 유대교나 이슬람의 율법과 같이 구체적으로 인간의 행동규범을 제시하는 힌두교의 다르마 제도, 특히 인간을 차별하는 카스트제도를 수용할 서양 사람은 아무도 없습니다.

불교는 힌두교의 다르마 개념을 수용했으나 그것을 보편적 윤리로 그리고 내면적 윤리로 승화시켰습니다. 불교의 다르마(法)는 주로 부처님의 가르침, 즉 불법을 가리키거나 우리가 해탈을 위해 닦아야 하는 마음이나 덕목을 뜻합니다. 가령 거짓말이나 도둑질이나 살생 등을 금하는 오계五戒가 그렇습니다. 불교의 다르마는 남녀노소, 신분에 따라 차별하는 윤리가 아니라 언제, 어디서, 누구에게든 해당되는 보편성을 지닌 윤리입니다. 붓다는 힌두교적 사회질서인 카스트제도를 근간으로 하는 다르마 개념을 파기하거나 무시하고 오직 해탈을 위한 수행에 치중함으로써 그의 메시지, 그의 다르마를 보편화시킨 것입니다. 이것은 마치 사도 바울이 그리스도교의 메시지를 유대교의 율법으로부터 분리시킴으로써 그리스도 신앙이 세계로 전파될 수 있는 초석을 마련한 것과 유사합니다. 바울이 그렇게 할 수 있었던 것은 예수님 자신의 사랑의 윤리가 이미 율법주의를 넘어서고 있었기 때문입니다. 결국 좀 단순화시켜 말하자면 불교는 세계를 위한 힌두교요, 그리스도교는 세계를 위한 유대교라 할 수 있을 것입니다.

종교에는 두 가지 측면, 두 가지 기능이 있습니다. 하나는 사회적·도덕적 기능으로서 한 사회의 기강과 질서의 기초가 되며 집단의 결속력과 정체성 형성에 결정적 역할을 합니다. 이른바 '질서의 이데올로기'(ideology of order)로서의 종교의 역할입니다. 종교는 예로부터 왕권이나 정치권력 혹은 국가를 신성화하며 왕권이나 국가권력의 비호를 받기도 했습니다. 말하자면 '정종 유착'이지요. 종교는 획일적인 의례나 규범의 준수를 사람들에게 강요하여 사회 통합을 꾀하고, 정통 사상이나 교리의 수호를 통해 이단을 척결하고 사상을 통제합니다. 전통 사회에서는 거의 모든 종교가 이런 사회적 기능을 수행했으며, 종교는 전통의 보루요 체제의 성스러운 수호자 역할을 했던 것입니다. 현대 세계에서도 종교는 사회마다 정도와 방식의 차이는 있지만, 여전히 이러한 기능을 수행하고 있습니다. 종교의 중세적 유산이라고 해도 좋을 것입니다.

어느 종교를 막론하고 이러한 사회적 역할을 수행하지 않는 종교는 없습니다. 오죽하면 뒤르켕Emile Durheim이라는 유명한 사회학자가 신은 곧 사회 그 자체라고 했겠습니까? 소수의 종교적 천재나 몇몇 강한 종교 체험과 카리스마로 출발한 종교도 신도 수가 증가

하여 사회의 다수를 점할 정도로 성공하면, 사회를 변화시키는 대신 사회 체제나 가치 체계와 영합하여 한통속이 되어버립니다. 심지어는 국가종교 혹은 국교가 되어서 소수집단이나 자유 사상들을 억압하며 체제 수호의 도구로 전락합니다. 종교가 본연의 정신과 역할을 망각하고 사회 체제와 문화 체제 속으로 완전히 편입되어버리는 것이지요.

이러한 종교의 집단적 기능은 현대 세계에 오면서 점점 더 의미를 상실해가고 있습니다. 현대인들은 종교 없이도 도덕적 삶이 가능할 정도로 성숙해졌으며, 사회 규범으로서의 종교의 기능은 인간의 자유를 구속하고 자율성을 침해하는 것으로 여겨지게 되었습니다. 인간의 외적 행위를 규제하는 타율적 종교는 이제 억압적인 것으로 인식되며, 지배 계급의 통치 수단 정도로 간주되는 것이지요. 무엇보다도, 다원화되고 세속화된 현대 사회에서는 종교가 이러한 집단적 질서 유지의 기능을 수행하기가 현실적으로 불가능하게 되었습니다. 종교와 정치가 분리되고 종교의 자유, 사상의 자유, 행동의 자유가 법적으로 보장된 사회에서 종교적 도덕과 규율은 강제적 구속력을 상실했으며, 시민들의 자유롭고 합리적인 토론과 합의에 의해 사회 통합이 이루어지는 사회에서 종교의 역할은 축소될 수밖에 없는 것입니다.

이슬람이 아직도 이러한 사회 통합적 기능을 유지하려 애쓰고 있지만, 현대 세계에서 많은 모순을 낳고 있습니다. 인도에서도 최근 약 10년간 네루 이후 인도 사회를 주도해 왔던 세속주의 정치가 퇴조하고 힌두교를 인도 사회와 문화의 구심점으로 삼고자 하는 힌두교 민족주의 세력이 정치를 주도해 왔습니다.[3] 하지만 힌두교가 다종교, 다민족 국가인 인도인들 모두의 지배 이념이나 종교가 되기에는 현실적으로 많은 문제가 있습니다. 한국을 비롯한 동아시아에서 유교, 이스라엘의 보수 유대교, 나아가서 미국의 보수주의 내지 근본주의 그리스도교 그리고 일본이나 구라파 여러 나라의 극우파들이 아직도 사회의 집단적 정체성을 보존하고 질서를 수호하는 종교의 전통적 역할에 집착하고 있지만, 그럴수록 종교는 생명력을 상실하고 결국은 사람들에 의해 외면당하고 말 것입니다. 이것이 저의 개인적 판단이지만, 종교와 집단적 정체성의 연결을 강화시키려는 불길한 움직임들이 세계 곳곳에서 진행되고 있는 것도 사실입니다.

종교에는 이러한 사회적 기능 외에 보다 더 본질적인 기능이 있습니다. 인생의 근본 문제, 개인 실존의 근본 물음에 답을 제시하는 정신적, 영적 기능입니다. 뒤르켕의 통찰과는 정반대로 철학자 와이트헤드A. N. Whitehead가 말하기를 "종교란 한 개인이 자신의 고독과 상대하는 것이다"라고 했습니다.[4] 고독을 모르는 사람은 종교적일 수가 없다고도 했습니다. 종교는 인생의 가장 본질적이고 근원적 물음을 묻고 그에 대한 해법을 제시합니다. 개체의 고독과 소외, 양심의 가책이나 죄책감, 피할 수 없는 인간 사회의 갈등과 대립, 인생무상과 허무를 직시하면서 인간 존재와 삶 자체에 필연적으로 수반되는 본질적 문제들을 극복하는 길을 제시하는 것이 종교의 본질적인 기능입니다. 인간이면 누구나 겪을 수밖에 없는 고통과 부

---

3 이 글을 쓰고 있는 현재(2004년 6월), 최근 선거에서는 인도의 집권당이던 민족주의 정당(BJP)이 패했습니다.
4 Alfred North Whitehead, *Religion in the Making* (New York: New American Library, 1926), 16.

조리와 유한성을 넘어서려는 구원의 갈망에 종교는 초월적 구원으로 응답합니다.

저는 이러한 초월적 구원의 종교로서 주저 없이 불교와 그리스도교를 꼽습니다. 두 종교도 물론 전통적으로, 특히 중세 시대에는 위에서 말한 체제 수호의 종교로서 역할을 수행했습니다. 이런 면에서는 불교와 그리스도교도 역시 극복되어야 할 중세적 유산을 아직도 많이 안고 있습니다. 종족주의 멘탈리티, 집단 이기주의, 보수성, 억압성, 권위주의 등의 문제를 여전히 안고 있는 것이 사실이지요. 그럼에도 이 두 종교는 여전히 그 안에 창시자의 순수한 메시지와 비판 정신이 살아 움직이고 있으며, 긴 역사를 통해 그 정신을 되찾으려는 노력이 끊임없이 이어져 왔습니다. 불교와 그리스도교는 끊임없이 자기비판과 개혁을 할 영적 힘을 지닌 종교라고 저는 믿습니다. 물론 유교, 힌두교, 이슬람도 그러한 역량을 갖추고 있을는지 모릅니다. 하지만 이 세 종교는 중세적 유산이 너무 강해 한 특정한 사회의 도덕 질서, 정치 질서, 사회 질서와 너무 밀착되어 왔기 때문에 종교 본연의 영적 기능이 가리어지고 현대 사회에 적응하는 데 많은 어려움을 겪고 있습니다.

불교와 그리스도교는 인간의 문제, 인생의 문제를 가장 적나라하게 대면하는 가장 '래디컬radical'한 종교라고 저는 생각합니다. 모든 인간이 겪고 있는 문제, 겪을 수밖에 없는 보편적이고 근원적 문제를 가지고 씨름하는 종교라는 말입니다. 두 종교는 어느 특정한 사회나 문화권, 어느 특정한 민족이나 종족의 관습이나 전통에서 발생한 역사적 우연성에 포로가 된 종교가 아니라, 모든 인간이 인간인 한 필연적으로 대면하고 해결해야 하는 근본적이고 보편적인 문제를 안고 고민하는 종교인 것입니다.

이러한 이유로 인해 불교와 그리스도교는 원칙적으로 인간을 차별하지 않습니다. 인간을 인간으로서, 개인을 개인으로서 보며 특정한 집단의 일원, 가령 혈연공동체나 민족 집단에 속한 존재로 보지 않습니다. 인간을 영적 존재로, 다시 말해 초월적 실재와 관계된 존재로 보기 때문에 혈연이나 지연, 민족이나 종족과 같은 자연적 뿌리 의식이나 토착성으로부터 근본적으로 자유로운 종교입니다. 힌두교의 경우 인간을 카스트 집단에 귀속시키며, 유교는 인간을 일차적으로 가족과 혈연관계 속에서 파악합니다. 유교는 사람을 보면 '애비'가 누구냐, '근본'이 무엇이냐를 묻는 반면 힌두교는 그가 어느 카스트 출신, 어느 지역 출신인지를 먼저 묻습니다.

불교와 그리스도교는 일차적으로 사람을 이러한 집단의 일원으로 파악하거나 그가 속한 사회적 맥락이나 관계망 속에서 파악하기 전에 이 세계, 이 세상의 질서를 넘어서는 초월적 실재와 관계하는 영적 존재로 파악합니다. 인간을 일차적으로 한 개체, 한 단독자, 한 '영혼'으로 본다는 말입니다. 두 종교는 인간의 궁극적 정체성을 결코 지상에 속한 것으로, 지상적 질서 혹은 자연적 관계에 속한 것으로 보지 않기 때문입니다. 인간의 '본향'은 민족이나 국가, 사회나 문화에 있지 않고 영원한 하늘나라 혹은 출세간적 해탈에 있다고 보기 때문입니다. 지상에서 인간은 나그네요 구도자요 순례자일 뿐, 결코 눈에 보이는 세상에 안주하거나 거기서 궁극적 행복을 찾을 수 있는 존재가 아니라는 것입니다. 그러므로 불교와 그리스도교는 적어도 원리적으로는 인간을 차별할 수 없는 종교입니다. 남녀, 노소, 신분, 민족이나 계급의 차이를 넘어서 모든 인간을 인간이기 때문에 가치 있는 존재로 여깁니다. 사람들의 사회적, 문화적 소속이나 세속적 정체성이 초월적 시각에서 비본질적이고 우연적인 것으로 상대화되는 거지요.

두 종교의 세계성은 바로 이러한 보편적, 초월적, 영적 인간관에 기인합니다. 그리고 이러한 영적 인간관은 두 종교가 추구하고 있는 초월적 구원에 기인합니다. 두 종교는 세상과 세간 자체를 초월하는 초세상적, 초세간적 구원의 종교이며 초월적 영성의 종교입니다. 모든 종교가 다 나름대로 '구원'을 추구하지만, 불교와 그리스도교는 이 구원을 이 세상 혹은 세간의 어떤 사회 질서나 문화적 가치들 속에서 구하지 않습니다. 불교와 그리스도교는 현세적 가치나 세간적 질서에 안주하는 종교가 아니라 보이지 않는 초월의 세계, 즉 초세상적 실재와 초세간적 가치를 추구하는 종교라는 말입니다. 인간으로서는 불가능해 보이는 완벽하고 순수한 초월적 구원을 추구하는 종교이지요.

이것은 단적으로 예수님과 부처님의 예를 보면 잘 알 수 있습니다. 두 분은 천하에 두려울 것 없이 가장 순수하고 자유롭게 사신 분들이었으며, 가족이라는 가장 근본적인 세속적 질서를 떠나서 자기 자신을 위해서는 아무것도 소유하거나 바라지 않는 완전한 무소유와 무욕의 삶을 사신 분들입니다. 보통 사람들로서는 도저히 도달하기 어려운 경지에 이른 분들이지요. 무차별적 사랑, 완전하고 순수한 사랑과 자비로써 모든 사람을 품은 분들이었습니다.

"하늘에 계신 너희 아버지께서 완전하신 것같이 너희들도 완전하여야 한다"라는 예수님의 말씀은 그리스도인들을 늘 괴롭힙니다. 세속적 욕망이라고는 티끌 하나 없이 맑고 순수한 마음으로 살라는 부처님의 가르침 또한 범부들에게는 불가능하게 보입니다. 하지만 바로 이러한 완벽성과 순수성을 추구하는 두 종교의 초월적 구원의 이상이야말로 두 종교로 하여금 보이는 현실 세계에 안주하지 않고 끊임없이 현실 세계와 인간 존재 자체를 근본에서부터 묻고 도전하고 변혁시키는 힘입니다. 불교와 그리스도교는 우리로 하여금 자기 자신이나 이 세상과 적당히 타협하지 않고 철저히 대결하도록 하는 종교입니다. 비록 그리스도교가 때로는 값싼 은총의 종교로 둔갑하기는 하지만, 우리는 여전히 바울 사도의 치열한 고뇌와 영적 투쟁을 상기할 필요가 있습니다. 또 불교에서 아미타불의 은총에 의한 구원을 강조하는 철저한 타력신앙의 신봉자인 일본의 신란親鸞 같은 이도 일생 철저한 죄의식, 범부 의식을 가지고 산 자였음을 기억해야 합니다.

불교와 그리스도교는 인생 그 자체를 문제시하는 래디컬한 종교입니다. 이 인간 존재와 세계 자체에 무언가 근본적으로 잘못된 것이 있다는 것이지요. 그래서 어쩌면 우리가 이 세상에서 산다는 것 자체, 존재한다는 것 자체가 죄일 수 있다는 사실을 끊임없이 상기시킵니다. 이 순수성과 완벽성은 우리를 언제나 겸손하게 만들며, 사회적 상식과 통념에 의한 안이한 해결에 만족할 수 없게 만듭니다. 인간의 외적 행위보다는 내면적 동기와 마음의 순수성을 강조하는 예수님과 부처님의 윤리는 우리에게 의인과 죄인, 선인과 악인의 통상적이고 상식적인 구분을 불가능하게 만듭니다. 아무도 예수의 이름이나 부처의 이름을 함부로 들먹이거나 팔지 못하도록 합니다. 불교와 그리스도교의 윤리는 우리가 도덕주의나 율법주의의 형식적 윤리로 자만하지 못하도록 철저한 내면의 순수성을 요구합니다. 철저한 무욕을 추구하는 불교는 말할 것도 없고, 마음속으로 형제를 미워하면 살인한 것이나 다름없으며, 마음속에 음욕을 품으면 이미 간음한 것이나 다름없다는 예수님의 말씀은 누구에게도 도덕적 해이를 용납하지 않습니다. 하느님 한 분밖에는 선한 이가 없다고 예수님은 말합니다. 바로 이러한 완벽성, 순수성의 추구가 불교와 그리스도교의 매력이지요. 불가능한 것 같은 높은 이상이 끊임없이 우리를 향해 손짓하는 것입니다.

제가 개인적으로 대학 시절부터 불교에 관심을 가지게 된 것도 바로 이 순수성, 깨끗함, 초세간적 자유 때문이었습니다. 현실적 나의 모습과는 너무나 거리가 멀지만, 여전히 포기하거나 놓아버릴 수 없는 이유는 잘 모르겠지만 아마도 우리 중생들 안에 있는 불성 혹은 불심 곧 부처님의 마음일 것이며, 내 안의 그리스도, 내 안에 새겨진 하느님의 모상 때문이겠지요. 소설가 최인호가 오십을 훨씬 넘긴 나이에도 『나는 아직도 스님이 되고 싶다』는 글을 쓰는 것은 그 사람만의 이야기가 아니라 우리 모두가 가끔씩 품는 마음이 아니겠습니까?

이렇게 세상과의 정면 승부, 정면 대결을 하는 두 종교의 모습은 예수님과 부처님의 예를 좇아서 세상과 자기를 철저히 부정하기 위해 결혼과 가정을 포기하는 출가 수도자들의 고뇌에 찬 결단에서 가장 극명하게 드러납니다. 불교와 그리스도교는 그 가장 진정한 모습에서는, 한 개인으로 하여금 이 세상과 정면으로 승부할 것을 요구하는 종교이지요. 탐욕과 죄악으로 얼룩진 세상에 안주하거나 타협하지 말고 싸워 이길 것을 촉구합니다. 불교와 그리스도교는 이러한 면에서 출가와 재가, 성직자와 평신도를 막론하고 절제와 금욕의 영성을 지닌 종교입니다. 성생활과 가족, 물질과 문화적 성취나 향유 등은 그 자체가 죄악은 아니지만, 거기에 탐닉해서는 안 된다고 가르칩니다. 그것들은 언제나 영혼을 망치는 유혹과 장애가 될 수 있다고 생각하기 때문이지요. 초월적 구원을 추구하는 두 종교는 본질적으로 죄악 세상(cosmos)과 탐욕적 세간(loka)에 대한 강한 부정에서 출발한 종교로서 항시 세상과 긴장 관계를 유지하고 있습니다. 세상을 마음대로 탐해도 좋다는 것은 두 종교에서는 있을 수 없는 일입니다. 불교에서는 무상하고 괴로운 세상이 결코 집착의 대상이 되어서는 안 되며, 그리스도교에서도 폭력과 억압이 횡행하는 현세적 질서는 하늘나라의 새로운 질서 앞에서 사라져야 할 구시대적 질서일 뿐입니다.

불교와 그리스도교는 자기와 세상에 대한 철저한 부정과 초월을 통하여 철저히 변화된 자기와 세상을 갈망합니다. 도덕적 · 영적 변화를 통해서 새로운 존재, 새로운 세상을 실현하고자 합니다. 불교에서는 그것을 열반, 정토, 불국토, 법계 등 여러 이름으로 부르고 있으며, 그리스도교에서는 하느님 나라 혹은 하늘나라라고 부릅니다. 불교와 그리스도교는 이러한 초월적 구원의 세계를 실현하기 위해 인간 존재와 세상적 질서의 총체적이고 근본적인 변화를 추구합니다. 개인과 사회를 향해 부단한 '영적 혁명'을 촉구하는 것이지요. 예수와 붓다는 바로 이러한 영적 혁명을 일으킨 자들이며, 그 혁명의 파장과 파고, 충격과 열기는 수천 년이 지난 오늘날까지 지속되고 있습니다. 약화되기도, 타협되기도 하고 변질되기도 했지만, 여전히 인간을 변화시키고 사회를 변화시키는 힘을 발휘하고 있다고 믿습니다.

이 세상의 현세적 질서를 넘어서는 초월적 구원의 추구가 두 종교에서 종종 역사적 현실의 부정 내지 세계로부터의 도피로 나타난 것은 부인할 수 없는 사실입니다. 그러나 초월적 구원은 어디까지나 세상을 이기고 변화시키려는 것이지 세상을 피하려는 것은 아닙니다. 불교에서 즐겨 사용하는 진흙탕에 핀 연꽃의 상징이 그것을 말해 줍니다. 그리스도교의 하느님 나라 역시 초월적 세계이지만 이 세상 밖에서 혹은 사후에야 비로소 실현되는 세계가 아니라 역사 내에서 이루어지는 '역사의 종말'입니다.

초월적 구원을 추구하는 영적 혁명은 무엇보다도 자기 부정에서 시작합니다. 불교에서는 무아無我의 진리를 철저히 깨달아 거짓된 자아와 아집을 버리는 영성이며, 그리스도교에서는 그리스도의 십자가가 상징하는 자기 부정의 영성입니다. 불교든 그리스도교든 진정한 생명, 진정한 구원은 탐욕과 무지가 판치는 현세적 질서와의 치열한 대결과 철저한 자기 부정을 통해서만 가능하다고 봅니다. 두 종교 모두 "죽어야 산다" 혹은 "죽는 것이 곧 사는 길이다"라는 사즉생死卽生의 메시지를 전하는 종교입니다. 십자가 없이는 부활이 없음을 말하고 있지요.

이렇게 볼 때 우리나라의 두 주류 종교인 불교와 그리스도교가 세상과의 대결과 긴장을 망각하고 현세적 안락과 물질적 축복을 구하는 기복적 종교로 변질되어 자연인의 욕망과 욕구를 확대 재생산하는 일에 앞장서고 있는 일은 참으로 어이없는 아이러니입니다. 이런 식이라면 우리나라 사람 모두가 불자가 되고 그리스도인이 된다 해도 우리 삶과 사회에 아무런 변화를 주지 못할 것이 자명합니다.

2. 불교의 매력과 대안성

이상에서 저는 불교가 평등주의적 종교, 초월적 영성의 종교로서 본질적으로 그리스도교와 유사한 성격의 종교성을 지닌 종교임을 말씀드렸습니다. 이제는 두 번째 주제, 즉 왜 많은 사람, 특히 서구인들이 자신들의 전통인 그리스도교를 외면하고 불교에 심취하거나 매력을 느끼는지에 대해 생각해 보고자 합니다. 이것은 두 종교의 차별성에 대한 고찰이자 그리스도교가 불교에서 무엇을 배울 것인가에 대한 성찰이라고 할 수 있습니다.

저는 앞에서 불교가 사실상 백인들이 선택할 수 있는 거의 유일한 대안적 종교임을 밝혔으며, 이것은 개인적으로 저 자신에게도 마찬가지입니다. 제가 만약 그리스도교를 떠난다면 선택할 수 있는 종교는 불교뿐이라는 말입니다. 서구인들은 과연 불교의 어떤 면에 매력을 느끼며, 불교가 대안적 종교로 관심을 끄는 이유는 무엇일까요? 이 점을 생각해 보는 것은 우리 아시아인들에게도 시사하는 바가 매우 큽니다. 역사의 발전을 우리보다 앞서 경험하고 있는 서구인들의 종교성이 어디로 향하고 있는가를 보는 것은 우리들의 미래 그리고 현대 그리스도교 신학과 사상이 나아가야 할 방향을 가늠해 보는 데도 중요한 의미를 지니고 있기 때문입니다. 어쩌면 서구인들의 정신적 고민은 이미 우리들의 현실일는지도 모릅니다.

서양이 동양 종교나 사상에서 그리스도교의 대안을 찾는 일은 계몽주의 시대로부터 시작하여 이미 오래된 일입니다. 좀 더 대담하게 말하자면 서양의 근대 지성사는 그리스도교라는 이념이 붕괴

된 후 새로운 정신적 지주를 찾으려는 시도들의 연속이라 해도 크게 틀리지 않을 겁니다. 이러한 노력은 현재도 진행 중이지만, 저는 모두 실패했다고 생각합니다. 서구인들에게 이제 불교가 또 하나의 새로운 대안적 이념으로 등장하고 있는 것이지요.

서구는 사상적으로 이미 오래전부터 '탈 그리스도교' 시대를 살고 있으며 지금은 탈 근대, 탈 계몽주의, 탈 과학주의, 탈 산업사회, 탈 역사주의, 탈 인간중심주의 시대로 돌입했습니다. 반문화운동, 녹색운동, 평화운동, 페미니즘운동, 뉴에이지운동, 각종 신비 사상의 유행, 포스트모더니즘 등이 이러한 사상적 기류를 반영하고 있습니다. 현대인들은 지금 세계화(globalization)라는 근대화의 종점 내지 완결을 향해 치닫는 한편, 다른 한편으로는 근대성(modernity)으로 대표되는 문명과 삶의 방식에 대한 총체적 반성과 더불어 그 대안적 삶을 모색하고 있습니다. 백인들, 서구인들의 불교에 대한 관심은 이러한 거시적인 사상적 맥락과 무관하지 않습니다.

많은 서구인은 근대를 만드는 데 공헌했지만, 역으로 근대에 의해 부정된 그리스도교에서 더 이상 만족을 얻지 못합니다. 그렇다고 그들이 곧바로 세속주의(secularism)를 선택하는 것도 아닙니다. 그들은 그리스도교와 세속주의를 넘어서는 제3의 길로서 불교를 찾거나 선택하고 있다고 저는 생각합니다. 대다수 서구인에게 그리스도교는 근대와 더불어 이미 사멸했거나 사멸될 수밖에 없는 전근대적 유산입니다. 우리 아시아인들이 근대화의 물결과 더불어 그리스도교를 접하면서 그리스도교가 어느 정도 근대성과 역사의 진보를 뜻했던 것과는 달리 서구인들에게는 그리스도교는 지나간 시대의 종교로 간주되고 있는 거지요.

서구 신학자들은 따라서 그리스도교의 메시지를 근대성과 조화시키고자 엄청난 노력을 기울여 왔고 어느 정도 성과도 거두었지만, 아직도 대다수 신도에게는 이러한 노력이 알려지지 않고 있으며, 그들은 여전히 전통적 혹은 '통속적' 그리스도교 이해를 벗어나지 못한 채 신앙생활을 하고 있습니다. 나 자신의 경우를 돌아보아도 만약 제가 현대 신학을 매개로 하여 그리스도교에 대한 새로운 이해를 접하지 않고 주일학교 수준의 그리스도교나 일반 목사님들의 설교 수준의 그리스도교만 접했더라면, 저는 그리스도교 신앙을 벌써 떠났을 것이라고 확언할 수 있습니다. "머리로 이해할 수 없는 것은 가슴으로도 사랑하지 못한다"라는 스퐁Spong 감독의 말과 같이[1] 대다수 현대 그리스도인들은 지적 갈등 속에서 신앙생활을 하거나 아니면 교회와 담을 쌓고 살고 있는 겁니다.

그러면 불교는 무엇이 다르다는 말입니까? 무엇이 대안적 요소로 보이는 것일까요? 이미 언급한 바와 같은 불교의 근본 성격, 즉 불교가 초월적 구원의 종교로서 평등주의적이고 보편적 메시지의 종교라는 점은 서구인들의 불교 선택의 필요조건일 뿐 충분조건은 못 됩니다. 충분조건은 불교 자체가 가지고 있는 매력, 그리스도교에서는 발견할 수 없다고 여겨지는 요소들에서 찾아야 할 것이다. 그것은 무엇보다도 불교가 서구인들의 눈에는 '종교 아닌 종교', '종교 없는 종교', 탈종교 시대의 종교로 보인다는 것, 적어도 그리스도교가 종교로서 가지고 있는 많은 문제로부터 자유로운 종교라고 이해되기 때문이 아닐까 생각합니다.

---

1 존 쉘비 스퐁(John Shelby Spong), 『기독교 변하지 않으면 죽는다: 교회 감독이 유배당한 신자들에게 고함』, 김준우 옮김(한국기독교연구소, 2001).

1) 우선 현대인들은 제도적 종교를 싫어합니다. 불교는 복잡한 의례를 의무로 준수하는 종교가 아니며, 인간의 자유를 구속하는 행동규범이나 제재를 강조하는 종교도 아닙니다. 교회의 조직이나 규율, 위계질서가 요구하는 의무나 간섭 등이 별로 없다는 말입니다. 적어도 재가 신도들에게는 그렇습니다. 불교는 외적 행위보다는 내적 마음 상태를 강조하는 종교입니다. 불교는 기본적으로 '마음공부'하는 종교이지요. 마음공부 하겠다는 종교를 싫어할 이유가 어디 있겠습니까? 아주 간단한 사실이지만 많은 사람, 특히 그리스도교인들이 잘 모르는 사실입니다. 법당 안만 한번 기웃거리고는 우상 숭배하는 종교라고 말하기 쉽지요.

2) 불교는 전지전능한 인격신에 대한 믿음보다는 인간의 주체적 노력을 중시하는 종교입니다. 신에게 의지하기보다는 자신의 지성과 마음가짐에 의존하는 자기개발과 자기실현의 종교이지요. 자기 밖에 있는 '타자'로서의 신보다는 자기 안의 신성을 실현하고자 하는 성숙한 인격의 종교입니다. 무슨 문제만 발생했다 하면 그 책임을 하느님에게 돌리고 문제 해결도 하느님께 매달리는 '병 주고 약 주는 식의 하느님'을 믿는 종교가 아니라, 자업자득을 믿고 무슨 일이든 우선 자기 자신에 책임을 돌리고 자신을 돌아보는 종교지요. 하느님을 탓하지 않을 뿐 아니라 다른 누구를 비난하거나 손가락질하기 전에 자기 탓, 자기 마음을 조용히 성찰하는 종교입니다. 저도 그리스도교인이지만, 대체로 보면 불교인들이 그리스도교인들보다 너그럽고 관대하다는 인상을 받습니다. 그리스도교인들은 남을 비판하는 데 익숙한 것 같습니다. 비판하고 정죄하고 심판하는 하느님에 대해서 너무 많이 들어서 그런지 아니면 대다수 목사님의 독

선적이고 도덕주의적 설교를 너무 많이 들었기 때문인지는 몰라도 그런 것 같습니다.

3) 하느님에 대한 믿음보다 자기 자신의 책임을 강조하는 불교는 인간성에 대한 낙관적 견해를 가지고 있습니다. 모든 중생이 다 부처가 될 성품을 가지고 있다고 믿으며, 원죄原罪 개념과 같은 인간성에 대해 비관적 견해를 부추기지 않습니다. 과거의 업 탓은 하지만, 그것 역시 자신의 잘못이기에 조용히 받아들이고 참회합니다. 불교는 모든 인간의 성불 가능성을 믿으며 인간성을 긍정하고 사랑하는 휴머니즘적 종교입니다. 우리가 자녀교육을 할 때 "너는 안 돼, 네 형을 보라, 너는 암만해도 싹수가 노래"라고 반복해서 말한다면, 우리는 자녀에게 씻을 수 없는 큰 죄를 짓는 것인데, 교회는 이런 죄를 수천 년간 무수히 많은 사람에게 지어 왔습니다. 죄와 더불어 하느님의 징벌과 지옥의 공포까지 심어주었지요. 불교도 나락那落 (naraka)이라는 지옥의 공포를 말하기는 하지만, 불교의 지옥은 영원한 형벌이 아니고 형기를 마치면 나올 수 있는 감옥과도 같은 곳이지요. 하느님의 영원한 무서운 징벌과는 다르지요.

4) 불교는 어떤 초자연적 진리나 기적 같은 것을 억지로 믿어야 하는 이른바 '신앙'의 종교가 아니라, 인간과 사물에 대한 통찰과 지혜를 강조하는 비교적 무리 없는 '합리적' 종교입니다. 불교도 기적을 많이 이야기하지만, 그것이 결코 신앙의 핵심이나 초석은 아닙니다. 동정녀 탄생, 부활 승천, 예수님의 기적 등을 사실로 믿어야 신앙이라고 주장하는 식의 그리스도교와는 대조적입니다. 불교는 초자연적 계시보다는 자연의 이법과 이치를 깨닫고 순응하는 지혜의 종교로서 적어도 과학적 합리성에 정면으로 위배되지는 않는

다는 생각이 일반적입니다. 일부 불자들은 이것을 과장해서 불교가 '과학적'이라고 주장하는 사람도 있지만, 이것은 불교도 모르고 과학도 모르는 주장이라고 저는 생각합니다. 마치 그리스도교의 창조과학자들이 그리스도교도 모르고 과학도 모르는 것처럼 말입니다. 중요한 것은 불교의 핵심적 진리가 적어도 과학에 정면으로 배치되지는 않는다는 점이고, 이런 면에서 불교를 믿기 위해서 지성을 희생하지 않아도 된다는 겁니다. 초등학교만 나와도 믿기 어려운 일들을 믿는 것이 마치 신앙의 핵심인 양 가르치고 있는 것이 아직도 그리스도교의 일반적 모습이 아닌가요? 불교는 그런 지적 부담을 주지 않습니다.

5) 불교는 인간중심주의적 세계관을 벗어나서 동물을 포함한 모든 생명체를 사랑하고 품는 자연친화적이고 친환경적 종교입니다. 개체들의 독립성이 아니라 존재하는 모든 것들이 연기적으로 서로 얽혀 있음을 말합니다. 환경파괴의 주범을 사상적으로 성서의 창세기까지 거슬러 올라가는 견해도 있다는 점에 유의할 필요가 있습니다. 여하튼 성서적 세계관이 인간 중심, 인간 역사 중심적임을 부정하기는 어렵고, 성서의 이야기들이 신과 인간이 엮어내는 드라마이면서도 인간 역사의 갈등과 비극, 투쟁과 해방을 중심으로 전개되고 있다는 사실 또한 부인하기 어렵지요.

6) 불교는 그리스도교를 따라다니는 어두운 역사의 그림자로부터 비교적 자유로운 종교, 즉 폭력과 억압의 역사로부터 비교적 자유로운 종교라는 인상을 줍니다. 이단 심문, 십자군전쟁이나 종교전쟁, 마녀사냥, 반유대주의의 광기와 유대인 대학살, 사형제, 노예제, 제국주의, 과학적 지식이나 자유 사상의 억압 등의 부정적 역사

가 별로 없다는 것이지요. 불교는 '평화의 종교'라는 인상이 지배적입니다. 물론 불교 역사도 폭력으로부터 완전히 자유롭지는 않았습니다. 한국이나 일본, 티베트 같은 데서 승려들이 권력 다툼 때문에 폭력을 동원하여 싸운 일도 많았고, 아주 최근에 우리나라 조계종에서 벌어졌던 폭력 사태만 해도 그렇습니다. 하지만 대체로 불교가 그리스도교에 비해 비폭력적이라는 사실을 부인할 사람은 아무도 없을 것입니다. 불교에서는 누구에게 해를 가하는 것, 사람은 물론이요 미물에게조차도 폭력을 가해 괴로움이나 고통을 주는 일은 무조건 나쁜 것이지요. 비폭력, 평화주의의 종교로서 불교는 타의 추종을 불허합니다. 부처님과 동시대에 활동했던 마하비라Mahāvīra 가 창시한 자이나교를 제외하면 그렇습니다.

7) 불교는 그리스도교에 비해 타종교에 대하여 덜 배타적이고 관용적입니다. 때로는 방어적 차원에서 혹은 그리스도교의 배타성을 본받아 타종교, 특히 그리스도교에 대해 심한 적대감을 가지고 있는 불자들도 있지만, 불교는 대체로 타종교인을 반드시 개종시켜야 한다고 생각하거나 종교적 폭력을 행사하지는 않습니다. 특히 마녀사냥이나 이단 척결을 위해 사람을 화형에 처한다든지 하는 일은 없었습니다.

8) 윤회사상, 업보 사상이 지니고 있는 매력도 무시할 수 없습니다. 업보 사상은 유일회적 인생관이 안고 있는 문제들(다음 강좌에서 더 자세히 말씀드리겠지만)로부터 자유로우며, 도덕적 부조리와 이해할 수 없는 인생고의 문제에 해답을 줍니다. 자업자득을 말하는 불교는 그리스도교 신앙을 괴롭혀온 변신론辯神論(혹은 神正論, theodicy)의 부담, 즉 전지전능하고 선하신 하느님이 왜 무고한 자에게 고난

을 허락하는가 하는 문제를 가지고 있지 않습니다.

9) 불교는 초월적 구원의 종교이면서도 불교의 초월은 그리스
도교에서처럼 신과 세계, 창조주와 피조물, 신과 인간, 초자연과 자
연의 이원적 대립에 근거하지 않습니다. 불교의 초월은 내재적 초
월, 안으로의 초월입니다. 현대 그리스도교의 가장 큰 문제 중 하나
가 아직도 전통적인 초자연적 신관(supernatural theism)에 있다면,
불교는 적어도 그런 신관의 부담을 갖고 있지 않습니다. 불교적 영
성은 세계내적 영성, 자연 정향적 영성이며 동시에 인간의 마음을
다스려 궁극적 실재와 하나가 되려는 영성이기 때문입니다.

10) 초자연적 신관과 더불어 현대인이 수용하기 어려운 그리스
도교의 또 하나의 측면은 그 역사 지향성입니다. 이는 앞서 말한
변신론의 문제와 밀접히 연결되어 있습니다. 현대인들은 하느님이
역사에 개입하며 역사를 주도하여 종말과 최후 심판으로 향해 인도
한다고 믿는 전통적인 성서적 신앙에 대해 매우 회의적입니다. 한
걸음 더 나아가서 현대인들은 역사의 진보를 믿거나 종말적 완성을
믿는 일에도 회의적입니다. 부조리한 역사에서 의미를 찾고 구원을
발견하려는 역사 지향적 인생관과 세계관 자체에 회의를 품고 있는
거지요. 이것은 중세적 영성이 보였던 역사 도피와는 다른 차원의
현상입니다. 현대인들은 역사에 과다 노출된 나머지 일종의 '역사
피로증후군'을 앓고 있으며, 과열된 역사를 식히고 쉬기 원합니다.
현대인들은 역사의 갈등과 투쟁, 폭력과 비극을 너무 많이 목격한
나머지, 역사 내에서 평화와 안식을 찾는 일은 포기한 것 같습니다.
현대인들은 역사적 신앙보다는 우주적 영성, 구원사의 드라마보다
는 창조 세계의 보존에 더 관심을 둔다고 여겨집니다.

아직도 빈곤으로부터의 탈출과 인권 신장을 위한 해방적 관심과 투쟁을 소홀히 할 수 없는 '후진국'들과는 달리 '역사의 종언'을 경험하고 있는 서구인들은 이제 역사의 진보와 완성보다는 새로운 의미의 초역사적 구원을 갈망하고 있습니다. 과거의 초자연적 영성과는 달리 세계와 자연의 재성화(resacralization)와 재주술화(reenchantment)와 우주적 영성의 재발견에서 초월성을 찾고자 하는 것입니다.

이렇게 말씀드리면 여러분들 가운데는 제가 불공평하다고 항의할 사람이 있을 것입니다. 불교는 최상의 것만 지적했고, 그리스도교는 나쁜 것 혹은 부족한 것만 거론했다고 말입니다. 사실입니다. 저는 적어도 통상적인 그리스도교 신앙에 대해서 말씀드린 것입니다. 또 역으로 생각하면 그리스도교의 약점으로 지적된 것이 불교에서 너무 없어 오히려 불교의 약점이 될 수도 있을 것입니다. 흔히 불교는 "역사의식이 결여되어 있다", 초월적 신관에서 오는 "예언자적 비판 정신 같은 것이 없다"라는 비판도 받습니다. 하지만 이런 문제는 불자들에게 맡겨두는 것이 좋습니다. 솔직히 말씀드리면 저는 평소에 불자들이 불교는 완벽한 종교라는 '자만심' 때문인지는 몰라도 남의 종교에서 배우려는 자세가 별로 보이지 않는다는 인상을 받습니다. 하지만 남의 종교를 비판하는 것은 그들 자신의 몫이어야 합니다.

다른 한편 그리스도교 전통 내에는 이상과 같은 통속적인 이해를 넘어서는 넓고 심오한 흐름들이 있다는 사실을 기억할 필요가 있습니다. 무엇보다도 우리는 편협한 그리스도교 이해를 벗어나서 그리스도교 전통에 대한 바른 이해가 있어야 하며, 그 깊이와 풍요로움을 알아야 합니다. 많은 그리스도인이 위에서 말한 불교의 요소들이 그리스도교 내에도 있음을 모르고 있습니다. 특히 개신교 신자들은 선교사들이 전해 준 편협한 그리스도교를 벗어나서 2,000년 그리스도교 전통의 재발견이 필요합니다. 본 강좌를 주최하고 있는 '새길기독사회문화원'은 이러한 취지에서 고전 그리스도교 사상가에 대한 강의를 개최하기도 했습니다. 예를 들어 마이스터 에크하르트Meister Eckhart의 영성 사상이나 성 아우구스티누스Augustinus의 사상에 대해서 강좌를 가졌지요.[2]

현대 신학은 위에서 말한 통속적인 그리스도교 신앙의 이해를 이미 넘어선 지 오래다는 사실도 알아야 합니다. 그러나 여전히 대다수 신도의 그리스도교 이해는 주일학교 수준의 이해를 벗어나지 못하고 있는 것이 사실이며, 무엇보다도 성경 자체가 자칫 그런 이해를 조장하기 쉽습니다. 그래서 성경은 현대 신학의 눈으로 잘 읽지 않으면 안 됩니다. 그렇지 않으면 문제투성이의 책이지요. 다시 한번 말씀드리지만 만약 저 자신도 현대 신학과 성서학을 통해 통속적 그리스도교 이해를 극복하지 못했더라면 저는 벌써 그리스도교를 포기했을 것이며, 아직도 그리스도교를 붙잡고 씨름하면서 지금 이렇게 여러분들 앞에서 강의를 하는 일도 없었을 것입니다. 여러분들도 아마도 통속적인 그리스도교 이해에 만족하지 못하기 때문에 이런 강좌에 나오시는 것이 아닐까 생각합니다.

이상과 같은 저의 판단이 정당하다면—이는 물론 더 많은 엄밀한

---

2 마이스터 에크하르트에 대한 저의 강좌는 『마이스터 에크하르트의 영성 사상』(서울: 도서출판 동연, 2021)이라는 제목으로 출판되었습니다.

고찰과 논의를 필요로 하지만— 현대 그리스도교는 어떠한 방향으로 나아가야 합니까? 어떤 하느님 이해, 어떤 그리스도 이해, 어떤 세계관과 인생관을 제시해야 할 것인지 진지하게 묻고 고민해야 할 것입니다. 이를 위해서 불교와의 진정한 만남과 진지한 대화는 필수적이라고 저는 생각합니다.

이미 이러한 대화가 전 세계적으로 진행되고 있습니다. 특히 미국에서는 일급 신학자들이 모두 불교-그리스도교 대화에 관심을 갖고 있으며, 학회도 형성되어서 대규모 모임이 정기적으로 개최되고 있으며, 일본에서도 일찍부터 유사한 모임이 이루어지고 있습니다. 그런가 하면 수행의 차원에서도 그리스도교 수행자들이 불교의 명상법을 실천하는 것은 이제 흔한 일이 되었습니다. 우리나라에서도 종교 간 대화가 1960년대 크리스찬 아카데미에서 시작했으나 활발하게 지속되지는 못했고, 한국 종교인 평화회의(KCRP)의 종교대화 분과위원회도 지금까지 노력해 왔으며, 가톨릭 '씨튼연구원'에서도 소규모로 불교-그리스도교의 대화가 진행되어 오고 있습니다. 지금 제가 하는 강좌도 그러한 시도의 하나일 것입니다. 다행히도 최근에는 불교와 개신교 사이의 관계도 긍정적으로 변하는 느낌이 있습니다. 그래서 성탄일이나 불탄일에 서로 축하의 인사와 메시지를 주고받기도 하고, 스님이나 목사님들 가운데서 서로 방문해서 문화 행사나 사회의 공동선을 위해 각종 운동을 같이 전개하기도 합니다. 이 모든 것이 더 깊이 있게 이루어지려면 무엇보다도 상호 깊은 이해가 필요합니다.

저는 이 강좌를 통해 불교의 진리를 그리스도교 신자로서 어떻게 받아들여야 할지를 함께 고찰해 보고자 합니다. 단순한 불교 강좌가 아니라 현대 한국을 살고 있는 그리스도인으로서, 그리스도교 진리를 현대적으로 어떻게 이해하고 받아들여야 할지를 고민하는 사람으로서 불교의 진리를 어떻게 평가하고 창조적으로 수용할 수 있는지를 함께 생각해 보고자 하는 것입니다.

제3강

불교와 힌두교

1. 불교에 미친 힌두교의 영향
2. 윤회설의 문제의식과 종교적 함의
3. 그리스도인은 윤회와 해탈 사상을 어떻게 받아들일 것인가?

1. 불교에 미친 힌두교의 영향

지난 시간에는 불교가 어떤 성격의 종교인가를 말씀드렸습니다. 기본적으로 불교는 그리스도교와 많은 사상적 차이가 있음에도 불구하고 근본 성격이 유사한 종교라는 것을 말씀드렸습니다. 그래서 만약 그리스도교에 불만을 가진 사람들은 불교로 가거나 아니면 세속주의로 갈 가능성이 높다는 거지요. 그러면서 같은 인도 종교인 힌두교는 대안이 되지 못한다는 점도 말씀드렸습니다.

물론 힌두교에도 보편적인 영적 메시지가 있지만, 힌두교는 근본적으로 인도인들의 생활 양식과 매우 밀착되어 있는 종교입니다. 특히 신분제도인 카스트제도 때문에 서양인들이나 외국인들이 힌두교 신자가 된다는 건 거의 불가능한 일입니다. 힌두교의 요가나 영적 수련의 길은 서양인들도 받아들일 수 있지만, 카스트제도나 남녀 차별 등은 받아들일 수 없기 때문이지요. 불교는 힌두교의 보편주의적 요소는 이어받았지만, 그 사회적 측면은 거부하고 나선 종교입니다. 불교와 힌두교의 차이점과 일치점에 대해서 몇 가지로 고찰해보고자 합니다.

1) 다르마의 재해석

유대교의 율법인 토라torah와 마찬가지로 힌두교의 집단적 성격, 집단적 정체성의 핵심은 '다르마dharma'라는 사회 윤리적 법도입니다. 힌두교는 나이와 성별, 사회 계급과 신분에 따라 사람들이 지켜야 할 도리를 세세히 규정하는 종교입니다. 이러한 전통적인 힌두교의 사회 질서를 만들어 놓은 사람은 바라문(Brāhmaṇa)이라는 사제 계급이었습니다. 부처님은 힌두교의 다르마 개념을 수용하되 그 집단적·사회적 성격, 특히 사성四姓 계급제도를 근간으로 하는 신분 윤리 체제를 부정하고 다르마를 모든 사람이 지켜야 하는 보편적 윤리에 국한시켰습니다. 불교에서 다르마 혹은 법法이라는 것은 우선 부처님의 가르침 혹은 진리를 가리키며 자비, 인내, 너그러움, 정직 등 모든 사람이 지켜야 할 도덕적 행위나 덕목을 가리킵니다. 불교는 사람의 나이, 성별, 사회적 신분에 따른 힌두교의 차별적 윤리를 거부하고 만인 평등한 보편 윤리의 종교로 힌두교를 개혁했다고 말할 수 있습니다. 이는 마치 예수님과 사도 바울이 사람의 행동을 세세한 부분까지 구체적으로 규정하고 있는 유대교의 율법주의와 의례(ritual) 중심의 윤리를 거부하고 율법의 정수인 하느님 사랑과 이웃 사랑에 초점을 맞추어 그리스도교를 보편 윤리적 종교로 만든 것과 흡사합니다. 만약 그리스도교가 유대교의 율법을 그대로 수용했더라면 결코 세계종교가 되지 못했을 것이며, 불교 또한 힌두교의 차별적 신분윤리 제도를 그대로 수용했더라면 결코 세계종교가 되지 못했을 것입니다.

2) 해탈 사상의 수용

불교는 다른 한편 힌두교로부터 해탈解脫(mokṣa)의 이념을 전적으로 수용했습니다. 다만 그 방법에 있어서 차이를 보일 뿐입니다. 다르마도 불교에서는 궁극적으로 해탈을 위한 것이며, 해탈에 도움이 되는 것은 선한 것이고 그렇지 못한 것은 악한 것입니다. 따라서 불교를 이해하려면 힌두교의 해탈 개념을 이해해야 합니다. 해탈은 모든 인도 종교들의 특성이며, 윤회輪廻라는 인도적 인생관을 전제로 합니다. 해탈과 윤회의 이념을 수용한 불교를 통해서 인도적 인생관이 전 아시아에 퍼졌다 해도 과언이 아니지요.

해탈의 개념을 이해하려면 먼저 생사윤회(saṁsāra, 流轉)의 인생관을 이해해야 합니다. 해탈은 해방, 풀림이라는 뜻으로, 나고 죽음을 반복하는 윤회를 속박으로 간주하는 인생관을 전제로 하기 때문입니다. 불교나 힌두교 그리고 자이나교와 같은 인도 종교와 유일신 종교(유대교, 그리스도교, 이슬람)와의 결정적 차이가 여기에 있으며, 인생에 대한 문제의식부터가 다르다는 것을 알 수 있습니다.

해탈 사상은 첫째, 인생 자체를 욕망과 행위(業)에 의한 속박으로 간주합니다. 둘째, 이 속박으로서의 삶은 일회적 삶이 아니라 해탈을 이루기 전에는 생生과 사死, 즉 나고 죽음(birth-and-death)을 수없이 반복하는 순환적 삶입니다. 인생을 계속해서 이어지면서 흐르고 굴러가는 것(流轉)이라고도 본 것이지요. 이러한 순환적 과정이 악순환이냐 선순환이냐는 우리가 어떤 삶을 사느냐에 따라 결정됩니다. 점점 더 해탈과 열반으로부터 멀어지는 삶도 있고 점점 더 가까워지는 삶도 있기 때문입니다. 인생의 최고 목적은 무욕과 청정한 삶을 통해 악순환을 끊고 질적으로 전혀 다른 영원한 생명과 자유를 누리는 것입니다. 그것이 해탈입니다.

3) 윤회사상

윤회사상은 기본적으로 자연의 순환적 양상에 따라서 인생을 이해한 것입니다. 태어난 것은 소멸하기 마련이며 소멸한 것은 다시 태어난다는 것, 모든 것은 시간의 지배를 받으며 시간은 자연의 변화처럼 돌고 돈다는 것입니다. 계절의 순환처럼 생명도 순환한다는 것입니다. 그야말로 '돌고 도는 인생'이지요. 생명은 이렇게 나고 죽음을 끝없이 반복하면서 이어진다고 봅니다. 식물이 씨앗을 남기고 죽은 후 다시 씨앗이 발아하여 새로운 생명으로 이어지듯 인간도 자기가 지은 업(행위, karma)이 씨가 되어 업보로서 열매를 맺어 다시 태어난다는 것이지요. 그래서 환생한다는 것입니다.

불교와 힌두교의 인생관에 의하면 우리는 자기 행위의 결과를 반드시 치르게 되어 있습니다. 현세에서 아니면 내세에서라도 치릅니다. 세계는 기본적으로 자업자득의 법칙이 지배하는 세계라는 것입니다. 자기가 행한 행위의 결과를 자기가 받는 엄격한 도덕적 인과관계가 지배한다는 것입니다. 마치 수레가 수레를 이끄는 소의 발자국을 따르듯 혹은 그림자가 몸을 따라다니듯 한 치의 어긋남도 없이 업에는 업보가 따른다는 거지요. 자신의 악업 혹은 선업에 대한 대가를 치르거나 받기 전에는 결코 삶의 연속이 끊어지지 않는다는 말입니다. 따라서 죽으려야 죽을 수도 없습니다. 자살은 생명의 종결이 아니라 오히려 그 악업으로 인해 더 고통스러운 삶을 자초할 것이기 때문입니다. 삶에 집착하는 욕망도 나쁘지만 죽으려는 욕망도 불교에서는 나쁜 것으로 간주됩니다.

환생은 사람으로 다시 태어나기도 하고 동물로도, 천계의 신으로도, 심지어는 식물로도 태어난다고 합니다. 이는 인간중심주의적 가치관과 다른 면입니다. 여기서는 모든 생명체가 연결되어 있다는 생각, 생명의 순환과 대치가 가능하다는 생각이 깔려 있습니다. 생명 그 자체는 사라지지 않고 영원히 계속된다는 것이지요.

이 생명을 힌두교에서는 여러 이름으로 부릅니다. 영혼 혹은 생혼(jīva), 자아(ātman), 명아命我(jīvātman), 육신의 주인(dehin) 혹은 정신(puruṣa)이라고도 부릅니다. 이것들이 다 정확하게 동일한 개념은 아니지만, 여하튼 힌두교에서는 영혼이란 것이 있어서 마치 옷을 갈아입듯이 혹은 매미나 뱀이 허물을 벗듯이 형태를 달리하면서 육체를 받아 다시 환생한다고 믿습니다. 하지만 실제로 나고 죽고 하는 것은 육체들일 뿐 영혼 자체는 죽는 일도 태어나는 일도 없이 영원하다고 봅니다. 몸만 바뀌고, 수레만 바뀔 뿐 몸의 주인, 수레의 주인은 항상 그대로 있다는 것이지요. 사람의 영혼, 동물의 영혼은 본질은 같으나 육체적 조건이 다르기 때문에 그 영향으로 달리 나타나는 것입니다. 유교의 성리학으로 말하자면 인간의 심성은 동일하나 기질의 청탁의 차이로 인해 사람에 따라 성격이 달리 나타나는 것과 마찬가지입니다.

4) 힌두교의 영혼관과 불교의 무아론

힌두교의 영혼관에는 기본적으로 두 가지 견해가 있습니다. 하나는 유한하지만 영원한 개별적 영혼 혹은 개별적 자아(jivātman)들이 무수히 많다고 보는 견해이고, 다른 하나는 개별 영혼들의 실체성을 부정하고 브라흐만Brahman 혹은 아트만Ātman이라는 단 하나의 우주적 영혼 내지 정신(paramātman)만이 실재한다는 생각입니다. 개별 영혼들은 궁극적으로 오해, 착각, 무지에서 생긴 관념일 뿐이라는 거지요. 브라흐만은 힌두교 고전인 『우파니샤드』(Upaniṣad)에 등장하는 중심 개념으로서 순수 존재(sat), 순수 의식(cit), 순수 기쁨(ānanda)의 성격을 지닌다고 합니다. 브라흐만은 우주 만물의 정수이며 궁극적 실재로서 만물이 거기서 나와 거기로 되돌아가는 만물의 알파와 오메가입니다. 다양하고 유한한 만물의 궁극적 통일성, 하나 됨을 믿는 일원론(monism)의 철학이지요.

이 궁극적 실재 브라흐만을 어떻게 이해하는가에 따라 다시 크게 두 가지 견해가 힌두교 내에 존재합니다. 하나는 브라흐만을 인격적 속성을 지닌 대주재신(Īśvara, saguṇa-brahman)으로 숭배합니다. 힌두교 신자 대다수가 주님으로 숭배하고 있는 비쉬누Viṣṇu나 쉬바Śiva 신이 그것입니다. 이것이 힌두교의 대중적 신앙(bhakti)의 종교입니다. 신의 이름들은 달라도 기본적으로 유일신 종교라고 말할 수 있습니다. 우주 만물을 창조하고 다스리고 파괴하고 다시 창조하는 신을 믿고, 개인 영혼의 실재성을 믿으며, 영혼이 육체와 물질세계의 속박을 벗어나 신과 영원한 사랑의 통교를 나누는 것을 해탈로 간주하지요.

다른 하나의 견해는 브라흐만을 일체의 인격적 속성을 초월한 실재(nirguṇa-brahman)로 보는 사상으로서, 엘리트적 지혜의 길입니다. 브라흐만을 순수한 존재 그 자체, 순수한 지성 그 자체, 순수한 기쁨과 생명의 근원 그 자체라고 봅니다. 개인 영혼의 실재성을 부인하고 인간 영혼이 온 우주 만물의 근원인 브라흐만과 조금도 다름없음을 아는 지혜(jñāna)를 해탈의 지름길로 간주합니다. "그대가 바로 그것이다" 혹은 "내가 곧 브라흐만이다"라는 『우파니샤드』의 말로 집약되는 범아일여梵我一如의 진리를 깨닫는 지혜이지요. 나의 참 자아가 우주의 궁극적 실재 브라흐만과 하나라는 사상은 힌두교가 세계 사상사에 기여한 최대의 공헌이라 할 수 있으며 모든 신비주의의 근본적 통찰입니다.

불교는 윤회와 해탈의 사상에 기반하고 있지만, 교리적으로는 신이든 인간이든 영원한 영혼이나 실체적 자아(ātman)라는 것의 존재를 부정해왔습니다. 이러한 뜻에서 무신론이며 무아론이라고 할 수 있습니다. 따라서 윤회도 어떤 불변하는 영혼이 옷을 갈아입듯이 몸을 바꾸며 태어나는 것이 아니라, 단지 여러 요소가 일시적으로 결합되었던 한 개체 혹은 개인이 죽어 해체되면 그가 현세에서 지은 업에 따라 또 다른 하나의 개체로 재구성되는 것으로 이해됩니다. 이렇게 계속되는 흐름이 생사윤회이지요.

여하튼 힌두교나 불교의 윤회설은 인간중심적 세계관이 아닙니다. 도덕적 인과율이 지배하는 도덕적 세계관이기는 하지만, 인간중심적이지는 않습니다. 모든 생명체가 서로 몸을 바꾸어 태어날 수 있기 때문입니다. 또 지금의 원수도 전생에는 나의 친구나 부모일 수 있으며, 동물들도 나의 친척이었을 가능성도 있습니다. 그러니 동물이나 생명체에 고통을 주거나 학대해서는 안 됩니다. 유교에서는 이런 관념을 받아들일 수 없는 것이 자명합니다. 가령 나의 조상이 전생에 개였다든지 혹은 앞으로 내가 개로 환생한다든지 하는 것은 도저히 받아들일 수 없겠지요.

2. 윤회설의 문제의식과 종교적 함의

우리는 윤회설이 왜 그토록 오랫동안 수많은 아시아인의 마음을 사로잡았는지를 이해해야 합니다. 두 가지를 먼저 꼽을 수 있습니다. 하나는 어쩔 수 없는 인생의 고난이나 불행의 문제를 해결해 준다는 점이고, 다른 하나는 인생의 부조리 내지 불공정성의 문제에 대해 해답을 준다는 것입니다.

첫째, 우리 인생에는 느닷없이 찾아오는 고난이 너무나 많습니다. 우리가 도저히 어찌할 수 없으며, 이해하기 어렵고 받아들이기 어려운 무의미한 고난들 말입니다. 가령 지진, 홍수, 가뭄 같은 천재지변을 비롯해서 전쟁, 전염병, 암, 사고사 등 나의 책임을 벗어난 각종 고난이나 시련들이 수시로 찾아와 우리를 괴롭히지요. 업보 사상은 이런 불행을 전생의 자기 탓, 자기 책임으로 받아들이도록 합니다. 하느님을 원망하거나 다른 사람을 원망하지 않고 바로 자기 자신이 지은 과거의 업 때문으로 돌립니다. 도저히 납득하기 어렵고 받아들이기 어려운 고난―가령 아무 죄도 없는 어린아이가 포탄에 맞아 죽는다든지, 암으로 꽃다운 청춘이 가야 하는 경우, 의로운 자는 죽도록 고생하고 기회주의자나 매국노 같은 사람들은 자기뿐 아니라 후손들까지도 떵떵거리며 잘 사는 현상 등―을 당할 때 우리는 하느님을 원망하든지 운명을 탓하지만, 업보 사상은 누구도 원망하지 말라는 것입니다.

둘째로 인생의 부조리 문제입니다. 살다 보면 인생이란 처음부터 불공정한 게임이라는 생각이 들 때가 많지요. 인간은 평등하다고 말하지만, 그것은 인간의 존엄성이나 인권 혹은 법적, 도덕적 평등성을 두고 하는 말이지 실제상으로는 불평등한 것이 너무 많은 것이 사실입니다. 사람마다 타고난 능력이나 소질이나 환경이 많은 차이가 있기 때문이지요. 어떤 학생은 좋은 가정에서 태어나 공부도 잘하고 얼굴도 예쁘지만, 어떤 학생은 아무리 노력해도 잘 안 됩니다. 어떤 사람은 아예 범죄 소굴에서 태어납니다. 그래서 "나는 왜 이 모양인가?" 원망하면서 인생을 허비하는 사람도 많습니다. 마치 100미터 경주에서 어떤 사람은 50미터 앞에서 시작하라고 하는 불공정 게임처럼 보입니다.

이러한 인생의 근본적 불공정성에 대하여 업보 사상은 하느님이나 다른 사람이 우리 삶의 조건을 그렇게 만들어 놓은 것이 아니라, 우리 자신의 업보라는 것입니다. 따라서 결코 불공정하지 않고 오히려 공정하며 정의롭다는 것입니다. 이런 생각이 부조리한 현실의 개혁 의지를 약화시킨다는 비난을 받는 것이 사실이지만, 우리가 인력으로 어쩔 수 없는 불평등이나 고난의 경우에 평생 불평만 하면 산다거나 인생을 포기할 수는 없는 것 아닙니까?

인생의 부조리나 불공평성 앞에서 이 세상에서 일어나는 모든 일이 하느님의 뜻이라고 생각하는 그리스도인들은 더 큰 문제에 봉착합니다. 바로 신앙의 위기를 경험하지요. 선하시고 사랑 많으신 전지전능하신 하느님이 왜 나에게, 왜 저 무고한 자들에게 저런 고난을 허락하시는가? 사랑이 없고 무자비하신 분이거나 아니면 그러한 고난을 제거할 힘이 없는 존재이거나 둘 중의 하나일 것이라고 의심합니다. 이는 욥기 이래 수많은 신앙인을 괴롭혀 온 문제이며, 지금도 많은 사람이 실제로 하느님의 존재를 믿지 못하는 가장 중요한 원인 중 하나입니다. 그래서 신학에서는 이른바 변신론 혹은 신정론神正論의 문제가 발생하는 것입니다. 하느님이 그럼에도 불구하고 공정하신 분, 정의로우신 분이라는 것을 논증하는 작업이지요.

업보 사상, 윤회사상에서는 이러한 문제가 아예 발생하지 않습니다. 하느님이 면책되는 셈이지요. 하느님 책임이 아니라 전생의 나의 탓이기 때문입니다. 하느님이 적극적으로 억울한 고난을 해결해 주시지는 않는다고 해도 적어도 고난의 원인 제공자는 아니기 때문입니다. 그리스도교도 이런 생각을 수용할 수 있지 않을까 생각해 봅니다. 툭하면 모든 것을 하느님께 돌리는 신앙 그리고 모든 문제의 해결을 하느님께 바라는 '병 주고 약 주고 하는 식'의 신앙은 재고되어야 하지 않을까요?

요한복음 9장 1절에 보면 태어날 때부터 소경인 사람을 두고 제자들이 묻기를 이 사람의 죄 때문인가 아니면 그 부모 탓인가라고 묻습니다. 이렇게 묻는 데는 누군가의 죄와 잘못 때문이라는 도덕적 인과응보의 사상이 깔려 있습니다. 하지만 그리스도교에서는 이를 받아들이지 않습니다. 이 곤란한 질문에 예수님의 대답은 오히려 이 물음의 전제 곧 누구의 잘못 때문이라는 생각을 거부하고, 그를 통해 하느님의 일이 드러나도록 하기 위함이라고 대담하게 말씀하시고는 그의 눈을 뜨게 해 줍니다. 이게 그리스도교적 문제 해결 방식이지요.

하지만 여전히 문제는 남습니다. 누구의 죄, 누구의 탓도 아니라면 인생을 주관하시는 하느님 탓은 아닌지 하는 의문, 다시 말해 최소한 세상만사를 섭리하시고 주관하신다는 하느님의 묵인 아래 이루어진 것은 아니냐 하는 의심입니다. 인생의 억울한 고난과 비극 앞에서 하느님의 침묵이나[1] '공범죄'를 고발하는 카뮈나 사르트르 같은 실존주의 문학의 거센 항의도 이런 맥락에서 이루어지는 것입니다. 인생의 부조리, 역사의 무의미한 폭력을 너무나도 많이 목도한 현대인들은 실로 하느님의 섭리와 사랑을 믿기 어려워합니다. 카르마의 법칙을 믿는 인도 종교들에서는 이러한 문제가 제기되지 않습니다. 모든 것이 자기 탓일 뿐이기 때문입니다. 어쩔 수 없는 인생의 괴로움이나 한계를 조용히 받아들이도록 하지요.

이와 동시에 윤회사상은 미래에 대한 희망을 갖게 합니다. 인생은 단 한 번만 사는 것이 아니라 앞으로도 수없이 계속된다는 것입니다. 과거의 업에 의해 현재의 나의 처지가 결정되었지만, 이것이 결정론으로 해석되지 않고 현재 나의 의지와 행위에 따라 미래가 결정된다고 믿습니다. 업보 사상을 운명론이나 결정론으로 해석하는 것은 옳지 않습니다. 과거의 제약이 있지만, 현재의 노력도 중요하고 미래는 열려 있다는 것입니다. 단 한 번의 삶이라면 정말 억울하지만, 기회는 얼마든지 있다는 거지요.

업보 사상의 신앙적 의미를 다시 한번 성찰해 볼 필요가 있습니다. 첫째, 업보 사상에서는 하느님은 오히려 면죄부를 받고 부담을 덜게 됩니다. 모든 것에 책임을 져야 했던 하느님의 짐이 덜어지는 것이지요. 둘째, 우리가 받는 고난이 하느님의 징벌이라는 잔인한 생각을 하지 않게 합니다. 고난 자체도 억울한데 하느님의 징벌이라니! 그리스도인들은 너무 쉽게 "인생의 생사화복을 주관하시는 하느님"을 입에 담습니다. 그렇게 모든 것이 하느님의 뜻이라면, 주

---

1 엔도 슈사쿠의 『침묵』이라는 소설이 이러한 주제를 다루고 있지요.

시는 이도 하느님이요 취하시는 이도 하느님이라면(욥기) 오히려 조용히 모든 것을 받아들이고 순종해야 하는데, 그리스도인들은 울부짖으면서 하느님께 매달려 사정하고 씨름하고 하느님의 뜻을 돌려 자기가 바라는 대로 해달라고 기도하기도 합니다. 모순 아닙니까? 이런 면에서 십자가의 고난을 앞두고 "내 뜻대로 마옵시고 아버지의 뜻대로 하소서"라는 예수님의 마지막 기도가 돋보입니다. 예수님도 물론 할 수만 있으면 십자가의 쓴 잔을 피할 수 있게 해 달라고 간청하셨지만, 끝내 하느님께 모든 것을 맡기고 순종하는 참 신앙의 모범을 보이셨던 것입니다.

여하튼 못다 한 인생, 피지 못하고 죽은 꽃다운 청춘이 얼마며, 불의의 사고, 천재지변, 전쟁, 기근, 전염병 그리고 역사의 거대한 수레바퀴에 깔려 무의미한 죽음을 맞은 사람들이 얼마입니까? 지금도 이라크에서 이런 일이 계속되고 있습니다. 또 보다 일반적으로 생각해도 사람이 자기 꿈을 실현하는 것은 물론이요, 자기가 타고난 재능과 잠재력조차 충분히 발휘하지 못하고 죽은 사람이 얼마나 많습니까? 또한 얼마나 많은 천재 시인, 음악가, 화가들이 자기 재능을 발휘할 기회조차 갖지 못하고 엉뚱한 일에 종사하다가 인생을 허비하고 사라집니까?

또 영적 문제, 구원의 문제에 대해서 생각해 볼 때도 이 70, 80년이라는 짧은 기간의 삶이 우리의 영원한 운명을 결정한다는 생각도 수긍하기 어렵습니다. 예수의 이름조차 들어보지 못하고 죽은 사람이 허다하며, 그런가 하면 태어날 때부터 범죄 소굴에 태어나 죄악을 밥 먹듯 하다가 죽는 사람도 많은데 이들의 운명은 어떻게 되는 겁니까? 이들도 하느님의 심판을 받는다면 억울한 일이지요.

도대체 그렇게 태어난 것이 누구의 잘못이란 말입니까?

우리가 이 세상에서 못다 한 신앙생활이나 영적 완성을 내세에 서라도 보충해서 하고 하느님 앞에 나아가면 얼마나 좋겠으며, 현세에 지은 죄를 내세에 속죄하고 영혼을 정화시킬 수 있는 기회가 있으면 얼마나 좋겠습니까? 그리스도교의 구원관의 가장 큰 문제는 억울한 자들의 '패자부활전'이 없다는 것입니다. 억울한 인생이 너무나 많은 것입니다. 그리스도인들이 믿는 하느님이 진정으로 공의롭고 사랑의 하느님이라면 단 한 번의 실수, 단 한 번의 인생을 잘못 살았다고, 그것도 자기 잘못이 아닌데, 가혹한 심판을 하기보다는 패자부활전 아니면 최소한 '연장전'이라도 허락해야 되는 것 아닌가 묻고 싶습니다. 일흔 번씩 일곱 번이라도 용서하는 것이 자비로우신 하느님의 뜻이라면 적어도 49번의 환생이라도 허락하실 것이 아니겠습니까?

인도 사상을 무척 좋아했던 독일 철학자 쇼펜하우어는 "아시아인이 나에게 유럽에 대해서 정의를 내리라면, 나는 유럽을 인간이 무로부터 창조되었으며 현재 태어나 사는 것이 첫 삶이라는 믿을 수 없는 망상에 사로잡혀 있는 세계의 한 지역이라고 정의할 수밖에 없겠다"라고 말한 바 있습니다.[2] 단 한 번의 삶이 죽음으로 끝나면 모든 것이 끝이며 절멸이라는 '망상'에 사로잡힌 땅이라는 말입니다. 여기서 '무로부터 창조되었다'(creatio ex nihilo)라는 말은 그리스도교의 창조론에 따라 인간 존재는 하느님으로부터 직접 그리고 한시적으로 영혼과 생명을 부여받았다는 것을 가리키는 말입니다.

---

2 A.C. Bhaktivedanta Swami Prabhupada, *Coming Back: The Science of Reincarnation* (Hong Kong: Bhaktivedanta Book Trust, 1983), 1쪽에서 재인용.

그리고 하느님의 특별한 은총, 즉 그리스도를 알고 믿는 신앙이 없는 한, 죽으면 완전히 사라져 버릴 존재라는 것을 뜻하는 말이지요.

하느님으로부터 직접 단 한 번 받은 생이기에 물론 무척 귀하고 값지게 그리고 진지하게 살아야 한다는 생각을 그리스도인들과 서양 사람들은 합니다. 이것이 장점이라면 장점이지만, 그렇게 값지고 귀하게 살 수 있는 조건을 갖춘 운 좋은 사람들에게나 해당하는 말이 아니겠습니까? 인생을 이렇게 진지하게 살기에는 너무나 억울하고 괴로운 사람들이 많다는 거지요. 이에 비해 환생을 믿는 동양적 인생관은 여유롭습니다. 기회가 많다고 믿기 때문에, '돌고 도는 인생'이라고 믿기에 확실히 긴장감과 급박감이 떨어지는 것이 사실입니다. 모든 것을 전생의 업이나 팔자소관으로 돌려 현실 개혁의 의지가 약하다는 비판도 받습니다. 하지만 어쩔 수 없는 불행은 전생의 나의 업으로 생각하고 조용히 수용하는 것이 현명한 일이 아닐까요?

보다 일반적으로 말해서 인간을 보는 근본 시각의 차이가 존재합니다. 그리스도교 신앙은 인간 존재를 백지상태에서 하느님께로부터 직접 영혼을 부여받은 생명이기에 하느님 앞에서 단독자로 살다가 그의 심판대에 홀로 선다는 생각을 합니다. '개인주의적'이고, 두렵고 떨리는 생각입니다! 아무도 나를 대신해서 설 수 없습니다. 그래서 가톨릭에서는 성인들이 대신 기도해 줄 거라는 생각을 하기도 합니다. 하지만 이는 성서적 근거가 있는 것은 아닙니다. 이에 비해 윤회사상은 현재 내가 나인 것은 과거로부터 수많은 생을 거쳐 온 경험의 결과이며 지울 수 없이 그 흔적을 안고 산다고 봅니다. 인생은 오랜 과거의 연속으로서 지금 비로소 처음 시작되는 것이 아니라는 것입니다. 그리고 나의 과거는 결국 무수히 많은 다른 사람들과의 인과관계와 사회적 관계망을 통해 형성된 것이지요. 어느 것이 더 옳은 생각이고 좋은 생각인지 스스로 물어보시기 바랍니다.

현세의 부조리 문제를 그리스도교에서는 결국 부활을 통한 내세, 영생으로 해결합니다. 그리스도인들은 현실의 부조리 앞에서 미래에 이루어질 하느님의 자비와 정의를 믿으면서 위로받고 삽니다. 하지만 이 영생에 참여하는 문을 너무 좁게 설정한 배타적 구원관, 그래서 수많은 사람이 배제되는 것도 문제지만, 또 하나의 문제는 영생이 정말 현세에서의 억울함을 보상해 줄 수 있을는지, 정말로 현세의 한을 풀어줄 수 있을는지 의문이라는 것입니다. 다시 말해서 영생은 현세에서 받는 의로운 고난에 대한 보상은 될 수 있을는지 몰라도 다시 한번 인생의 기회를 주는 진정한 패자부활전은 아니라는 것입니다. 영생은 이 현세적 삶과는 질적으로 너무나 다른 너무 추상적 위로이기 때문이지요.

부활로 영생을 얻는다고 해도 이 세상에서 한 번도 제대로 살아보지 못하고 죽은 무수한 인생들을 어떻게 위로할 것입니까? 사후의 영원한 삶의 약속이 과연 현세에서의 무의미하고 고통스러운 삶에 대한 진정한 보상이 될 수 있을까요? 아무 죄도 없이 허무하게 사라진 무수한 인생들, 태어날 때부터 온갖 악조건을 다 갖추고 태어난 인생들에게는 아무래도 큰 위로가 되지 못할 것 같다는 생각이 듭니다. 억울한 인생이 보상되려면, 현세와 비슷한 삶을 다시 한번 살 수 있는 기회가 주어져야 진짜 보상이 되지 않을까 하는 생각입니다. 현세의 축복과 영생의 축복은 너무 종류가 다르고 이질적이라는 겁니다. 부활을 통한 영생은 구체적 위로가 되기에는 너무 고차적이지요. 그래서 현세와 영생, 불교적으로 말하면 해탈 사이에 중간단계로 환생이 필요한 건 아닌지 진지하게 생각해 보시기 바랍니다.

부활을 믿지 않는 사두가이파 사람들이 예수님께 묻기를 남편을 일곱이나 가졌던 여인(엘리자베스 테일러 정도 되는 여자라고 생각할지 모르나 그게 아니라 유대교의 수혼제 때문에 팔자가 그렇게 된 여인)이 부활하면 누구의 아내가 될 것이냐고 묻자 예수님은 부활하면 결혼하는 일이 없다고 답하셨습니다. 부활의 영생을 현세의 연장 내지 재판 정도로 여기지 말라는 것이지요. 하지만 진정한 패자부활전 혹은 연장전은 현세의 삶과 질적으로 다르기보다는 오히려 같은 종류의 삶이 되어야 하지 않을까요? 그래야 억울한 사람들의 한이 풀릴 것입니다. 가령 어떻게든 결혼해서 부모님께 효도하고 자기도 행복하게 살고 싶었던 아들딸이 결혼도 하지 못하고 불시에 죽어 '처녀 귀신' 혹은 '몽달귀신'이 된다면 어떻게 하겠는지요? 오죽하면 사람들이 '영혼 결혼'이라는 것을 시키겠습니까? 이런 문제에 대하여 환생을 믿는 사상은 답합니다. 영생이 아니라 생사의 현실 세계에서 다시 한번 기회가 있다고 말입니다.

이런저런 이유로 서구 사상가들 가운데도 윤회를 믿은 사람이 적지 않습니다. 심지어 현대 신학자 가운데서도 그리스도교가 윤회설을 받아들이지 못할 이유가 없다는 견해를 가진 사람도 있습니다.3 교회의 공식적 교리에도 불구하고 수많은 그리스도인이 개인

---

3 대표적인 사람이 존 힉이라는 영국 신학자입니다. 그의 *The Fifth Dimension: An Exploration of the Spiritual Realm* (Oxford: Oneworld Publications, 1999)의 마지막 장 "Death and Beyond"를 참고하시기 바랍니다.

적으로 윤회를 믿고 있습니다. 과거 사상가들 가운데도 한둘이 아닙니다.

단적으로 말해 우리가 영혼의 존재를 부인하고 혹은 영혼이 완전히 물질로 환원된다는 유물론자기 아니라면, 그래서 육체와 영혼은 질적으로 다른 것이며 육체는 죽어도 영혼은 소멸하지 않고 죽음이란 단지 영혼이 육체를 떠나는 것이라면 그리고 육체란 본래부터 죽은 것이었다고 믿는다면, 영혼은 어디에선가 존재하다가 이 육체 속으로 들어온 것이며 사후에도 이 육체를 빠져나가 어떤 식으로든 존재하다가 다른 육체로 환생할 가능성을 인정해야 할 것입니다.

그리고 우리가 만약 시작도 없고 끝도 없는 불멸의 영혼을 믿는다면 저는 그리스도인으로서 이 영혼이 하느님으로부터 왔다고 혹은 하느님의 일부, 신성의 일부 혹은 우리 안에 내재하는 신성, 하느님의 생명 그 자체라고 믿습니다. 태어날 때 유일회적 삶을 살도록 하느님에 의해 한시적으로 무로부터 창조되었다기보다는, 영원한 하느님의 품에서 왔다가 그 본향인 하느님의 품으로 되돌아가도록 여행을 하는 존재라는 말입니다. 톨스토이는 이것을 다음과 같이 아름답게 표현했습니다. "우리가 현세에서 수천의 꿈을 꾸고 살듯이, 현재의 우리의 삶도 그보다 더 진짜인 다른 삶으로부터 왔다가… 사후에 그리로 되돌아가는 수천 번의 삶 가운데 단지 하나일 뿐이다. 우리의 삶은 이 더 진짜 삶이 꾸는 꿈들 가운데 하나로서, 그렇게 끝없이 이어지다가 맨 마지막 꿈은 진짜 삶으로서 하느님의 생명으로 깨어나는 것이다."[4]

인도 종교에서 해탈은 기본적으로 두 가지 유형이 있습니다.

첫째, 개별 영혼이 육체의 한계와 속박을 벗어나서 무한한 하느님과 사랑으로 하나가 되는 것입니다. 둘째, 개별 영혼이란 환상일 뿐이며 영혼은 본래 우주적 정신 브라흐만과 완전히 하나이기에 다만 이러한 진리를 깨달아 아는 것이 해탈이라는 것입니다. 그것을 아는 순간 영혼의 개체성은 허구로 사라지는 거지요. 앞으로 말씀 드리겠지만 불교의 해탈, 즉 열반도 적어도 인간의 개체성이 어떤 형태로든 남아 있는 인격적 영생(personal immortality)은 아닙니다. 힌두교든 불교든 개인이 사적私的 기억이나 지상에서의 정체성을 그대로 가지고 있는 것은 완전한 구원이 아니라고 봅니다. 그런 세계는 여전히 윤회의 일부일 뿐이지요. 불교의 해탈관은 다음 강의에서 더 다룰 것입니다.

불교든 힌두교든 사후 해탈은 그리스도교에서 믿는 부활의 영생과는 다릅니다. 그리스도교에서는 인격적 영생을 믿으며 "몸이 다시 사는 것을 믿사오며"라고 고백하는데, 해탈은 그런 것이 없는 세계입니다. 물론 여기서 '몸'이라는 말은 지금 우리가 지니고 있는 썩어 없어질 육체를 가리키는 것이 아니라 불멸의 '영적 몸'이라고 바울 사도는 말하지만, 이것이 뜻하는 바는 사후에도 개인의 정체성(personal identity), 즉 '나'라는 것이 어떤 형태로든 존재한다는 것이지요. 하지만 이렇게 개인의 불멸을 인정하는 인격적 구원관은 너무 구체적이고 현실적이라 유치하고 믿기 어렵다는 것이 불교나 힌두교 사상가들의 일반적인 견해입니다. 그리고 다른 한 편 지상에서 못다 한 억울한 삶에 대한 보상이 되기에도 너무 부족하다는

---

4 *Coming Back*, 8쪽에서 재인용.

생각입니다. 그러려면 좀 더 구체적이어야 된다는 거지요. 즉, 현세에서의 삶이 다시 한번 주어져야 한다는 것입니다.

결론적으로 동양적 관점에서 보면, 그리스도교의 인격적 영생은 해탈의 관점에서 보면 너무 저급하고 유치한 현세의 연장처럼 보이며, 환생이라는 시각에서 보면 지상에서의 억울한 삶을 보상하기에는 너무 추상적이라는 것입니다. 다시 말해서 하나는 너무 초월적이지 못하고, 다른 하나는 지나치게 초월적이라는 말입니다. 결국 3단계 인생론, 즉 현세와 환생 그리고 해탈로 이어지는 인생관이 현세와 영생의 2단계 인생론보다 더 설득력 있고 바람직스럽다는 것이지요.

3. 그리스도인은 윤회와 해탈 사상을 어떻게 받아들일 것인가?

그리스도인들은 이러한 3단계 구원론, 즉 현세와 윤회와 탈 인격적 해탈을 어떻게 받아들일 수 있을까요?

1) 우선 가장 일반적으로 우리는 무릇 이 세상에 존재하는 것은 무엇이든 아주 영원히 사라지는 것은 없다고 말할 수 있을 것입니다. 물질이란 단지 형태만을 바꾸어 어디엔가 존속하다가 또 다른 형태로 나타나는 것이 아닐까요? 에너지 불변의 법칙처럼 말입니다. 전혀 없던 것이 있을 수 없고, 있던 것이 아주 없어지는 법도 없습니다. 나라는 존재도, 나의 몸, 심지어 나의 말, 행동, 인격의 영향도 나의 사후에 어떤 형태로든 존속할 것입니다. 문제는 '나'라는 인격의 존속이 사후에도 가능한가 하는 것입니다.

2) 이에 대해 저는 개인적으로 영혼불멸설을 믿습니다. 엄격히 말해서 영혼불멸설은 성서의 사상은 아니지만, 실제로는 플라톤 사상의 영향 아래 오랫동안 그리스도교 신앙의 일부가 되었습니다. 인간 안에 어떤 불멸의 정신이나 혼, 신성神性(divinity) 혹은 신적 존재와 생명의 뿌리를 인정하는 종교적 인간관이지요. 이 영혼이 개별적인 것이며, 다수인지 아니면 개별성과 다수성은 환상에 지나지 않고 실제로는 단 하나의 우주적 영혼만이 실재하는 것인지에 대해서는 견해의 차이가 있을 수 있으며, 힌두교 신학이 이 문제에 많은 도움이 됩니다. 그리고 마이스터 에크하르트 등 그리스도교 혹은

이슬람교의 신비주의자들도 도움이 되지요.

3) 여하튼 영혼이 또 다른 육체를 입고 환생할 것인가 하는 것이 핵심 문제인데, 저는 하느님의 사랑 그리고 유일회적 삶이 지닌 불합리성에 비추어 볼 때 그리스도교도 환생 사상을 수용 못할 이유가 없다고 봅니다. 선하신 하느님, 사랑의 하느님, 정의의 하느님을 믿는다면 그리고 이 세상과 인생이 참으로 아름답고 좋은 것이고 축복이라면, 억울한 사람 없이 모두에게 그러해야 할 터이며, 그렇다면 여러 번 삶의 기회가 주어져야 할 것입니다. 단 한 번밖에 없는 인생을 자기 탓도 아닌데 억울하고 허무하게 산 다음에 사후 영생으로 보상하는 전통적 그리스도교의 2단계 인생론은 무언가 부족하다는 느낌이 듭니다. 또 우리의 인생 순례도 단 한 번의 삶으로는 부족하다는 생각이 듭니다. 하느님을 향한 구도 여정으로 보나, 우리 각자가 지닌 잠재력의 실현이나 인류의 영적 진화로 보나 지상에서의 삶은 단 한 번의 생으로는 완성되기 어려운 거지요.

4) 우리의 행, 불행을 자업자득이냐 혹은 하느님의 상벌로 간주하느냐를 놓고 선택하라면 여러분은 어떻게 하시겠습니까? 인간의 행복이 하느님의 축복이라면 불행은 반드시 하느님의 징벌일까요? 하느님의 징벌이라는 관념은 죄를 지은 사람의 경우에도 너무 가혹한데, 무고한 자들의 수난을 하느님의 진노나 징벌로 보는 것은 도저히 용납하기 어려운 사상이며, 그런 하느님은 사랑의 하느님이 아닐 것입니다. 인과응보를 믿지 않는다고 해도 자연의 법칙에 따라 일어나는 일을 놓고 마구 하느님의 뜻을 끌어들이지 않는 것이 그리고 인간이 책임질 일을 놓고 하느님 탓을 하지 않는 것이 더 성숙한 신앙일 것입니다. 죄에 대한 벌은 하느님의 징벌이기보다는

죄를 짓고 두려워하고 괴로워하는 것 자체가 이미 벌이며, 지옥은 사후에 하느님이 보내는 어떤 특별한 장소, 즉 끔찍한 감옥 같은 곳이 아니라 죄지은 자가 매일매일 자초해서 경험하는 지옥 같은 현실이 아닐까요?

5) 불교 인과 사상의 한 가지 문제점은 도덕적 인과응보의 신비는 단순히 전제되기보다는 설명되어야 한다는 점입니다. 물리적 인과응보는 상식이지만 나의 도덕적 행위가 현세에서뿐만 아니라 내세로 이어져 거기에 상응하는 물리적 상벌을 받게끔 이 세계가 구성되어 있다는 생각은 이 세상의 도덕적 질서에 대한 믿음을 전제로 하는데, 이것이 하느님 없이 가능한지 물어야 합니다. 힌두교 사상에서는 따라서 하느님이 도덕적 인과응보를 주관한다고 믿습니다. 도덕적 법칙과 질서를 세운 존재도 신이고 인因과 과果가 일치하도록 섭리하시는 분도 하느님이라고 해서 그리스도교 사상과 기본적으로 일치하고 있습니다. 그러나 힌두교에서는 인간의 불행이 신의 진노, 징벌이라고 생각하지는 않습니다. 자업자득과 하느님의 섭리를 조화시킨 사상이라고 할 수 있지요.

6) 마지막으로 도대체 영생이란 무엇인가를 우리는 깊이 생각해 보아야 합니다. 비교종교학적으로 볼 때 기본적으로 세 가지 가능성이 있습니다. 첫째, 그리스도교의 전통적인 인격적 구원관이 있습니다. 지상에서의 '나'라는 존재가 어떤 형태로든 영원히 산다는 것이지요. 이것이 과연 합리적이고 만족스러운 생각인지 아니면 둘째, 대중적 신앙의 힌두교 신학(라마누자Rāmānuja 같은 신학자)에서 말하는 것처럼 현세에서의 '나'는 아니지만 유한한 개체적 영혼들이 육체의 속박을 완전히 벗어나 무한한 하느님과 사랑의 통교를 나누는 것

이 영생인지 아니면 셋째, 불교와 엘리트적 힌두교 신비주의 사상(샹카라Śaṅkara 같은 철학자)이 주장하듯이 해탈은 개별적 영혼들이 완전히 사라진 어떤 탈 인격적이며 초개체적인 무한한 생명인지요?

여하튼 해탈은 해방입니다, 자유입니다. 나비가 고치를 벗어나서 훨훨 공중을 날듯 우리도 마침내 유한한 육체와 개인적 인격의 탈(persona)을 완전히 벗어버리고 무한한 실재의 세계를 날 것이라는 게 힌두교와 불교의 해탈의 구원관입니다. 불교에서 말하는 무아적 구원관, 초아적 구원관에 의하면 '나'라는 자취가 남아 있는 것은 불완전한 해탈입니다. 영생은 시간과 공간을 넘어서는 초월적 신비의 세계입니다. 그것을 너무 구체적으로 생각해 온 그리스도교 신앙은 불교와 힌두교의 초월적 해탈에서 배울 것이 있을 것입니다. 열반涅槃(nirvāṇa)이라고 부르는 불교의 구원론, 해탈론을 이해하려면 본격적으로 부처님의 사상으로 들어가야 합니다. 우리의 다음 주제입니다.

붓다와 예수

지난 시간에는 불교와 힌두교의 공통적 인생관인 윤회와 해탈의 문제에 대해 말씀드렸고, 특히 윤회사상을 그리스도교의 유일회적 인생관과 비교해 보았습니다. 또 해탈과 영생의 문제도 조금 생각해 보았습니다.

　오늘부터는 본격적으로 불교 사상을 살펴보면서 그리스도교가 불교에서 무엇을 수용하고 배울 것인가, 동시에 불교 사상에는 무엇이 부족하다고 생각되는지를 말씀드리고자 합니다.

1. 불교에 관한 기초 상식 몇 가지

불교는 2,500년의 역사를 가진 종교입니다. 역사적 인물인 석가모니의 가르침으로부터 시작되었다고는 하나 장구한 역사를 통해 다양한 사상과 분파들이 생겨났으며, 문화권마다 다른 특색 있는 불교를 전개했습니다. 불교를 너무 일률적으로 말하는 것은 옳지 않습니다. 특히 우리나라 불자들은 불교의 역사적 다양성을 무시하고 한국불교를 중심으로 불교를 논하는 경향이 강합니다. 물론 불교가 우리 한국 사람들의 유구한 종교 전통이기 때문에 이것은 어느 정도 불가피한 면도 있지만, 불교의 사상적, 역사적, 문화적 다양성도 잊지 말아야 합니다. 세계적으로 보면 한국불교는 불교의 한 형태일 뿐입니다. 유감스럽게도 우리나라 불교계나 학계가 세계의 불교를 넓게 연구하지 못하고 있습니다.

여기 계신 분들 중에는 불교에 상당한 지식을 가진 분들도 계시겠지만, 문외한인 분들도 계실 것이기 때문에 우선 불교 전체의 윤곽을 이해하기 위해서 기본 상식 몇 가지를 말씀드립니다. 불교를 구성하는 세 가지 기본 요소가 있습니다. 불교를 창시한 부처님(Buddha), 그가 깨달은바 진리를 설한 그의 가르침(Dharma) 그리고 부처님의 뒤를 쫓아 그 가르침을 준행하는 스님들의 공동체(Saṃgha) 이른바 불법승佛法僧 삼보三寶(triratna)라고 하는 것입니다. 어떤 형태의 불교를 막론하고 이 셋을 기본으로 한다는 말입니다. 우리나라에 이른바 '삼보사찰'이라는 것이 있는데, 양산 통도사는 부처님의 진신 사리를 모신 탑이 있다고 하여 불보사찰, 합천 해인사는 부처님의 말씀인 팔만대장경 경판을 소장하고 있다 하여 법보사찰 그리고 순천 송광사는 예부터 수많은 고승을 배출했다 하여 승보사찰로 불리고 있습니다.

전 세계 불자들은 삼보를 정신적 의지처로 삼고 있으며, 우리나라 불교에서도 법회 때마다 삼보에 귀의하는 예식을 행하지요. 스리랑카, 태국 등 동남아 불교국가에서도 불자들이 합장하고서 "나는 부처님께 귀의합니다"(Buddham saranam gacchāmi) 등을 합송하면서 부처님에 대한 신심을 표합니다.

불교에는 부처님의 가르침을 담은 경전이 있는데, 이른바 삼장三藏(Tripiṭaka)이라는 것입니다. 부처님의 설법들을 담은 경장經藏, 스님들이 지켜야 할 계율을 모아 놓은 율장律藏 그리고 부처님의 사상을 철학적으로 더 상세히 부연 설명한 논서들을 모은 논장論藏으로 구성되어 있습니다. 이 중에서 논장은 부처님 자신의 말씀은 아니고 부처님의 사상을 후세 사람들이 더욱 발전시킨 저술들입니다. 나머지 둘은 물론 부처님 자신에게로 거슬러 올라갑니다.

불교에는 크게 두 흐름이 있는데, 하나는 이른바 소승小乘(Hīnayāna) 불교로서 현재까지 동남아 일대를 지배하고 있는 불교이고, 다른 하나는 대승大乘(Mahāyāna)불교로서 한·중·일 삼국과 베트남, 티베트 등의 지배적 불교 전통입니다. 한 가지 유의할 점은 '소승'이라는 말은 대승불교에서 폄하해서 부르는 말이기 때문에 지금은 '상좌불교'라고 하는 것이 더 적합합니다. 역사적으로 소승불교에 존재했던 여러 부파가 다 사라지고 상좌부上座部(Theravāda)만 남았기 때문에 상좌부 불교가 소승을 대표하게 된 거지요. 대승불교에서는 소승불교를 극복된 불교라고 하여 깔보는 경향이 있지만, 이는 옳지 않습니다. 석가모니 부처님 자신의 사상은 오히려 소승불교 경전들에 담겨 있습니다. 경장과 논장은 소승과 대승이 아주 다르고, 율장은 대·소승이 거의 공통적입니다. 다시 말해서 대승의 스님들도 소승 계율을 대체로 그대로 지킨다는 말이지요.

소승 경장은 5부(nikāya) 경전이라 불리는데, 원전은 팔리Pali어로 되어 있습니다. 한역으로는 아함阿含(āgama) 경전이라 불리는데 4부로 되어 있습니다. 대승 경장은 반야부 경전, 법화부 경전, 화엄부 경전 등 수많은 경전이 있는데, 오늘날 학자들은 대승 경전을 부처님 자신의 말씀이라고 믿는 사람은 거의 없습니다. 다만 정신적인 의미에서 '불설佛說'이라고 부르는 거지요.

논장 역시 대승과 소승이 다릅니다. 소승 상좌부 논장은 7 저술로 구성되어 있는 반면 대승 논장은『중론』,『대승기신론』등 많은 논서가 들어 있습니다. 중국 스님들이나 원효 대사와 같은 우리나라 스님의 저술도 대승 논장에는 포함되어 있지요. 인도에서 만들어진 논서들은 대개 산스크리트Sanskrit라는 인도 고전어로 되어 있으나 원전이 소실된 경우에는 한역이나 티베트어 역에 의존하고 있습니다.

상좌불교의 경율론 삼장은 모두 팔리어로 완벽하게 보존되어 있으며, 인간 붓다Buddha의 실제 가르침을 알려면 반드시 이것을 공부해야 합니다. 대승보다 부처님 자신의 말씀에 더 가깝기 때문입니다. 영어로도 완역이 되어 있습니다. 한역 경전은 현재 일본에서 만들어진『대정신수대장경』이라는 것을 많이 사용하고 있는데 대승과 소승 경전을 총망라하고 있습니다. 합천 해인사에 있는 팔만대장경은 고려 시대에 한역 경전들을 수집해서 80,000개 이상의 목판에 새긴 경판을 가리키는데 『대정신수대장경』을 만들 때 중요한 대본이 되었습니다.

그러면 이제부터 3회에 걸쳐 먼저 상좌부(소승) 전통을 중심으로 붓다의 사상을 살펴보면서 그리스도교 신학적 의미를 성찰해 보겠습니다. 불법승 삼보 가운데서 우선 불교의 창시자인 부처님에 대해서 말씀드린 후 그의 교설을 소개하겠습니다.

2. 인간 붓다와 인간 예수

부처님과 예수님은 인류 역사상 가장 위대한 인물로서 인간의 삶에 가장 근본적인 영적 혁명을 일으킨 분들입니다. 이 혁명의 여파, 파장이 지금까지 때로는 강하게, 때로는 미약하게, 때로는 순수하게, 때로는 변질되어 오늘의 수많은 불자와 그리스도인들, 승가와 교회에 미치고 있는 것입니다. 부처님과 예수님은 사회적 혁명, 정치적 혁명 이전에 인간 존재 자체의 근본적 변화를 이끈 위대한 지도자들이었다고 말할 수 있지요.

인간이 행복해지기 위해 세계를 바꿀 것인가 나 자신을 바꿀 것인가라고 물으면 이 두 길이 반드시 배타적 선택의 대상은 아니지만, 불교와 그리스도교는 후자를 우선시합니다. 인간 존재 자체가 먼저 근본적으로 변화해야 한다는 것입니다. 자기는 변하지 않고 남의 탓만 한다든지, 사회제도 탓만 하는 것은 부처님과 예수님의 근본정신은 아니지요. 이것은 모든 종교의 공통적 인식이지만 그래도 종교에 따라서는 강조점이 약간씩 다를 수가 있습니다. 예를 들면 유교도 '수기안인修己安人'이라 하여 수기를 근본으로 삼지만, 그래도 유교는 사회 질서와 제도를 못지않게 중요시합니다. 유교는 상당히 사회·정치적 성격이 강한 종교지요. 그래서 유교에서 생각했던 사회 질서가 오늘의 현대 세계에서는 잘 맞지 않는 면이 많기 때문에 유교가 타격을 많이 입은 것입니다. 유대교, 이슬람도 인간의 내적 변화를 무시하는 종교는 아니지만, 매우 구체적인 율법에 근거하여 특정한 형태의 사회 질서를 추구해 왔습니다. 그래서 역시 현대 세계와 갈등을 일으키는 요인이 되고 있지요. 세속주의 이념인 마르크스주의는 물론 모든 문제의 원인을 잘못된 사회 질서, 경제 질서에 돌립니다. 사회 문제는 물론이요 심지어 인간 문제의 해결책도 사회 제도의 개혁에서 찾지요.

불교와 그리스도교도 사회적 가르침을 등한시하는 건 아니지만, 그래도 인간 존재 자체의 변화, 그의 삶의 태도 변화를 우선시하는 종교입니다. 그것은 부처님이 제시한 열반涅槃(Nirvāṇa)의 길이나 예수님이 제시한 하느님 나라(Kingdom of God)의 이상이 현실 속에서 어떤 특정한 사회 제도나 프로그램으로 실현될 성질의 것이 아니기 때문입니다. 열반과 하느님 나라는 초월적 이상으로서, 그 앞에서 우리는 항시 부족할 수밖에 없고, 이 세상의 어떤 사회제도도 열반과 하느님 나라의 평화를 완전히 구현할 수는 없습니다. 어쩌면 이 세상에서는 영구히 실현될 수 없다는 생각이 들 정도로 열반과 하느님 나라는 초월적 이상이지요. 그렇기 때문에 두 종교는 어떤 구체적인 사회 건설 프로그램이나 청사진을 제시하지 않습니다. 불교와 그리스도교는 따라서 유교나 힌두교, 유대교나 이슬람의 눈에는 '사회성'이 약한 종교 그리고 인간 내면을 강조하는 '개인주의적' 종교로 보이는 것이 사실입니다. 하지만 불교와 그리스도교의 이러한 초월적 성격이 두 종교로 하여금 어느 특정한 사회나 문화적 질서에 밀착되거나 그것을 절대화하지 않도록 비판성과 탄력성을 가지게 만든 것입니다. 실현 불가능해 보이는 이상을 향해 끊임없이 현실을 개혁하도록 도전하는 거지요. 열반의 비전과 하느님 나라의 비전이 어떻게 다르고 어떻게 같은지는 후에 다시 말씀드리겠습니다.

불교와 그리스도교는 두 뚜렷한 역사적 인물에 의해 시작된 종교입니다. 종교에는 창시자가 없는 것이 더 많습니다. 하지만 불교와 그리스도교는 뚜렷한 역사적 인물인 싯다르타Siddhārtha와 예수(Jesus)라는 사람에 의해 시작되었고, 그들에 의해 이미 그 종교의 기본 성격과 방향이 정해졌습니다. 붓다Buddha(佛陀)나 그리스도(Christ)는 개인 이름이 아니라 타이틀, 당시에 사용되고 있던 호칭들이지요. 어떤 위대한 일을 성취한 자에게 주어지는 호칭들로서 '그리스도'는 당시 유대 민중의 기대, 그들의 민족 구원의 갈망에 부응한 '메시아Messiah' 라는 뜻이며, 붓다는 각자覺者, 깨달은 자라는 뜻입니다. 정신을 차려서 세계와 인생의 실상을 자각한 자라는 뜻이지요. 석가모니釋迦牟尼(Śākyamuni), 여래如來(Tathāgata) 등도 모두 칭호들입니다.

중요한 것은 어떻게 그들이 그러한 호칭을 받게 되었는가 하는 것이지요. 그 이유를 알아야 그들에 대한 맹목적 숭배를 피할 수 있습니다. 다시 말해 인간 싯다르타와 인간 예수 혹은 역사의 붓다와 역사의 예수가 어떤 존재이었나를 알아야 한다는 말입니다. 그리스도교에서는 너무나 오래 이 인간 예수의 모습이 신화와 도그마에 의해 가려져 있었기 때문에, 다시 말해서 신격화되고 절대화된 천상의 그리스도 신앙만이 지배해 왔기 때문에 인간 예수를 망각했을 뿐 아니라 거론하는 것조차 불경스러운 일로 터부시되기도 했습니다. 하지만 근대 역사의식과 역사학의 발달과 더불어 새로운 성서 연구가 도입되면서 오랜 진통 끝에 '역사적 예수'(historical Jesus)의 재발견이 이루어지게 되었습니다. 그리고 이와 더불어 그리스도교 신앙도 새롭게 조명을 받고 있습니다. 역사의 예수를 모르거나 무시하면 예수가 왜 그토록 위대한 존재인지, 왜 그가 '그리스도'로,

'하느님의 아들'로, 인류의 '구세주'로 고백하게 되었는지 그 이유를 모르고 앵무새처럼 맹목적으로 예수 이름만 부르는 신앙이 되기 쉽습니다. 구체적인 인간 예수의 모습은 사라지고 신격화된 그리스도만 남게 되는 거지요. "예수는 그리스도다"라는 그리스도교의 원초적 메시지에서 주어가 쏙 빠지는 어처구니없는 일이 일어나는 겁니다. 오늘의 한국 교회의 최대 문제는 예수는 사라지고 그리스도만 남았다는 데에 있다고 많은 사람이 생각하고 있습니다. 최근 개봉되어 화제와 논란을 동시에 일으키고 있는 〈패션 오브 더 크라이스트〉의 근본적 문제는 그 폭력성이나 반유대주의가 아니라 예수의 진정한 의미를 묻지 않고 그의 십자가상의 고통만을 가학적으로 보여준다는 데 있습니다. 중요한 건 예수가 어떤 분이고 또 무엇을 했기에 그런 고통을 받았는가 하는 것인데, 영화는 고통 자체만을 지독하게 부각시켜 보여주고 있다는 거지요.

불교는 처음부터 부처님을 한 인간으로 간주해 왔습니다. 예수님처럼 사후에 신비화되고 초월적 존재로 화하기도 했지만, 불교에서는 그를 한 위대한 인간이요 스승 정도로 간주하는 데 아무런 문제가 없습니다. 그가 태어나자마자 "천상천하 유아독존"(aggo ham asmi lokassa)이라고 말했다는데, 이는 사실적 진리는 아닙니다. 생각해 보세요. 어떻게 말도 못 하는 갓난아이가 그런 말을 했겠습니까? 그것은 진리를 깨달은 부처님의 위대성을 표현하는 말일 뿐입니다. 마찬가지로 예수님도 "나는 길이요 진리요 생명이다", "나는 세상의 빛이다", "나는 부활이요 생명이다"라고 말씀하셨다지만, 성서학자들은 그것을 인간 예수의 말로 받아들이지는 않습니다. 석가모니불과 예수님이 그런 자화자찬, 좀 심하게 말해 '과대망상증' 환자는 아닐 것입니다.

부처님은 불자들에 의해 한 인간으로서 존경받고 추앙받고 있으며, 그의 삶과 가르침은 지금도 전 세계 불자들에게 생생한 교훈이 되고 있습니다. 그리스도교도 역사의 예수를 새로운 각도에서 보지 않으면 안 되게 되었습니다. 현대 그리스도교는 인간 예수의 모습으로부터 다시 시작해야 한다고 많은 사람이 생각하고 있습니다. 부처님이 한 인간, 스승, 지혜의 교사였다는 데 이의를 달 불자는 한 명도 없습니다. 그는 신의 아들도 아니고 대변자도 아니었으며 한 인간으로서 자기가 깨달은 진리를 가르쳤고, 사람들에게 이 진리를 그 자체의 가치만으로 판단해서 받아들이기를 촉구했습니다.

그는 다른 어떤 종류의 권위도 내세우지 않은 겸손한 스승이었습니다. 예컨대 그는 당시의 성스러운 사제 계급인 바라문 출신이 아니었기에 계급적 권위를 내세우지도 않았습니다. 돌아가실 때도 그는 자기도 다른 모든 유한한 존재들처럼 허물어지는 존재이기에 그를 의지하지 말고 그가 가르쳐 준 법, 즉 진리를 의지하여 정진하라는 유언을 남겼습니다. 그는 자신의 가르침에 대하여 오직 합리성과 경험에 근거하여 판단할 것을 원했습니다. 그는 진리의 발견자일 뿐이지 그 자체가 진리라고 주장하지 않았습니다. 사실 인간 예수도 그랬는데 교회가 그를 너무 높인 나머지 진리 그 자체, 하느님의 말씀인 로고스 혹은 하느님 자체라고 선언한 것입니다. 여하튼 부처님이 깨닫고 전한 법法(Dharma)은 부처가 세상에 태어나든 말든 영원히 존재하는 우주와 인생의 법도요 철칙이라고 불자들은 믿습니다. 부처는 단지 그것을 깨달아 안 존재였으며 사람들로 하여금 스스로 이 진리를 깨닫도록 가르치신 분입니다.

3. 출가와 재가

불교는 이런 점에서 '무신론적' 종교, 각 사람이 자기 자신에 의존하는 '자력' 종교처럼 보이기 쉽습니다. 기본적으로 불교는 신이든 인간이든 누군가가 우리를 구원해 주는 구세주가 따로 있다고 믿지 않기 때문입니다. 부처님은 그리스도교에서 말하는 것과 같은 의미에서의 구세주(savior)는 아닙니다. 불교는 각자가 스스로 진리를 깨닫고 실천해야 하는 종교이기 때문이지요. 물론 불교에서도 부처님을 무척 존경하고 숭앙하지만, 그는 구세주는 아닙니다. 적어도 부처님 자신의 가르침에 관한 한, 불교는 이런 면에서 약한 자들이 감당하기 어려운 종교입니다. 불교는 그들의 고통을 해결해 주는 신이나 구세주 혹은 그들의 슬픔을 위로해 주고 삶의 위기를 관리해 주는 주술이나 의례들(예컨대, 제사, 예배, 성례전, 결혼식, 성년식, 장례식 등 각종 통과의례 등)이 없는 종교였습니다. 나중에 대중의 요구에 부응하여 그런 것들이 생겨나기는 했습니다만, 불교는 본래 신도들을 돌보는 사제(priest)라는 것이 없는 종교입니다. 불교는 철저히 수행승(monk) 위주의 종교로 시작했습니다. 후대에 더해진 기복, 주술적 의례들은 부차적인 것이라는 말입니다. 저는 이것이 오히려 불교의 매력이라고 생각합니다. 저는 개인적으로 불교는 기복, 주술적인 면에서 그리스도교와 비교될 수 없다고 생각합니다. 시험 잘 보고, 취직 잘 되기 위해 비는 일에서 '전지전능한' 하느님을 믿는 그리스도교와 게임이 되겠습니까? 하지만 기복적 욕망을 없애고, 나만 성공하겠다는 욕심을 없애는 데는 불교가 그리스도교보다 앞선다고 생각합니다.

불교는 기본적으로 자업자득의 종교로서 계율(戒)과 선정(定)과 지혜(慧)를 닦는 수행의 종교입니다. 그래서 처음부터 재가자와 출가자의 확연한 구별, 즉 이중구조가 불교에는 필연적이었습니다. 스님들의 공동체인 승가(saṃgha)는 출가, 재가를 구분하지 않는 교회(church)와는 다릅니다. 부처님은 출가자들만의 수도단체인 승가를 창설하였지 모든 신자가 참여할 수 있는 '교회'를 창설한 것이 아닙니다. 그는 재가자들과 출가승들에게 차원이 다른 설법을 했습니다. 재가자들에게는 주로 착하게 살라는 도덕적 설법과 현세와 내세의 행복에 대해서 말씀하셨고, 출가자들에게는 출세간적 해탈의 길, 완전 무욕의 길을 가르치신 것입니다. 중세 가톨릭에서 성직자들과 일반 신도들에게 이중적인 도덕적 기준을 요구한 것과 비슷하다고 하겠습니다. 개신교는 이것을 깨고 나온 것이지요.

불교에서 이 출가와 재가의 이중구조가 깨진 단 하나의 예는 일본불교뿐입니다. 일본불교는 13세기 가마쿠라(鎌倉) 시대에 말법末法(末世) 사상이 풍미하면서 출가수행의 길이 너무 어렵고 절망적이라고 해서 자력 수행이 아니라 타력신앙의 종교로 커다란 전환이 이루어졌으며, 승려도 결혼을 하게 되었습니다. 이른바 대처승 제도가 생겼으며, 우리나라에도 일제강점기에 들어와서 오늘날 태고종으로 이어지고 있습니다. 조계종은 물론 비구승단입니다.

여하튼 불교 전체로 보면 출가자와 재가자의 구별이 뚜렷하지요. 재가자는 종교적 '이등 시민'이라는 생각이 들 수도 있습니다. 하지만 누구든 출가하면 됩니다. 현세에서 못하면 내세에서라도 기회는 얼마든지 있기 때문에 그 구별이 큰 문제가 되지 않습니다.

더군다나 교육 수준이 높아진 현대 세계에서는 출가와 재가의 구별이 점차 약화되는 경향이 있습니다. 이제는 재가 신도들도 불경을 직접 읽고 스님들보다 불교에 대하여 더 깊이 이해하는 경우도 있고 또 각종 명상과 수행에 참여하는 비율도 높아지고 있기 때문입니다.

4. 불교는 무신론인가?

불교가 근본적으로 부처님을 구세주로 믿는 종교가 아니라면 도대체 무엇을 믿는 종교라는 말입니까? 도대체 인생을 어디에 정초시키려는 종교입니까? 불교는 오직 진리 하나만을 믿고 붙잡는 종교, 철저히 진리 중심의 종교입니다. 진리, 즉 부처님이 깨달은 우주와 인생의 영원한 법도인 다르마Dharma야말로 흔들리지 않는 인생의 의지처요 기반입니다. 불교는 부처를 믿는 종교가 아니라 진리를 깨닫고 거기에 의지하여 사는 종교이지요. 법당에서 예불할 때 불자들은 물론 나무나 돌로 만든 불상이라는 물체에 절하는 것이 아니고 2500년 전에 돌아가신 부처님께 기도하는 것도 아닙니다. 그리스도교에서는 부활신앙에 따라 살아계신 예수님을 믿고 영으로 통교하지만, 불교에서는 본래 살아계신 부처님이라는 생각이 없습니다. 과거의 부처님 혹은 열반에 드신 부처님을 추앙하는 정도지 살아계신 부처님께 비는 게 아닙니다.

하지만 불교를 단순하게 자기 자신을 믿고 의지하는 '자력' 종교라고 생각해서는 안 됩니다. 불교를 포함하여 모든 종교는 진리 혹은 인간의 힘을 초월하는 더 크고 무한한 실재에 의존합니다. 자기 자신에 의지하는 것은 종교가 아니지요. 진리는 결코 사람이 만든 것이 아니라 이미 존재하는 것입니다. 법은 부처님이 발명한 것이 아니라 발견한 것이며, 법이 없다면 인간의 구원은 불가능하기 때문입니다. 법의 존재는 결코 자명한 것이 아닙니다. 불교는 우주와 인생이 혼돈이 아니라 우리가 파악할 수 있는 일정한 법칙과 질서

가 존재하며, 따라서 궁극적으로 의미가 있다는 것을 긍정하는 종
교입니다. 단순한 '무신론'이 아님을 알 수 있습니다. 내가 도를 닦
아야 구원이 가능하지만, 내가 구원이 가능한 세계에서 살고 있다
는 사실 자체만은 결코 내가 만든 일이 아니고 자명한 일이 아니라
는 말입니다. 감사해야 할 일이지요.

서양에서는 '무신론'이라고 하면 회의주의, 비관론, 특히 인생의
궁극적 의미 추구를 포기하는 허무주의라는 뜻을 함축하고 있습니
다. 철학자 니체는 신은 죽었다고 선언하고 최후로 객기를 부린 자
라고 할 수 있습니다. '좋다, 허무주의를 그대로 안고 살자, 이제
신이 죽었으니 내가 초인이 되어서 신 노릇하면 될 것 아닌가'라는
식이지요. 불교는 결코 이런 의미의 무신론이 아닙니다. 불교는 니
체적인 객기나 맹목적 의지의 철학과는 거리가 멉니다. 이미 존재
하는 우주의 철리哲理를 조용히 관조하고 순응함으로써 의미 있게
살려는 냉철하고 지성적인 그리고 겸손한 종교인 것입니다.

유감스럽게도 불교인들 스스로가 이런 면에서 자기 종교의 성격
을 깊게 인식하지 못하는 면이 있습니다. 스스로 불교는 '무신론'이
라고 공언하고 자랑합니다. 그리고 불교 좀 공부했다는 사람들 가
운데도 불교를 그리스도교와 대비하면서 무신론이라고 쉽게 단정
하는 자들이 많습니다. 여기에는 서구 불교학자들의 영향이 큽니다.
서구에서 하느님 신앙이 더 이상 설 자리가 없다고 생각하는 학자
들이 그 대안으로서 불교에 심취하면서 창조주 하느님이나 부활,
최후 심판 등의 교리가 없는 불교를 무신론이라 단언했으며, 불자
들도 이를 무비판적으로 수용하거나 호교론적 동기에서 무신론임
을 자처합니다. 어떤 사람은 불교는 아예 '종교'가 아니고 철학이나

과학이라고 주장하기도 합니다. 이러한 주장들은 모두 현대의 반反 그리스도교 내지 반 종교적 정서에 편승하여 불교를 높이려는 일종의 호교적 행위는 될지언정, 결코 불교에 대한 정확한 이해에는 도움이 되지 않는 불행한 일이라고 저는 생각합니다.

저의 생각으로 불자들이나 불교학자들의 문제 가운데 하나는 법의 존재-가령 12지 연기법 같은-, 즉 우주와 인생에 일정한 법칙과 질서가 있어서 우리가 인생을 의미 있게 살 수 있다는 사실을 너무 당연시하는 경향이 있다는 점입니다. 그래서 너무 쉽게 불교를 '자력' 종교라고 말한다는 것입니다. 우리가 진리 앞에 겸손할 때 종교에서 '자력'이란 없다고 저는 생각합니다. 우리는 어디까지나 진리의 힘에 의해 구원받는 것이지 나 자신의 힘에 의해서 구원 받는 것이 아니기 때문입니다. 더군다나 불교에서는 이 '나'라는 것이 실체가 없는 허망한 것이라고 하지 않습니까?

중요한 사실은 이 세계가 혼돈과 무질서가 아니고 질서 있고 의미 있는 세계라는 것, 그리하여 해탈이라는 것이 가능하다는 사실을 불교가 긍정한다는 것입니다. 그래서 허무주의에 빠지지 않고 비관주의에도 빠지지 않고 인생을 진리에 따라 의미 있게 살고, 나아가서 이 진리를 다른 사람에게까지 구원의 메시지로, 즉 '복음'으로 전파한다는 놀라운 사실입니다. 불교가 인생고를 너무 강조한다고 하여 흔히 비관주의라고 말하지만, 오히려 불교는 이런 면에서 낙관주의입니다. 인생이 무상하고 괴롭다 해도 그것을 극복하고 벗어날 수 있는 탈출구가 있다고 기쁘게 선포하는 것입니다. 우주와 인생은 알지 못할 수수께끼도 아니고 이해 못 할 우연과 혼돈이 지배하는 곳이 아니라 이해 가능하다는 사실 그리고 우리가 그 질서에 따라 살면 해탈의 구원을 얻을 수 있는 의미 있는 세계라는 사실은 결코 당연시될 일이 아니라 신비입니다. 그것은 우리 인간들을 초월하여 존재하는 진리이며, 이미 주어져 있는 사실이고, 우리의 존재 자체와 삶 자체를 가능하게 하는 진리인 것이지요.

좀 더 시야를 확대해서 이 문제를 생각해 보겠습니다. 이 문제는 단지 불교만의 문제가 아니라 우리가 이 세계를 어떻게 이해하는가에 대한 가장 근본적이고 일반적인 문제이기 때문입니다.

1) 우선 이 세계에 물리적 법칙과 질서가 존재한다는 사실 자체가 신비입니다. 이 세계는 혼돈이 아니라 일정한 질서가 있어서 예측 가능하고 질서 정연한 아름다운 세계라는 것입니다. 이 질서가 존재하기에 자연과학이 가능하고 우리의 생존 자체가 가능합니다. 그래서 뉴턴 같은 고전 물리학자도 창조주 하느님에 대한 신앙을 가진 경건한 사람이었습니다. 물리적 법칙과 질서는 결코 당연시될 일이 아니며 우연도 아니라는 것입니다. 우리가 아는 한 원자나 전자 등 미립자의 세계는 끊임없이 맹목적인 운동을 하고 있는데, 어떻게 그 운동의 결과로서 이처럼 조화 있고 아름다운 세계가 가능한지 우리는 묻지 않을 수 없습니다. 어떤 사람이 비유하기를 수십만 개의 알파벳 글자를 만들어 통 속에 놓고 마구 흔들다가 확 뿌렸을 때 셰익스피어의 『햄릿』이라는 작품이 생겨나는 확률보다 맹목적인 미립자의 운동이 질서 있는 세계를 산출할 확률이 비교할 수 없을 정도로 적다고 합니다. 우리가 살고 있는 이 세계가 질서 있는 놀라운 세계이기에 우리 같은 인간도 출현하여 이러한 질서를 감상하고 감탄하는 거 아닙니까?

2) 또 세계에는 물리적 인과관계와 질서뿐 아니라 확고한 도덕적 법칙과 질서가 존재한다는 것도 종교 모두가 인정합니다. 도덕은 결코 인간이 만들어 낸 것이 아니라 세계 자체에 깃들어 있는 질서요 철칙이라는 것입니다. 도덕의 내용에 있어서는 물론 종교들이 상이한 이해를 갖고 있지만, 도덕 질서가 객관적으로 사물 자체에 존재한다는 도덕 실재론(moral realism)을 의심하는 종교는 하나도 없습니다. 불교도 마찬가지지요.

전 시간에 저는 윤회 세계를 지배하는 업보의 법칙을 논하면서 이미 이 점을 언급했지만, 이 세상이 선과 악에 따라 응분의 보상을 받게 되어 있다는 사실, 다시 말해서 물리적 인과관계를 넘어서 도덕적 행위가 물리적으로 상응하는 보상을 받게 되어 있다는 사실은 실로 신비이지요. 무신론자들은 결코 이러한 도덕적 질서를 믿지 않습니다. 그러기 때문에 힌두교도 그리스도교와 마찬가지로 도덕적 질서를 가능하게 하는 신, 적어도 우주의 어떤 도덕적 힘 같은 것을 믿는 것입니다.

불교가 아주 '과학적'이라고 주장하는 사람들이 틀린 이유도 이 때문입니다. 과학은 우주와 인생에 도덕적 법칙, 도덕적 인과응보가 지배한다는 사실을 결코 과학적 진리로 믿지는 않습니다. 물론 과학자가 개인적으로는 이것을 믿는 불자일 수는 있겠지만, 업보를 과학적 진리로 주장하는 사람은 아마도 좋은 과학자는 아닐 것입니다. 어디까지나 하나의 직관이고 믿음이지요. 이 세상에 도덕적 법칙과 인과관계가 존재한다는 사실은 결코 당연시할 사실이 아니고, 어쩌다 주어진 우연도 아닐 것입니다. 어떤 도덕적 힘을 가진 우주의 근원적 실재에 의해 우주와 인생이 그렇게 움직이는 것이라는 것이 모든 유일신 종교 그리고 도덕적 하늘(天)을 믿는 유교의 사상입니다.

3) 조선조 우리 선조들의 사상을 지배한 성리학性理學에서는 우주 만물과 인간을 설명하는 데 이理와 기氣라는 두 개념을 사용했습니다. 왜 이 두 개념이 필요합니까? 기 하나만으로, 즉 기일원론氣一元論으로는 설명이 불가능하다고 생각했기 때문입니다. 유물론자들, 현대 유학자들은 기에 많이 주목하지만, 기가 맹목적 움직임을 하는 에너지라면(물질) 도대체 어떻게 우주 만물에 질서가 가능한지 설명이 안 되기 때문입니다. 기에 일정한 운동의 방향과 질서를 잡아주는 이가 있어야 만족한 설명이 된다는 거지요. 기일원론은 불교 사상과 비슷하게 우주의 조화와 질서, 아름다움과 신비를 충분히 설명하지 못하고 그것을 단지 자명하고 당연한 것으로, 기 자체에 내재하는 '자연적인' 것으로 간주하는 경향이 있습니다. 왜 그런지를 더 따져 묻지는 않지요.

4) 마지막으로 부처님이 발견한 법도 우주와 인생의 철리입니다. 우주와 인생은 우연이나 혼돈이 아니며 무의미한 세계가 아니라는 겁니다. 일정한 법칙과 이치가 존재해서, 그것을 파악하면 우리가 궁극적으로 의미 있는 삶을 살 수 있으며 자유로워질 수 있다는 것입니다. 이 법 자체가 하느님이라고 말하기는 어려워도 그리스도교 입장에서는 적어도 하느님에 의해 주어진 것이라고 말할 것입니다. 이것이 그리스도교의 창조 신앙이지요. 그러기에 이미 주어진 이 영원불변의 법을 깨닫고 거기에 따라 수행하는 불교를 단순히 '자력' 종교라고 하는 것은 너무나 단순하고 경박한 생각으로 보입니다. 우리는 이 법의 존재 자체에 대하여, 그 신비에 대하여

오히려 경외감을 느끼고 감사해야 하지 않을까요? 부처님이 아무리 위대하다 해도 이미 존재하는 진리를 발견했을 뿐이지 없는 진리를 만들어 낸 것은 아닙니다. 진리가 비진리보다 우선하고, 참이 거짓보다 우선합니다. 저는 진리를 탐구하고 진리에 따라 살려는 사람은 누구든 넓은 의미에서 '유신론자'라고 믿습니다. 간디 같은 이는 아예 "진리가 하느님이다"라고 했지요. 과학적 진리든 도덕적 진리든 혹은 부처님의 법이든 모두 신비이고 '은총'이 아닐까요?

5) 결론적으로 불교를 비롯한 동양 사상이 심오하기는 하나 한 가지 약점이 있는데, 우주 만물에 내재하는 법칙과 질서와 조화의 원인을 묻지 않는다는 것입니다. 동양적 자연주의의 약점이라고 저는 생각합니다. 그렇다고 굳이 하느님이라는 '초자연적' 실재를 자연의 궁극적 원인으로 끌어들여 자연의 신비를 이해하자는 것은 아닙니다. 자연과 초자연의 엄격한 구별은 지양되어야 할 과거 그리스도교의 유산입니다. 하지만 어떻게 해서 이 세계에 무질서와 혼돈 대신 질서와 조화가 지배하는가라는 질문은 제기되어야 한다고 저는 믿습니다. 더 나아가서 도대체 이 세계라는 것이 왜 존재하는지, 왜 아무것도 없지 않고 무엇이 있는지 하는 존재의 신비에 대한 래디컬한 질문도 제기할 수 있다고 봅니다. 나중에 불교의 연기緣起 사상을 논할 때도 다시 말씀드리겠지만, 불교의 연기론은 사물과 사물 사이의 수평적 관계로 모든 것을 파악하지만, 수직적 관계, 사물의 존재의 기원이나 세계의 존재 그 자체를 문제 삼지는 않습니다.

이것이 제가 불교를 좋아하면서도 궁극적으로 불교 사상만으로 만족 못 하는 이유 가운데 하나입니다. 이 강연을 듣는 사람 가운데 한 분이 왜 제가 불교로 개종하지 않는지를 물었는데, 그 대답 가운데 하나가 이것입니다. 저는 우주와 인생의 궁극적 실재인 하느님을 믿기 때문입니다. 하지만 불교 사상으로부터 그리스도교 신관이 배울 점도 많다고 생각하기에 이렇게 불교에 관심을 가지는 것입니다. 나중에 말씀드리겠지만, 불교는 조잡하고 유치한 신관을 극복하는 데 많은 도움이 됩니다.

한 걸음 더 나아가서 우주 만물에 법칙과 질서, 조화와 철리가 존재한다는 사실도 놀랍지만, 이러한 우주와 인생의 철리를 깨달을 수 있는 인간의 능력, 지혜와 지성, 그리스 사람들이 로고스logos라 부른 것이 존재한다는 것 또한 한없이 신비스러운 사실이지요. 그러한 인간의 능력도 이미 주어져 있는 것이기에 함부로 자력을 논해서는 안 된다고 생각합니다. 저는 무엇이든 인간이 자기 손으로 만든 것이 아니라 이미 '주어져 있는 것'은 다 '은총'이라고 생각합니다. 이 은총의 주인공을 하느님이라 부르던 다른 무엇으로 부르던 상관없습니다. 다만 '자연', 즉 문자 그대로 "저절로 그런 것이다" 혹은 "본래 그런 것이다"라고 너무 쉽게 말하지만 않았으면 좋겠다는 겁니다. '자연'이라는 말이 게으른 사고의 결과가 아니라면-서구 사상, 그리스 철학이든 그리스도교 형이상학에서는 만물의 궁극적 실재, 즉 '아르헤arché'라는 것 혹은 그리스도교에서는 초자연적 원인까지 추구해 들어가서 신을 상정해야 직성이 풀렸지요- 적어도 인간의 한계를 인정하는 개념이 되어야 한다고 저는 믿습니다.

동양 사상에서는 자연이 궁극적입니다. 그 이상의 이른바 '초자연적' 원인을 찾으려 하지 않았습니다. 창조주 하느님의 신앙이 없었기 때문이지요. 성리학에서도 결국 이理 중의 이인 태극太極을 만물의 궁극적 원인 내지 원리로 설정해서 세상 만물을 설명하려 했으나 태극을 '초자연'으로 간주하지는 않았습니다. '초자연'(supernatural)이라는 개념은 사실 그리스도교의 창조주 신앙을 떠나서는 이해 안 되는 개념이지요. 피조물을 지은, 피조물을 초월하는 하느님을 그리스도교 전통에서는 초자연이라고 불렀으며, 그런 궁극적 존재를 부정하는 사상을 서양에서는 '자연주의'(naturalism)라고 해서 거의 유물론이나 무신론과 동일시했던 것입니다.

하지만 우리 동양의 자연주의를 그런 서양의 무신론적 자연주의와 혼동해서는 절대로 안 됩니다. 전혀 종류가 다르지요. 동양적 자연주의는 창조주 하느님을 이야기하지는 않아도 깊은 영성(spirituality)과 종교성이 있는 반면 서양의 자연주의는 초자연적 신을 부정하는 맥락에서 나왔기 때문에 단순히 무신론, 유물론, 기계론적 자연관으로 흘러 영성이나 종교와는 아예 담을 쌓게 된 것입니다. 현대적 관점에서 볼 때 나는 이것이 서양의 종교적 위기의 뿌리라고 생각합니다. 또 환경위기의 사상적 뿌리이기도 하지요.

그래서 저는 동양의 자연주의를 무신론으로 간주하지 않으며, 엄밀한 의미에서 동양에는 무신론이란 존재하지 않는다고 감히 말씀드리고자 합니다. 무신론은 역설적으로 바로 하느님과 세상, 창조주와 피조물을 엄격하게 구별하는 서양 그리스도교의 산물이지요. 초자연적 창조주를 부인하면 곧 무신론자로 낙인찍히게 되는 것입니다. 하지만 동양이든 서양이든, 자연은 이미 주어진 축복이기에 '은총'임을 기억할 필요가 있습니다. 부처님이 발견한 법도 부처님이 만든 것이 아니라 이미 주어져 있는 것이고 '자연'인 한, 은총이며 신비일 것입니다. 그리고 그것은 우리를 구원할 우리의 귀의처가 되기에 축복이지요. 이러한 사실을 불자들이 곰곰이 생각해 보시기 바랍니다. 우주의 질서와 조화, 일정한 법칙의 존재를 믿고 그것을 탐구하고 그것에 따라 사는 사람은 누구든─과학자든 예술가든 철학자든 부처님이든─ 저는 단순한 무신론자가 아니라고 생각합니다. 회의주의자나 허무주의자는 더욱 아닙니다.

5. 붓다와 예수의 닮은 점

다시 부처님의 이야기로 돌아와서 부처님의 사상, 종교, 철학은 약한 자들, 위로를 원하는 자들, 신이든 구세주든 누군가가 자기를 구원해 주기를 바라는 사람들에게는 너무나 무력하고 냉정한 종교처럼 보입니다. 하지만 불교도 부처님 이후 역시 대중들의 종교적 요구에 부응하여 인도의 다양한 대중적 신앙을 흡수했습니다. 특히 대승불교는 불보살에 대한 신앙으로 발전했습니다. 그런가 하면 불교는 스스로 대중들의 현세적 욕구와 열망에 부응하지 못하는 것을 감안하여 재가 신도들에게는 힌두교의 신들이나 각종 토착신앙들을 그대로 수용하도록 허락했습니다. 적어도 묵인한 거지요. 부처님 자신도 그런 예를 보이셨습니다. 유골(舍利) 신앙이 그 대표적인 예이지요. 부처님은 그것을 재가자들에게만 허용했습니다. 부처님은 대중 신앙이나 토착신앙을 무지한 짓으로, '우상숭배'로 정죄하거나 배척하지는 않았습니다. 적어도 다신 신앙이나 신령숭배에 관한 한, 불교는 무신론이 아닙니다. 다만 우주의 궁극적 원인이며 주재자인 인격적 창조주 하느님의 존재는 부인합니다. 이런 의미에서 무신론이고 유일신 신앙과 배치되지요. 어쨌든 불교는 재가자들에 관한 한 인도와 동남아시아에서 힌두교 신앙이나 각종 토착적 신앙과 공존 내지 습합되어 존재해 왔으며, 티베트에서는 티베트의 토착 무속신앙인 본Bon이라는 신앙과 공존했으며, 동아시아에서는 무속신앙이나 토속신앙ㅡ우리나라의 절이 산신각 등 각종 신령을 모시고 있듯이ㅡ 그리고 유교, 도교 등과 공존해 온 것입니다.

붓다와 예수는 실존했던 역사의 인물이었지만, 역사적 존재 이상입니다. 붓다와 예수의 삶은 만인이 본받아야 할 보편적 전범이며 초역사적 원형(eternal archetype)이 되었기 때문입니다. 그들의 이야기는 한 개인의 이야기일 뿐 아니라 모든 사람의 이야기로 작용해 왔다는 것이지요. 부처님의 이야기는 수많은 인간을 감화하고 변화시키는 힘이었으며 예수님의 이야기도 복음서를 통해 사람들의 머리와 가슴에 새겨져 있습니다. 부처님의 일대기는 사찰에 팔상도八相圖로 그려져 있기도 하지요. 강도솔상, 탁태상, 출생상, 출가상, 항마상, 성도상, 전법륜상, 입열반상이 부처님 생애의 중요한 8장면들을 보여주고 있습니다.

부처님과 예수님의 삶은 매우 대조적이면서도 공통점도 많았습니다.

1) 두 분 다 가정을 버리고 떠돌이 유랑자 생활을 했고, 제자들을 가르치면서 공동체 생활을 했습니다.

2) 철저히 독신, 무소유, 무욕의 삶을 살면서 오직 열반과 하느님 나라라는 초월적 실재와 가치를 추구했습니다.

3) 두 분 다 절대적 평화주의자로서 증오와 폭력을 반대했으며, 무차별적 사랑과 용서를 가르치고 실천했습니다.

4) 두 분 다 지혜의 교사로서 사람들의 탐욕과 권력의 허상, 허위의식과 환상을 깨우치고 인생의 실상을 보게 했습니다. 둘 다 비유의 명수로서, 초월적 구원의 진리를 대중들이 알기 쉬운 비유로 혹은 짧막한 경구로 설명해 준 명교사였습니다.

5) 두 분 다 기존 종교계의 공식적 직분을 가지지 않은 자유로운

사상가였으며, 대중적 언어를 사용하여 누구나 알 수 있는 메시지를 전파했습니다.

6) 그들의 권위는 어떤 학습이나 교육을 통해서 온 것이 아니라 궁극적 실재에 대한 직접적 체험과 거기서 오는 강한 카리스마에 근거한 것이었습니다.

7) 두 분 다 이론가나 철학자가 아니라 실천가였으며, 어떤 비밀스러운 교설을 가르친 것이 아니라 공개적 메시지, 모든 사람에게 열린 메시지를 전파했습니다.

8) 두 분 다 마음의 근본 자세를 강조했습니다. 회개, 전향, 깨달음을 강조했으며 내면의 윤리를 강조했지요. 인간의 근본 문제를 현실 안주와 자기중심적 삶에서 보았으며 사회 질서나 제도의 개혁을 통해 문제를 해결하려 하지 않았습니다.

9) 마지막으로 두 분 다 당시 종교 전통을 개혁한 분들입니다. 부처님은 바라문교의 전통, 예수님은 유대교의 전통을 이어받으면서도 각기 열반과 하느님 나라라는 새로운 초월적 비전을 제시함으로써 새로운 영적 운동을 일으킨 존재들입니다.

이런 점들만 보더라도 부처님과 예수님의 삶에 상당한 공통점이 있음을 우리는 알 수 있습니다. 물론 다른 면에서는 그들의 삶이 매우 대조적이었습니다. 한 분은 귀족 출신이었으며 다른 한 분은 농민(아니면 목수) 출신이었습니다. 한 분은 예언자(prophet) 같은 존재였고 다른 한 분은 출가 사문(śramaṇa)이었습니다. 예언자의 드라마틱한 비극적 운명과 수도자의 평온한 삶이 대조적이지요. 예수님의 비극적 운명은 강대국 사이에서 항시 생존의 위협을 받고 있던 이스라엘 민족의 끝없는 고난, 로마의 통치를 받고 있던 팔레스타인의 급박한 정치 사회적 상황에 관계되었으며, 부처님의 평화로운 삶은 비교적 정치적으로 안정되고 경제적으로 번영했던 당시 인도 사회의 상황과 무관하지 않을 것입니다. 또 팔레스타인이라는 척박한 자연환경과 갠지스강 유역의 비옥한 자연환경의 차이도 무시할 수 없습니다. 여하튼 부처님과 예수님의 죽음은 매우 대조적이었습니다. 한 분은 80이 되도록 장수하셨고 평온한 죽음을 맞이한 반면 다른 한 분은 30을 얼마 안 넘기고 십자가의 극형에 처해졌습니다. 평온한 열반상과 괴로운 십자가상이 이를 잘 말해 주지요.

그러나 우리는 출가사문과 예언자의 삶을 너무 대조적으로 보아서는 안 됩니다. 무엇보다도 예수님도 부처님처럼 뛰어난 지혜의 교사였습니다. 특히 복음서에 포함되어 있는 그의 어록('Q' 자료)은 이런 모습을 잘 보여주고 있으며, 최근 예수 연구는 지혜로운 교사로서의 예수님의 모습을 많이 부각시키고 있습니다. 그리스도인은 구세주 예수, 인간을 구원하기 위해 십자가에 달려 돌아가시고 부활하신 예수님을 너무 숭상한 나머지, 제자들을 가르치고 그들에게 인생의 참모습, 참된 길을 가르쳐주시던 지혜의 교사 예수님의 지혜와 통찰, 가르침과 사상에 대해서는 무시해 버리는 경향이 강합니다. 잘못된 일이지요. 예수님의 십자가의 죽음은 그의 삶과 가르침 전체의 자연스러운 결과임을 기억해야 합니다. 왜 그가 십자가형을 받았어야 했는지가 더 중요하지요. 하느님의 사랑을 여과 없이 직접 보여주는 그의 행동이 너무 과격하고 파격적이었기 때문에 그는 기득권층으로부터 미움을 샀고, 인간과 인생의 실상을 그대로 보여주는 그의 예리한 통찰과 폐부를 찌르는 듯한 지혜의 말씀이 당시 종교 지도자들의 허위의식을 여지없이 폭로했기에 그는 미움을 산 것 아닙니까?

예수님의 지혜의 원천은 그가 '아빠'라고 부른 그의 단순하고 친밀한 하느님 체험으로부터 왔으며, 모든 피조물과 인간을 아끼고 사랑하시는 창조주 하느님의 넓은 마음을 깊이 인식하는 데서 왔습니다. 그는 하느님의 눈으로 세상을 보았고, 하느님의 마음으로 인간을 이해했지요. 상식을 뒤엎는 파격적이고 전복적인 예수님의 지혜는 여기서 온 것입니다. 부처님의 경우는 깊은 수행과 명상을 통해 세계와 인생의 실상을 여실히 자각하는 데서 왔습니다. 단적으로 말해 예수님은 사랑의 하느님과의 직접적 대면을 통해서, 부처님은 진리와의 두려움 없는 대면을 통해 우리에게 인생의 지혜를 가르쳐 주신 것입니다.

예수님은 사람들로 하여금 하느님을 직접 대면하게 함으로, 부처님은 진리와 직접 대면하게 함으로써 인생의 실상을 깨우쳐 주셨고 인간의 허위의식과 환상을 깨트려주신 것입니다. 무엇인가에 집착하고, 무엇인가를 통해서 '나'라는 존재를 단단한 벽으로 둘러싸 안전을 도모하고자 하는 인간의 이기심과 어리석음을 깨뜨린 분들이었지요. 예수님은 사랑과 은총의 아빠 하느님 앞에서 진실한 삶이 무엇인지를 일깨워준 분이었고, 부처님은 무상한 세계에서 욕망에 집착하는 삶이 얼마나 부질없는 것인지를 여실히 보여주셨지요.

부처님만이 아니라 예수님에게서도 깨달음, 자각, 각성이라는 것이 매우 중요했다는 사실을 우리는 알아야 합니다. 부처님의 혜안慧眼에 못지않게 예수님의 영안靈眼도 중요합니다. 성서에는 보아도 보지 못하고 들어도 듣지 못하는 인간의 무지와 어두움에 대한 말씀이 많이 나옵니다. 세계와 인생에 대한 바른 인식과 깨달음의 중요성을 강조하는 말들이지요. 교회에서 그다지 주목을 받지 못하는 말씀이지만, 마태복음 6장 22-23절에서 예수님은 "눈은 몸의 등불이다. 그러므로 네 눈이 성하면 네 온몸이 밝을 것이요, 네 눈이 성하지 못하면 네 온몸이 어두울 것이다. 그러므로 네 속에 있는 빛이 어두우면, 그 어둠이 얼마나 심하겠느냐?"고 말씀하십니다. 이것은 물론 육신의 눈이 아니라 영적 눈, 우리 안에 있는 내면의 빛에 대해서 말씀하신 것이며, 여기서 몸이란 우리의 전 존재, 우리의 삶 그 자체를 가리키는 말입니다. 영안이 없는 자는 어둡고 미련한 인생을 살 수밖에 없다는 것이지요.

우리에게 깨달음을 주고 각성을 촉구하는 예수님의 지혜의 말씀을 예를 들어보겠습니다. 마태복음에 나오는 그의 산상수훈의 말씀을 부처님의 가르침의 정수를 담고 있는 법구경(Dhammapada)의 말씀과 비교하면서 보겠습니다.[1]

1) 모래 위에 지은 집의 비유를 통해서 예수님은 인생의 토대인 하느님을 모르는 삶이 얼마나 허무한지를 가르치고 계십니다. 모래 위에 지은 집과 같이 어리석은 인생이라는 것입니다. 인생이 고, 무상, 무아임을 모르는 무지와 탐욕의 삶을 경고하는 부처님의 지혜와 같습니다.

2) 예수님은 우리가 두 주인을 섬길 수 없다고 말씀하셨습니다.

---

1 다음은 주로 Leo D. Lefebure, *The Buddha and the Christ: Explorations in Buddhist and Christian Dialogue* (Maryknoll, New York: Orbis Books, 1993), 36-46에 의거하고 있습니다.

하느님을 사랑하든지 아니면 돈을 사랑하든지 둘 중 하나라는 것이지요. 법구경에도 "하나는 지상의 재물을 추구하는 길이며, 다른 하나는 열반을 추구하는 길이다. 부처를 따르는 자들은 이것을 생각하고, 명예를 위해 애쓰지 말고 자유를 위해 애쓸지어다"라는 말이 있습니다.

3) 예수님의 어리석은 부자의 비유처럼 법구경에도 어리석은 자는 "이것이 나의 아들들이다. 이것이 나의 재산이다. 이런 식으로 어리석은 자는 자신을 괴롭힌다. 그는 자기 자신의 소유주도 아니거늘, 어떻게 자기 아들들과 자기 자신의 소유주이겠는가?"라고 말한다는 것입니다.

4) 형제의 작은 허물을 보지 말고 자기 눈의 대들보를 보라는 예수님의 말씀과 같이 "다른 사람의 허물들을 생각하지 말라, 그들이 한 것이나 하지 않은 일을 생각하지 말고, 너 자신의 죄를 생각하라, 내가 한 것이나 하지 않은 것을 생각하라"고 부처님은 말씀하십니다.

5) 원수를 어떻게 대할까, 악을 어떻게, 분노를 어떻게 대할지에 대한 예수님의 가르침과 유사하게 부처님은 "노여움을 평화로움으로 극복하라, 악을 선으로 극복하고 비열한 자를 관대함으로 극복하라 그리고 거짓말을 참으로써 극복하라"고 말씀하십니다. "그가 나를 모욕했다, 그가 나를 해쳤다, 그가 나를 망하게 했다, 그가 나의 것을 빼앗았다고 생각하지 말라, 그런 생각을 하는 자는 미움으로부터 자유롭지 못할 것이다. 미움은 미움에 의해 정복되는 것이 아니라 사랑에 의해 정복되기 때문이다. 이것이 영원한 법칙이다."

6) 불안, 근심, 걱정, 특히 있지도 않은 미래의 걱정을 사서 하는

어리석음에 대해서 예수님은 창조주 하느님을 믿으라, 공중의 새를 보라, 들의 백합을 보라, 내일을 염려하지 말라, 오늘의 걱정은 오늘에 족하다고 말씀하셨습니다. 부처님도 "과거를 찾지 말라, 미래에 너 자신을 잃지 말라. 과거는 더 이상 존재하지 않고 미래는 아직 오지 않았다"라고 말씀하십니다. 현재의 삶에 충실하라는 거지요.

자기로부터 해방

1. 무아적 삶

부처님과 예수님의 메시지의 핵심은 무엇보다도 초월적 구원의 세계를 제시하고 인간 존재와 세계의 철저한 변화를 촉구한 것입니다. 즉, 열반과 하느님 나라의 평화를 기쁜 소식, '복음'으로 제시하신 것입니다. 열반과 하느님 나라는 단순히 우리가 현재 영위하고 있는 세간적 삶의 방식, 세상적 질서의 연장이나 변형이 아니라 그 것의 래디컬한 부정과 초월을 통해 이루어지는 전혀 다른 세계입니다. 가치의 완전한 전도가 이루어지는 세계이지요. 그것은 영적 세계, 초월적 자유의 세계이며, 초월적 사랑과 자비가 지배하는 세계입니다. 불교에서는 그러한 세계를 '초세간적'(lokottara)이라고 부르며, 그리스도교에서는 '종말적'(eschatalogical)이라고 부릅니다. '종말'이라는 것은 시간적으로 세상이 끝난다는 말이 아니라 이 세상의 질서가 뒤집혀지고 새로운 질서, '새로운 하늘과 땅'이 열린다는 의미입니다.

하지만 종말적 세계는 바로 지금 이 세상 속에서 경험될 수 있는 세계입니다. 열반과 하느님 나라는 '이 세상 속에 있지만, 이 세상에 속하지는 않는'(in the world, but not of the world) 세계이며, 감추어져 있으나 지금 여기에 실재하는 세계입니다. 그것은 마음이 깨끗한 자, 모든 욕망으로부터 자유로운 자만이 경험할 수 있는 영적 세계이며 실재입니다. '영적'(spiritual)이라는 말은 그것이 단순히 인간 내면에서 이루어지는 심리적, 주관적 실재라는 뜻이 아니라 오직 영적 눈을 가진 자, 영적 수련을 통해서만 볼 수 있는 실재라는 뜻입니다. 세상 사람들의 마음이나 눈으로는 결코 잡히지 않는 초월적 실재라는 거지요.

따라서 열반과 하느님 나라가 실현되려면 우리는 세상을 바꾸려 하기보다는 먼저 자기 자신을 바꾸는 영적 혁명이 필요하다고 부처님과 예수님은 가르치십니다. 무엇보다도 자기중심적 삶으로부터 벗어나는 무아적 삶이 중요하며, 부처님과 예수님은 바로 이 무아적 삶, 즉 자기로부터의 해방을 완벽하게 보여주신 분들이지요. 부처님과 예수님은 자기중심적 삶에서 초월적 실재 중심의 삶으로 전환함으로써 자기로부터 완전히 해방된 분들이었으며, 나를 포기함으로써 온 세상을 얻고 자기 부정을 통해 영원한 생명을 얻는 길을 보여준 분들이었습니다. 부처님과 예수님은 '사즉생死卽生'의 진리를 가르치고 몸소 실천하신 분들로서 자기로부터의 해방을 통해 세계로부터의 해방을 성취하셨고, 그럼으로써 진정으로 자기도 얻고 세상도 얻은 분들이었습니다. 내가 나의 최대의 적이기에 나를 놓아버림으로써 온 세상을 얻은 거지요. 철저히 자기로부터 해방되었기에 순수한 사랑과 자비의 삶을 사실 수 있었던 거지요. 그러면 부처님과 예수님은 어떻게 이런 무아적 삶을 살 수 있었을까요?

예수님의 경우를 먼저 생각해 봅시다. 그는 '아빠'(abba) 하느님에 대한 무조건적이고 절대적인 신뢰 속에서 자기를 챙기려는 마음으로부터 완전히 자유로웠습니다. 자기 스스로 살 궁리나 꾀를 부리지 않았고, 자기 인생의 안전을 도모하려는 일체의 장치와 욕망으로부터 자유로웠던 분이지요. 그는 율법이나 제도, 세상의 권세나 재물, 자신의 어떤 공로나 업적도 인생의 안전판이 되지 못함을 사람들에게 일깨워주셨고, 그런 것들에서 살길을 찾던 지금까지의 삶으로부터 과감히 돌아서서(회개) 자기를 놓아버리고 오로지 사랑과 은총의 하느님께 자기를 맡기고 사는 새로운 삶의 길을 제시했습니다. 아빠 하느님에 대한 단순하고 소박하고 절대적인 신뢰를 통해 '무엇을 먹을까 무엇을 입을까 염려하는' 세상의 근심으로부터 벗어나 하느님의 자녀로서 대자유의 삶을 살 것을 촉구했습니다. '공중에 나는 새와 들에 핀 백합처럼' 무위無爲의 삶을 살 것을 가르치신 것이지요.

예수님에 의하면 자비와 은총의 아빠 하느님은 무조건적 사랑과 긍정의 하느님으로서 우리에게 어떤 조건의 충족을 요구하거나 우리가 무엇을 성취해야만 구원을 베푸시는 하느님이 아닙니다. 하느님 앞에서 우리는 자신의 의를 주장하거나 자신을 정당화할 하등의 필요가 없으며, 자신을 돋보이게 하려고 치장할 필요도 전혀 없다는 겁니다. 우리가 성취한 어떤 업적이나 행위도 하느님 앞에서는 전혀 통하지 않음을 예수님께서는 아셨지요. 자기 의를 자랑했던 바리사이인의 기도와 가슴을 치며 통회하던 세리의 기도에 관한 예수님의 말씀은 이 점을 잘 부각시키고 있습니다. 예수님은 하느님을 떠나 자기 몫을 챙기려는 부질없는 노력을 포기하고 우리를 있는 그대로 받아주시는 아빠 하느님의 품에 안겨 어린아이처럼 기쁘고 자유롭게 살 것을 가르치신 것입니다.

예수님은 하느님의 '효자'로서 오로지 하느님의 뜻만을 생각하고 받들었으며 하느님과 인간 앞에서 자기를 철저히 비운 사람이었습니다. 빌립보서의 바울 사도의 표현대로 그는 본시 하느님의 모습이었으나 자기를 비워 종의 모습으로 이 세상에 오신 분이지요. 자기를 낮추어 하느님과 이웃을 사랑하고 섬기는 종의 삶을 살다가 십자가에서 비참한 최후를 맞으셨지요. 그는 자기 부정을 통해 하느님과 완전히 하나가 된 존재였습니다. 자기로부터 완전히 해방되셨기에 하느님의 빛을 그대로 반사하는 거울 같은 존재였던 것입니다.

제가 이렇게 예수님을 이해하는 데는 다분히 불교에서 배운 무아無我(antāman) 사상이 작용하고 있습니다. '자기'(self)라는 관념으로부터 해방될 수만 있다면, 누구나 문제없이 부처도 되고 예수도 된다고 저는 생각합니다. 예수님은 자기로부터 해방된 삶, 무아적 삶을 사신 분이었지요. 자기로부터 해방되었기에 하느님과 이웃을 향해 활짝 열린 삶을 살 수 있었던 것입니다. 예수님도 부처님처럼 인간을 고립된 실체적 존재로 보지 않고 관계적 존재로 보았습니다. 하느님과 동료 인간을 향해 열린 관계적 존재로 본 것입니다. 죄란 다름 아니라 하느님과 이웃을 향해 닫히는 것, 자기 자신에 갇히는 것이지요. 죄인이란 '자기 자신 안으로 꼬인 인간'(homo in se curvatus)이라고 성 아우구스티누스나 마르틴 루터는 말합니다.

그러면 부처님은 어떻게 무아적 삶을 사셨을까요? 우리는 여기서 부처님 사상의 핵심에 접합니다. 이제 부처님의 사상, 교설을 좀 더 자세히 살펴보고자 합니다.

부처님께서 보드가야에서 깨달음을 얻은 후 녹야원이라는 곳에서 처음으로 베푸신 설법을 담고 있는 『전법륜경轉法輪經』에 의하면 부처님은 자기가 깨달은 진리를 네 가지로 요령 있게 정리해서 가르치셨다고 합니다. 이것이 유명한 사성제四聖諦, 즉 '네 가지 거룩한 진리'라는 것입니다. 여기서 '거룩하다'(arya)라는 말은 이 세상에 관한 진리가 아니라 초세간적, 초월적 세계에 관한 진리라는 뜻이지요. 간단히 줄여서 고苦, 집集, 멸滅, 도道의 네 가지 진리라고 부릅니다.

여기서 고는 과果, 즉 결과이며, 집은 괴로움이 생기는 인因, 즉 원인입니다. 멸은 괴로움이 완전히 소멸된 상태로서의 과이고, 도는 괴로움을 극복하는 길로서 인이지요. 사성제에서 고제苦諦는 우리가 이해해야 하는 진리이므로 해解의 대상이고, 집제集諦는 고통의 원인에 관한 것이므로 끊어야 하는 단斷의 대상입니다. 멸제滅諦는 깨달아야 할 진리이기에 증證의 대상이고 도제道諦는 열반으로 가는 수행의 길이므로 수修, 즉 닦음의 대상입니다. 이처럼 사성제는 이중인과二重因果의 구조로 되어 있음을 알 수 있습니다. 마치 의사의 진단과 처방과도 같지요. "건강한 사람은 의사가 필요 없고 병 든 사람이 필요하다. 나는 의인을 부르러 온 것이 아니라 죄인을 부르러 왔다"라고 하신 예수님처럼 부처님은 인생의 병을 진단하고 치료하는 의사와 같은 존재였습니다. 인생고라는 병의 원인을 진단하고 이 병을 치료하기 위한 처방전을 주신 분이지요.

2. 괴로움의 진리

생, 노, 병, 사의 4고四苦와 원증회怨憎會(싫어하는 사람을 만나는 것), 애별리愛別離(사랑하는 이와 헤어지는 것), 구불득求不得(구하지만 얻지 못하는 것), 오취온五取蘊(upādāna-skandha: 집착 대상으로서의 오온)의 4고를 합쳐 8고, 즉 여덟 가지 괴로움이라고 부릅니다.

이 중에서 오취온의 고는 상식적인 고의 개념을 뛰어넘습니다. 오온은 인간 존재를 가리키는 부처님의 술어로서 인간 존재와 삶 자체가 괴로움이라는 것을 말하고 있습니다. 불교의 고苦(duḥkha) 개념을 단지 신체적 괴로움이나 심리적 괴로움 정도로만 이해해서는 안 됨을 알 수 있지요. 불교에서는 그래서 세 가지 종류의 고를 말합니다.

1) 고고苦苦: 육체적, 정신적 괴로움을 말합니다. 앞에 말씀드린 팔고 중에 일곱 가지에 해당하는 상식적인 괴로움이지요. "불교는 왜 그렇게 괴로움만 말하나, 행복한 경험도 많지 않느냐?" 항의하는 사람도 있지만, 이것은 고고만 두고 하는 말이지요.

2) 괴고壞苦: 행복한 경험이라 할지라도 순간적이고 변하기 때문에 괴로움이라는 겁니다. 행복한 경험도 지속적이지 못하고 곧 사라져버리기에 허무한 생각이 드는 거지요.

3) 행고行苦: 존재론적 고 개념입니다. 고는 모든 존재하는 것들의 필연적 속성입니다. 모든 유위법有爲法, 즉 조건에 의해 생성·소멸하는 사물들은 본성상 괴로움이며 슬픔이라는 것이지요. 무위법無爲法인 열반 이외의 모든 유위법은 무상하기 때문에 불완전하고 불

만족스럽다는 것입니다. 곧 사라질 것들은 모두 슬픔을 안고 있다는 거지요. 일본 사람들은 이것을 미학적 개념으로 승화시켜 '모노노 아와레|mono no aware'라고 부릅니다. 사라질 것들이 지니고 있는 슬픔과 아름다움을 동시에 표현하고 있지요. 그리스도교식으로 말하자면 모든 피조물은 덧없이 사라질 것들이기에 결코 우리의 영혼을 만족시킬 수 없다는 말입니다. 신학자 슐라이어마허는 이것을 일컬어 '피조물적 감정'(Kreaturgefühl)이라고 했습니다. 피조물의 덧없음과 허무를 느끼는 감정으로서, 특히 인간이 스스로의 유한성에 대한 느낌이지요. 이것은 불교와 그리스도교가 공유하는 깊은 감정입니다. 그래서 오취온 그 자체가, 즉 다섯 가지 무상한 요소로 구성된 인간 존재 자체가 괴로움이라는 것입니다. 이는 '비관적' 견해라기보다는 모든 유위법의 본성을 있는 그대로 인식하자는 것이지요.

부처님은 인간을 항시 변하는 무상한 요소들의 다섯 가지 현상들의 묶음 혹은 다랍(skandha)들이 합쳐진 존재라고 보았습니다. 그것이 이른바 오온五蘊이라는 것입니다. 인간은 다섯 종류의 요소들의 집합체, 다발, 총체라는 겁니다. 즉, 색色(몸, 물질적인 것), 수受(감각, 苦樂捨의 三受), 상想(지각상, 심상, 표상), 행行(업을 일으키는 마음의 성향, 의지적 요소, 성격적 요소), 식識(인식, 식별, 판단, 사유, 마음의 활용으로서, 眼耳鼻舌身意의 六根이 六境을 대상으로 하여 발생하는 六識)으로 구성되어 있다는 것입니다.

인간이란 별것 아니고 이렇게 수시로 변하는 제반 요소들이 합쳐진 '심신 복합체'(psychosomatic complex)라는 것이지요. 그리고 이 복합체 자체가 괴로움의 덩어리라는 겁니다. 왜냐하면 그 요소들 하나하나가 모두 덧없고 무상하며(anitya), 무상한 것은 곧 괴로운 것이기 때문입니다. 그리고 그것들은 무아(anātman), 즉 어느 것도 항구적인 실체적 '나'(자아, ātman, self)가 아니기 때문입니다. 이에 대해서는 조금 있다가 더 자세히 말씀드리겠습니다.

고, 무상, 무아는 불교의 대표적 인간관, 인생관, 세계관 그리고 존재론입니다. '인생고', '인생무상', '무아' 하면 곧 불교를 연상할 정도로 우리 한국인들과 아시아인의 인생관과 심성에 깊이 각인되어 있는 철학이며 인생관이지요. 저는 그리스도인들이 이것을 받아들이지 못할 이유가 없을 뿐만 아니라 하느님을 찾는 신앙에 오히려 큰 도움이 될 것이라고 생각합니다. 적어도 인간 존재를 포함한 모든 피조물에 관한 한, 그것은 진리이기 때문입니다. 그리고 덧없는 세상의 실상에 대한 자각은 불교에서는 해탈에 향한 갈망으로, 그리스도교에서는 영원한 하느님에 대한 갈망으로 이어지기 때문이지요. 그리스도인이든 불자이든 세상의 덧없음을 한 번도 생각한 적이 없는 사람은 기복 신앙에 머물 수밖에 없을 것입니다.

불교에서는 고, 무상, 무아를 모든 사물, 일체의 현상적 존재들의 필연적 성격이라고 하여 삼법인三法印이라고 부릅니다. 사물들의 세 가지 근본 성격이라는 뜻이지요. 그래서 『법구경』에는 "제행무상諸行無常, 제법무아諸法無我, 일체개고一切皆苦"라는 표현이 나옵니다. 불교의 수행은 바로 이 세 가지 진리를 철저히 자각하고 마음에 새기기 위한 것입니다. 최근 한국 불교계에는 화두를 참구하는 전통적인 간화선看話禪 대신에 부처님이 직접 가르쳐주신 비파샤나vipaśyanā 명상법이 유행하고 있는데, 그 핵심은 몸과 마음의 미세한 변화들을 마음에 챙겨서(念, smṛti, mindfulness) 모든 것이 고, 무상, 무아임을 관觀하는 명상법이지요.

여기서 무아 개념은 좀 더 자세한 설명을 요합니다. 무아설은 부처님의 최대 철학적 발견이라고 할 수 있습니다. 부처님은 이 무아의 진리를 통해 수많은 사람을 자아라는 미망으로부터, '나'라는 아집으로부터 해방시켰습니다. 무아를 알면 불교를 다 알았다 해도 과언이 아닐 정도로 중요한 부처님의 사상이지요.

　부처님은 인간의 실체적 자아, 어떤 항구적 자아 혹은 주체의 존재를 부인한 것으로 전해지고 있습니다. 인간은 수시로 변하는 여러 요소의 임시적 결합체일 뿐, 그러한 요소들 배후에 어떤 항구적인 '자아'라는 것은 존재하지 않는다고 가르치셨습니다. '자아'(self), '나'(I)라는 말은 우리가 편의상 사용하는 것일 뿐, 그 말에 해당하는 실재 내지 실체가 존재하지 않는다는 말입니다. 다만 우리가 언어에 농락당하여 마치 항구적 '자아' 혹은 '나'라는 주체가 존재하는 양 착각할 뿐이라는 거지요. 가령 우리가 '나의 몸', '나의 감정', '나의 생각'이라고 말할 때 우리는 마치 몸, 감정, 생각 등을 '소유'하고 있는 '나'라는 어떤 자아 내지 주체가 몸이나 감정과는 별도로 존재하는 것처럼 생각하지만, 실제로는 그렇지 않다는 것입니다. '나'란 몸, 감정, 생각 등이 일시적으로 결합된 하나의 다발일 뿐이라는 거지요. 몸과 감정과 생각은 수시로 변합니다. 그런 것들과 별개로 그것들을 소유하고 있는 소유주 혹은 그것들이 속해 있는 항구적인 '나'라는 실체가 존재하지 않는다는 말입니다. 참으로 위대한 발견이라고 할 수 있지요. 니체를 비롯하여 서구철학자들 가운데서도 이와 유사한 견해를 가진 사람들이 있습니다. 부처님이 2,500년 전에 깨달은 사실을 서구 사상가들이 현대에 와서야 겨우 발견하게 된 셈이지요. 부처님은 이 '자아' 혹은 '주체' 개념을 해체한 최초의

'해체주의자'라고도 부를 수 있습니다.

하지만 부처님의 무아설에 대한 해석은 그렇게 간단하지는 않습니다. 그것을 둘러싸고 많은 논란이 있었기 때문이지요. 우선 부처님의 가르침이 전통적으로 자아의 존재를 완전히 부정한 무아설로 이해되어 온 것은 사실이지만, 부처님 자신은 경전 어느 곳에서도 이러한 실체적 자아가 없다고 명시적으로 밝힌 바가 없습니다. 다만 인간을 구성하고 있는 오온을 가리키면서 그것들 하나하나가 자아가 아니라는 이른바 '비아非我(anātman)'만을 명시적으로 말씀하셨을 뿐입니다. '무아'로 번역되어 온 'anātman'의 'an'은 '없다'가 아니라 '아니다'라는 부정사입니다. 경전에 따르면[1] 부처님은 다음과 같이 말씀하셨습니다.

> 비구들이여, 색色(형태, 몸)은 자아가 아니다. 만약 색이 자아라면, 병에 걸릴 리가 없다. 또 그것에 대하여 나의 몸은 이렇게 되어라, 저렇게 되어라 말할 수 있을 것이다. 그러나 색은 자아가 아니기 때문에 병에 걸리고 또 이렇게 되어라, 저렇게 되어라 말하지도 못한다. 수受에 대해서도 마찬가지이며, 상想, 행行, 식識도 마찬가지이다. 또 색, 수, 상, 행, 식 오온의 어느 것도 무상하다. 그래서 무상한 것은 모두 괴로움이다. 무상하고, 괴롭고, 변하는 성품을 지닌 것을 두고서 "이것은 나의 것이다, 이것은 나다, 이것은 나의 자아다"라고 볼 수 있겠는가? 과거, 현재, 미래의 오온에 대하여 그 어떤 것이든 나의 것이 아니고, 나가 아니고, 나의 자아가 아니라고 진실한 지혜로 여실히 관찰하지 않으면 안 된다. 그렇게 관찰하면 오온을

---

1 無我相經 Anatta-lakhaṇa sutta; Saṁyutta Nikāya II, 66-68이나 律藏大品; Vinaya 1, 13-14.

싫어하여 그것에 집착하지 않고 해탈하는 것이 가능하다. 그리하여 "나는 해탈했다"는 자각이 생겨서 "태어남이 다했다", "거룩한 행위를 닦았다", "할 일을 다 했다", "다시는 이 상태로 돌아오지 않는다"고 깨닫는 것이다.

여기서 부처님은 나(我, ātman)라는 것이 존재하지 않는다는 '무아'를 말씀하신 것이 아니라 다만 오온 가운데 어느 것도 나가 아니라는 '비아'를 말씀하신 것임을 우리는 알 수 있습니다. 오온 하나하나에 대하여 말씀하기를 그것이 만약 나의 항구적 자아라면 병들지도 않고 내 마음대로 될 것이지만, 실은 그렇지 않고 무상하고 고통스러운 것이기에 그것은 "나의 것이 아니고 나가 아니며 나의 자아도 아니다"라고 말씀하신 거지요. 덧없고 무상한 것들, 괴로운 것들은 어떤 것이든 자신의 '소유'는 물론이요 자신의 '자아'로 간주하지 말라는 것입니다. 자기 자신 혹은 자아를 결코 그런 것들과 동일시해서는 안 된다는 말이지요. 자신의 몸이나 감정이나 생각을 자기 소유로 혹은 자기 자신으로 간주하는 우를 범하지 말라는 말입니다. 이것은 우리 모두가 받아들일 수 있는 가르침이라고 봅니다. 가령 누가 자기 몸이나 감정이나 생각이나 의지를 나 자신, 나의 자아로 간주하겠습니까? 하지만 우리는 이런 것들과는 별도로 '자아'(self)라는 것이 존재한다고 거의 본능적으로 생각하는 것 같습니다. 이것이 문제라는 것입니다.

그렇다면 과연 그런 무상한 요소들, 즉 오온 이외에 인간에 다른 어떤 더 고귀하고 항구적인 요소, 오온과는 별도의 고차적 자아라는 것이 있다는 말입니까? 그래서 인간을 결코 그런 무상하고 괴로운 요소들과 동일시되어서는 안 되고 오온으로 완전히 환원되어서도 안 된다는 말입니까? 오온이 우리의 자아가 아니라면 오온 말고 참 자아, 항구적 자아, 힌두교에서 일반적으로 인정하고 있는 영혼 혹은 깊은 자아, 즉 '아트만ātman'이라는 것이 따로 있다는 말입니까? 그래서 부처님은 자아에 대한 우리의 잘못된 견해를 바로잡고 참 자아를 거짓 자아와 혼동하지 말도록 그런 설법을 하신 것인가 하는 의문이 생기지요.

하지만 부처님은 그런 고차적 자아가 따로 있다고 명시적으로 말씀하지도 않으셨습니다. 그런 중요한 것이 있다면 밝히셨을 터인데 그러지 않았다는 말입니다. 이런 이유로 해서 불교에서는 전통적으로 비아설을 무아설로 해석해 온 것이 사실입니다. 다시 말해서 오온 이외에 별도의 실체적 자아는 존재하지 않는다는 무아설을 '정통' 사상으로 신봉해 온 것이지요. 이 때문에 불교는 초월적 자아, 실체적 자아 이른바 진아眞我(참나)를 인정하는 힌두교 사상과 구별되었으며, 힌두교 쪽으로부터 줄곧 '허무주의'라는 비판을 받아 왔습니다. 인간을 오온으로 완전히 해체시켜 버려서 아무것도 남는 것이 없다는 허무주의적 사상이라는 거지요. 또 일부 서구 불교학자들도 이런 식으로 부처님의 사상을 해석하기도 했습니다.

저는 개인적으로 이러한 전통적 해석에 동의하지 않고 그러한 해석에 의거한 비판에도 동의하지 않습니다. 하지만 일단 전통적 교리에 따라서 무아설을 존중하면서 논의를 전개하고자 합니다. 다시 한번 말씀드리자면 부처님은 철저히 현상론적 인간관을 가지고 계셨다는 겁니다. 항시 변하고 있는 현상적 인간 존재 배후에 '자아'라는 항구적인 실체 내지 본체라는 건 없다는 인간관입니다. 인간은 무상하고 괴로운 요소들의 복합체일 뿐이며, 조건에 따라 생멸하는 일시적 요소들의 덩어리일 뿐, 그 가운데 혹은 배후에 '나'라는 항구적 실체가 따로 있는 게 아니라는 견해이지요. 바로 그런 것이 존재한다는 그릇된 견해야말로 모든 아집과 번뇌의 근원이 된다는 겁니다. 오온이라는 구성 요소들 배후에 그것들을 소유하고 있는 소유주, 그것들이 속해 있는 실체 혹은 주체가 따로 있는 것이 아니라는 진리, "나의 몸, 나의 감정, 나의 생각"이라고 말하지만, 이 '나'라는 생각은 망상이며 언어적 유희의 산물이며 편의상 붙인 가명假名일 뿐이라는 말입니다. 인간은 고정불변의 실체적 존재가 아니라 시간적으로는 항시 변하고 있는 과정이나 흐름으로서의 존재일 뿐이며, 공간적으로는 여타 사물들이나 인간들과의 상호작용과 관계를 통해 그때그때 형성되어가는 관계적 존재일 뿐이라는 거지요.

그리스도교 신학도 일단 이러한 인간관을 받아들일 수 있다고 생각합니다. 서구 사상은 전통적으로 인간을 자기 폐쇄적이고 자기 충족적인 '개체'(individual)로 보는 경향이 강했으나, 최근에는 이러한 개인주의적 인간관을 넘어서 인간을 관계적 존재로 보는 것이 더 타당하며 인간적이라는 견해가 우세합니다. 인간은 다른 사람들과 주위 환경과의 관계 속에서 끊임없이 형성되어가는 존재라는 거지요. 이미 말씀드렸지만, 예수님도 인간을 고립적이고 자기 폐쇄적 존재로 보지 않았고, 이웃과 하느님을 향해 열려 있어야 하는 관계적 존재로 보았습니다.

불교에 의하면 인간이 이렇게 고정불변의 실체가 아니고 유동적이고 가변적인 존재이기에 수행이라는 것을 통해 변화될 수 있다는 겁니다. 수행을 통해서 이 흐름 혹은 과정으로서의 존재를 정화해서 인격의 완성을 이룰 수 있다는 거지요. 인간은 스스로를 정화시켜 열반을 향해 나아가든지 아니면 점점 더 생사의 수렁으로 깊이 빠져들던지 둘 중의 하나이며, 이것은 자기가 하기 나름이라는 것입니다.

무아라도, 항구적인 자아가 없어도 개인이 현세에서 지은 업으로 인해 그의 삶의 흐름(saṁtāna)은 지속됩니다. 불교에서는 이것을 물의 흐름, 촛불의 이어짐에 빗대어 설명하기도 합니다. 물이 흐를 때 'A'라는 시점에서의 물과 'B'라는 시점에서의 물은 같지도 않고 다르지도 않다는 비유, 또 'A'라는 촛불이 'B'라는 촛불로 옮겨 탈 때 앞의 촛불과 뒤의 촛불은 같지도 않고 다르지도 않다는 비유이지요. 따라서 전생의 나와 내생의 나는 완전히 같지도 완전히 다르지도 않다는 겁니다. 죽음도 흐름을 멈추지는 못하지요. 그러나 반드시 동일한 자아가 있어서 업을 짓고 업보를 받을 필요는 없다는 것입니다. '나'라는 이 특정한 '오온의 다발'이 그 지은 업의 힘으로 인해 또 하나의 다발을 형성하면서 흐름이 이어질 뿐이라는 거지요.

하지만 여기서 우리는 하나의 중요한 문제를 제기할 수밖에 없습니다. 과연 인간 존재가 이렇게 순전히 과정 내지 흐름으로 환원될 수 있을까요? 그리스도교에서는 인간이 세상과의 관계 속에서 형성되면서도 초월자 하느님과 관계하는 인격의 깊이가 존재한다고 믿습니다. 그것을 영혼이라 부르든 마음이라 부르든 인격의 어떤 중심이 있다는 거지요. 인간에게는 수시로 변하는 경험과 행동의 배후에 보이지 않는 어떤 주체가 있는 것은 아닐는지요? 도대체 이처럼 '나'라는 존재를 분석하고 해체하는 자는 누구이고, 나라는 것이 단지 오온의 다발뿐이라고 자각하는 자는 또 누구입니까? 해체되는 자아와 해체하는 자아가 같은 존재이며, 해체하는 자아란 결국 해체되는 자아의 일부에 지나지 않은 것인지 의문이 생깁니다. '나'라는 이 과정적 존재를 거리를 두고 지켜보면서 그것이 결코 나가 아니라고 거부하고 초월하려는 자는 도대체 누구란 말입니까? 그것도 오온의 일부인가요? 무상하고 괴로운 오온의 흐름을 정화시키려 애쓰는 자는 누구이며, 도대체 왜 우리에게는 그런 마음이 생기는 것일까요? 오온을 주시하면서 오온으로 구성된 자기 존재를 다스리고 변화시킬 수 있을 만큼의 자유를 가진 초월적 요소가 우리 인간에게 존재하는 것은 아닌지, 오온과는 다른 또 하나의 나, 즉 초월적 자아, 진정한 나가 따로 존재하는 것은 아닌지요?

저는 그것이 오온과는 다른 인간 존재의 또 하나의 측면이라고 믿습니다. 인간 안에 있는 어떤 신적(divine) 요소라고 생각하는 거지요. 부처님을 그런 것이 아트만, 참 자아라고 명시적으로 밝히지는 않으셨으나 많은 불교학자가 그렇게 해석하면서 부처님의 비판의 대상이라고 여깁니다. 하지만 그것은 어떤 개별적 영혼이나 실체가 아니라 우주적, 신적 정신인 아트만과 같은 것이라고 저는 생각합니다. 저는 부처님이 모든 자기중심성, 이기성의 원인이 되는 개별적 자아의 실체성은 부인했다고 생각합니다. 하지만 인간에게는 오온으로 구성된 자신을 거부하고 생사의 세계에 유전하는 자기 자신을 초월하려는 마음, 본래부터 깨끗한 마음(自性淸淨心)이 존재한다고 소승 경전에서도 말하고 있습니다. 번뇌와 망상은 인간에게 본래적인 것이 아니고 인간의 마음은 본래 청정한 것이라는 생각이지요. 이 자성청정심이야말로 더러움을 싫어하고 생사의 악순환을 벗어나고자 하는 마음이며, 오온의 누더기를 벗고자 하는 주인공일 것입니다. 대승불교, 선불교에서는 그것을 여래장如來藏, 불성佛性, 즉 우리 중생들의 마음속 깊이에 있는 여래 혹은 부처님의 마음, 부처님의 심성이며 모든 중생이 갖추고 있는 본래적 깨달음의 참다운 성품(本覺眞性)이라고 부릅니다.

사실 부처님 사후에 불교 사상가들은 윤회와 업을 설명하기 위해서라도 자아 개념에 비슷한, 말하자면 유사 자아개념들—그중에서도 특히 심층적 의식인 아뢰야식(ālayavijñāna)—을 도입했습니다. 그러나 경험의 연속성과 통일성 그리고 윤회의 연속성을 보장하기 위해서 실체적 자아 개념을 도입할 필요는 없다고 봅니다. 다만 생사의 세계에 유전하는 자기 자신을 반성하고 벗어나려는 해탈의 의지와 그 실현은 생사의 세계에 유전하는 오온과는 다른 본래적 나, 참나가 없이는 불가능하다는 것이 저의 견해입니다. 그래서 대승불교 후기에 오면 무아설을 하나의 불완전한 이론, 하나의 방편설로 간주했고, 무아설의 근본 취지를 잘 이해하면 오히려 부처님은 더 높고 크고 참된 자아(大我, 眞我, 最高我)를 가르쳤다고 하여 힌두교의 정통 베단타Vedānta 사상에 근접하고 있는 것입니다.[2]

---

2 이에 관해서는 카나쿠라 엔죠(金倉圓照), 『インド哲學の 自我思想』(東京: 大藏出版社, 1974), 223-230쪽(無我ト 眞我)을 참고하십시오.

3. 괴로움의 원인과 소멸

　사성제의 두 번째 진리는 고집성제苦集聖諦입니다. 괴로움의 발생 (集起, samudaya) 원인을 밝힌 거룩한 진리로서, 고통은 끝없는 욕망, 갈애, 타는 목마름(taṇhā)에서 온다는 가르침입니다. 따라서 이 것은 끊어야(斷) 할 대상입니다. '영원히 목마르지 않는 물'을 주겠다고 하신 예수님의 말씀을 상기시키지요. 이 갈애로 인해 집착이 생기고, 집착으로 인해 업을 짓고, 업으로 인해 업보를 받아 계속해서 생사윤회의 세계에 묶일 수밖에 없는 것이 인생의 모습이라는 것입니다. 집착과 업은 갈애의 결과들이고, 그 원인을 추적해보면 결국 우리의 무지 혹은 무명無明(avidyā)으로 귀착된다는 것이 부처님의 가르침입니다. 모든 것이 고, 무상, 무아라는 것을 모르는 무명에서 끝없는 갈애와 집착이 생겨난다는 것이지요.

　이렇게 고를 산출하는 갈애의 원인과 결과, 그 반복적 지속과 악순환의 과정을 자세히 설명하는 것이 이른바 연기설緣起說 (pratītyasamutpāda)이라는 것입니다. '연기'란 모든 현상이 선행하는 조건(緣)에 의존하여 일어난다는 개념으로서, 일반적 원칙으로 말하면 "이것이 있음으로 저것이 있고, 이것이 없음으로 저것이 없다. 이것이 생김으로 저것이 생기고 이것이 멸하므로 저것이 멸한다"라는 통찰입니다. 다시 말해서 존재하는 모든 현상에는 조건적 원인이 있다는 거지요. 따라서 우리 인간 존재가 생사의 바다에 빠져 유전하는 과정도 자세히 살펴보면 조건적 원인과 결과로 이어지는 반복적 과정이라는 것입니다. 이 끝없는 반복적 과정을 편의상 과거, 현재, 내세의 삼세로 구분하여 밝혀 놓은 것이 '12지호 연기설'입니다.

여기서 중요한 점은 12개의 고리가 조건적으로 얽혀 있기 때문에 그 가운데 어느 하나만이라도 끊으면 차례로 나머지 모든 고리가 저절로 사라질 수밖에 없다는 것입니다. 따라서 괴로움의 원인이 되는 조건을 찾아 하나라도 제거하면 고통의 과정이 종식될 수 있다는 거지요. 고통은 운명이 아니고 병의 원인을 알아 제거하면 병이 낫듯이 괴로운 인생도 그 원인을 알아 제거하면 극복된다는 말입니다. 12개의 고리 가운데서도 가장 중요한 것, 다시 말해서 고의 가장 중요한 조건적 원인이 되는 것은 무지입니다. 이 무지를 제거하면 고통의 종식, 해탈이 가능하다는 것이 부처님의 핵심적 메시지이지요.

이것이 세 번째 진리, 즉 고멸성제苦滅聖諦입니다. 고의 종식(nirodha), 극복이 가능하다는 진리이며, 그것을 열반涅槃(nirvāṇa)이라 부릅니다. 이것은 깨달음(證)의 대상이며, 불교에서 추구하는 궁극적 해탈의 경지이며 실재이며 가치라고 할 수 있지요.

그러면 구체적으로 어떻게 이러한 고통의 종식에 이르는가를 설한 것이 네 번째 거룩한 진리인 고멸도성제苦滅道聖諦입니다. 부처님은 고의 종식으로 가는 길로서 팔정도八正道를 제시하고 있습니다. 팔정도는 계戒(śīla), 정定(samādhi), 혜慧(prajñā)의 삼학三學으로 묶어집니다. 불교는 간단히 말해서 이 삼학을 통해 인격의 변화를 추구하는 종교지요. 인간은 고정불변의 실체가 아니라 끊임없이 변하는 과정과 흐름으로서의 존재이기에 탐욕으로 더러워진 탁류를 계정혜 삼학으로 정화시켜 깨끗한 존재로 바꾸려는 것이 불교의 근본입니다. 그래서 인격의 완성을 도모하는 거지요.

계戒는 도덕적 삶으로 이끄는 행위를 말합니다. 불교의 수행은 우선 도덕적 삶에서 출발합니다. 그래서 재가자들은 최소한 5계, 사미승들은 10계 그리고 비구승들은 250계, 비구니 스님들은 348개를 지켜야 합니다. 여성 차별이라는 비판도 있지만, 2,500년 전에 여성의 출가를 허가했다는 것 자체가 놀라운 일이지요. 중한 계를 어기는 스님은 공동체에서 항구적으로 추방당하기도 합니다.

정定은 정신을 하나로 집중하여 산만한 마음을 가라앉히고 마음을 맑게 하는 수행입니다. 그래서 사물을 제대로 볼 수 있도록 하는 것이지요. 마음이 산란하면 지혜가 불가능하다고 생각합니다. 정은 깊이에 따라 4단계 혹은 8단계의 선정禪定(dhyāna)이 있습니다만, 이 선정 자체가 열반은 아닙니다. 지혜로 이어져야 보리bodhi(깨달음)와 열반이 가능합니다.

혜慧는 지혜로서 사물과 인간 존재에 대한 올바른 통찰력입니다. 결국 고, 무상, 무아의 진리를 철저하게 꿰뚫어 보는 통찰을 가리키는 말입니다.

계 · 정 · 혜 삼학을 통해 인격이 완전히 변화된 존재, 완전히 깨끗해진 성자를 상좌불교에서는 아라한阿羅漢(羅漢, arahant)이라 부릅니다. 부처님과 조금도 다름없는 존재로 간주됩니다. 누구든 수행을 통해 아라한이 될 수 있다는 거지요. 천차만별 수행의 정도만 다를 뿐, 사람은 누구나 부처가 될 수 있는 존재라고 불교에서는 믿습니다. 여하튼 아라한이라는 완전한 인격이 도달한 경지, 그들이 경험한 세계 내지 실재가 곧 열반입니다. 수행의 종착역, 불교의 궁극 목표이지요. 이에 대해서는 다음 강좌에서 말씀드리도록 하겠습니다.

열반과
하느님 나라

계·정·혜 삼학을 닦아 완전해진 인격이 도달하는 경지, 경험하는 세계 혹은 실재(Reality)가 열반(Nirvāṇa)입니다. 하느님 나라가 그리스도교의 존재 이유이듯 열반은 불교의 존재 이유입니다. 상좌불교에서는 열반은 무위법(asaṅkhata-dhamma), 다시 말해 세상 사물들과는 달리 조건에 의해 생멸하지 않는 영원한 실재, 절대적 실재로 간주됩니다. 그리스도교의 하느님에 종종 비교되기도 하지만, 저는 하느님 나라라는 구원의 세계에 비교하고 싶습니다.

　열반은 우선 탐貪·진瞋·치痴의 삼독三毒으로 대표되는 번뇌와 망상이 사라진 상태, 욕망의 불이 완전히 꺼진 상태-'nirvāṇa'라는 단어는 본래 불이 꺼진 상태라는 뜻이다-, 즉 완전한 무욕과 평안의 상태를 가리킵니다. 열반은 번뇌와 망상, 무지와 탐욕으로 얼룩진 세속적 존재와 삶의 양식이 완전히 극복된 초세간적 세계로서, 부처님이나 아라한들만이 경험하는 세계지요. 생사유전의 과정이 더 이상 굴러가지 않도록 무지와 갈애와 업이 사라진 세계로서, 생사의 유전과 흐름이 완전히 정지될 때 실현되는 초월적 경지입니다.

1. 현생 열반과 하느님 나라

고의 종식인 열반에는 두 종류가 있습니다. 하나는 현세에서 몸을 가진 채 부처님이나 아라한들이 증득하는 열반인 유여의有餘依(sopadhiśeṣa) 열반입니다. '여의'(upadhi)라는 말은 과거 업의 결과로 남아 있는 몸을 뜻합니다. 인도 종교들에서는 몸을 가지고 살아서 체험하는 해탈을 생해탈(jīvanmukti)라고 부르는데, 저는 불교의 유여의 열반을 사후 열반과 구별하기 쉽게 '현생 열반'이라고 부르겠습니다. 현생 열반과 달리 과거 업의 결과인 몸이 소멸한 후에 주어지는 사후 열반은 무여의無餘依(nirupadhiśeṣa) 열반 혹은 반열반般涅槃(parinirvāṇa)이라고 부릅니다. 완전한 열반, 즉 입멸入滅이라는 뜻이지요. 먼저 현생 열반에 대해서 하느님 나라와 비교하면서 말씀드리고자 합니다.

열반과 하느님 나라는 우리가 아는 세간적 질서가 아닌 초세간적 질서, 종말적 질서라는 데서 일치합니다. 여기서 종말은 시간적 종말보다는 역사의 악순환이 완전히 극복되었다는 의미에서의 종말입니다. 무지와 탐욕, 경쟁과 다툼, 권력과 억압의 역사가 완전히 사라지고 초세간적 자비와 평화, 하느님으로부터 오는 사랑과 평화가 지배하는 세계를 말합니다. 부처님과 예수님의 삶이 보여주듯이 일체의 구속이나 근심이나 두려움으로부터 벗어난 자유로운 세계이지요. 무엇보다도 무지와 탐욕으로 구축된 자아의 좁은 담들이 무너지고 초월을 향해 활짝 열린, 아니 초월과 완전히 하나가 된 무아적 세계입니다.

일체의 아집我執으로부터 해방된 초월적 자유에서 세계와 이웃에 대한 진정한 사랑과 자비가 솟아납니다. 열반과 하느님 나라는 무아적 자유와 더불어 사랑과 자비가 지배하는 세계입니다. 자기중심적 삶으로부터 완전히 벗어나 바로 지금 여기서 초월적 자유를 누리며 사랑과 자비를 실천하는 삶입니다. 열반이든 하느님 나라든 자기 부정, 자기 포기, 자기 초월 없이는 결코 주어지지 않는 세계이지요. 죽음을 통해서만 얻어지는 절대적 생명의 세계입니다. 사즉생死卽生의 세계이며 십자가를 통한 부활의 영생입니다. 열반과 하느님 나라는 사후에야 비로소 주어지는 세계이기 전에 '지금 여기서'(here and now) 삶의 질적 전환을 통해 이루어지는 영적 세계이며 영생의 세계입니다.

이러한 공통성에도 불구하고, 예수님이 제시한 하느님 나라의 비전과 부처님이 추구한 열반이 지닌 사회정치적 함의는 약간 다르다는 점에 주목할 필요가 있습니다. 예수님이 제시한 하느님 나라의 비전은 부처님이 제시한 열반의 비전에 비해 공동체성과 사회성이 더 강한 반면 열반은 하느님 나라에 비해 초월성이 더 강하다고 할 수 있습니다. 하느님 나라는 '나라'라는 개념이 암시하듯이 하느님의 정의와 평화의 실현이라는 '정치적' 함의까지 포함하고 있는 반면 열반은 정치적 함의를 가지기에는 너무나 순수하고 초월적인 세계이지요. 그렇다고 부처님이 증득證得한 열반이 사회적, 정치적 함의가 전혀 없다는 말은 아닙니다. 열반을 경험하기 위해서는 우선 이기심의 극복과 자비의 실천이 필요하며, 부처님 자신이 보여준 바와 같이 성도 후에도 중생을 교화하는 활동은 물론이고 때로는 나라 간의 전쟁을 방지하고 화해를 이루기 위한 노력을 기울인 경우도 있습니다. 하지만 열반은 하느님 나라보다는 더 초월적 신비이기에 정치적 함의가 하느님 나라만큼 직접적이지는 않다고 말씀드릴 수 있습니다.

하느님 나라와 열반은 둘 다 근본적으로 초세간적, 초역사적 세계이지만, 그것을 추구하는 삶이 현재 우리들의 사회·정치적 관심이나 행위와 어떤 연계성을 가지느냐 하는 데서 둘 사이에 차이가 있다는 것이지요. 확실히 열반 그 자체는 세상적 질서를 완전히 초월한 영적 실재임에 반하여, 하느님 나라는 초역사적(종말적) 질서이면서도 동시에 "뜻이 하늘에서 이루어진 것같이" 이 땅 위에서도 이루어지는 세계로서 정치·사회적 의의를 보다 직접적으로 가지고 있습니다. 가령 정의를 추구하는 행위와 열반을 추구하는 행위 사이에 어떤 유기적 관계가 있는지는 의문이지만, 정의와 하느님 나라의 관계는 분리할 수 없을 정도로 밀접합니다. 열반이 자비와 평화의 세계임은 확실하나 사회 정의에 대하여 어떤 함축성을 지니는지는 확실하지 않습니다.

물론 그리스도인들에 따라서는 하느님 나라를 순전히 마음속에서만 실현되는 주관적 세계로 혹은 사회 정의나 이 세상의 정치 질서와는 전혀 무관한 것으로 또 어떤 사람은 아예 사후 세계로 이해하기도 하는데, 이렇게 되면 하느님 나라의 정치·사회적 함의는 약화되거나 사라집니다. 하지만 예수님은 구약 시대의 예언자들이 가졌던 사회정의에 대한 의식을 이어받아 사랑과 정의에 입각한 하느님 나라라는 공동체적 비전을 제시했지요. 이런 점에서 열반이 하느님 나라에 비해 훨씬 더 초월적이고 초세간적인 영적 실재인 반면 하느님 나라는 열반에 비해 더 '사회성'과 '정치성'을 띤 실재라고 말할 수 있겠지요.

불교에서는 정의보다 자비가 강조되는 경향이 강한 것이 사실이고 정의 개념은 전통적으로 약했습니다. 하지만 이것이 불교의 장점이기도 합니다. 정의라는 것은 결국 누가 옳고 그른지 시비를 가려야 하는 것이기에 늘 다툼으로 이어집니다. 불교는 다툼을 싫어하는 종교이지요. 싸우는 사람치고 자기가 정의롭지 않다고 생각하는 사람이 어디 있습니까? 알 카에다도 스스로를 정의롭다고 여기고 미국의 부시 대통령도 마찬가지지요. 이스라엘도, 팔레스타인도 다 스스로 정의롭다고 합니다. 정의라는 이름으로 전쟁을 벌이는 걸 보면 하느님 나라의 이름으로 정의를 들먹일 가능성이 있다는 것을 그리스도인들은 의식해야 할 것입니다. 정의보다는 사랑과 자비가 우선적 가치가 아닐까요?

이상과 같은 차이에도 불구하고 우리는 하느님 나라가 열반과 같이 초월적 세계임을 기억할 필요가 있습니다. 하느님 나라도 결국 볼 수 있는 눈을 지닌 자들만이 경험하는 초월적 세계이며 실재이지 누구나 접할 수 있는 세계가 아니라는 점에서 열반과 마찬가지로 영적 실재입니다. 하느님 나라의 사랑, 정의, 평화는 이 세상의 것이 아니라 하느님께로부터 오는 것입니다. 하느님 나라는 결코 사회 개혁이나 정치를 통해 실현되는 세계는 아닙니다. 예수님은 우리가 어린아이와 같이 되지 않으면 결단코 하느님 나라에 들어가지 못한다고 말씀하셨습니다. 마음의 자세, 삶의 자세를 완전히 바꾸는 회개의 영적 전환 없이는 경험할 수 없고 실현될 수 없는 것이 하느님 나라지요.

결국 열반이나 하느님 나라 둘 다 초월적, 초세간적 세계로서 영적 존재들만이 경험하는 세계입니다. 그리고 불교와 그리스도교 모두 이 초월적 세계는 우리가 현재 지니고 있는 육체를 벗어난 사후에야 더 완전히 모습을 드러낸다고 말합니다. 열반은 영적 수행을 거친 자들만이 경험하고 접하는 실재입니다. 열반은 경험을 떠나서 말할 수 있는 실재가 아니며, 경험과 실재가 둘이 아닌 세계이지요. 제가 열반을 말할 때 '실재', '경지' 혹은 '세계'라는 다소 애매한 표현을 사용하는 것도 이 때문입니다. 열반은 경험하는 자에게는 '객관적' 실재이지만 누구나 경험할 수 있는 것이 아니라는 점에서는 객관적 실재가 아니지요. 하느님 나라도 마찬가지입니다. 누구나 볼 수 있고 경험할 수 있는 객관적 실재가 아니라는 말입니다. 초월적 실재, 감추어져 있는 실재로서 영적 눈이 있는 자만이 발견하고 경험하는 세계이지요. 그렇다고 열반이나 하느님 나라가 마음속에만 존재하는 주관적, 심리적 실재라는 것도 아닙니다. 그것을 볼 수 있는 눈을 지닌 자에게는 눈에 보이는 세계보다도 더 객관적이고 영원한 실재이지요.

2. 사후 열반과 하느님 나라

이제 문제는 무여열반, 즉 사후 열반에 관한 것인데, 불교든 그리스도교든 이 사후 세계의 문제는 정말 어려운 문제입니다. 종교가 사후의 세계와 영생의 문제를 논하지 않으면 그야말로 세속적 진리 이상이 되기 어려울 것입니다. 눈에 보이는 이 세상일만 이야기하면 종교라고 하기 어렵겠지요. 더군다나 사랑의 하느님을 믿는 그리스도교는 인간이 사후에 어떤 형태로든 생명이 계속되고 하느님과의 관계가 계속된다고 믿는 것은 피할 수 없는 일입니다. 하지만 문제는 누가 과연 사후 세계를 안다고 장담하겠습니까? 아무도 죽어 본 사람이 없지요. 누군가 '죽어 보았다'면 그것은 이미 진짜 죽음이 아닐 것입니다. 그리스도교 신앙으로는 오직 부활하신 주님만이 아는 세계일 것입니다.

그러나 한 가지 분명한 점은 사후 영생의 세계가 존재한다면 그것은 지금 우리가 아는 이 현세적 삶, 나고 죽고 고통당하는 생사의 세계와는 질적으로 다른 생명의 세계일 것이며 그야말로 초월적 세계일 것이라는 점입니다. 사후 영생의 세계는 단순한 현세의 연장은 아닐 것입니다. 소박한 신앙은 영생을 현세의 '영원한' 연장 내지 지속이기를 바라겠지만 그런 것은 불가능하며, 가능하다 해도 어쩌면 영원한 지옥에 가까울지 모른다고 말하는 사람도 있습니다.

영생을 아예 부정하면 모르지만, 인정한다면 핵심적 문제는 현세와 사후 영생 사이에 얼마만큼의 연속성과 얼마만큼의 질적 단절이 있느냐 하는 것입니다. 다시 말해서 영생이 얼마만큼 초월적 세계냐 하는 문제이지요. 여기서 불교와 그리스도교는 차이를 보입니다. 이 차이가 과연 해소할 수 없는 것인지를 저는 오늘 여러분들과 함께 생각해 보겠습니다.

앞에서 저는 불교의 현생 열반이 그리스도교의 하느님 나라보다 초월적이며 둘은 사회정치적 함의에서 차이가 있음을 지적한 바 있습니다. 사후 열반과 사후 종말적 하느님 나라 사이에도 유사한 차이가 있음을 우리는 볼 수 있습니다. 그리스도교 신앙은 전통적으로 세계와 역사의 최종적 완성을 믿습니다. 죄악과 갈등과 죽음의 고통으로 신음하는 이 세계, 이 역사가 완전히 변화되어 새로운 세계로 완성될 날이 온다고 기다리는 종말적 신앙이지요. 부활(resurrection)과 영생(eternal life)의 세계가 전개된다는 믿음입니다. 세계와 인간을 사랑하시는 사랑의 하느님이 이 타락한 창조의 세계를 끝까지 포기하지 않으시고 언젠가는 더 아름답고 찬란한 '새로운 창조'(New Creation)로 변화시키리라는 믿음이지요. 문제는 이 새로운 창조의 세계와 지금의 이 세상 사이에 얼마나 유사성 내지 연속성이 있으며 얼마나 단절과 질적 차이가 존재하느냐 하는 것입니다.

그리스도교의 종말적 비전에 대한 전반적인 신학적 논의는 매우 복잡한 문제이므로 여기서 다 논할 수는 없으며, 다만 불교의 무아설과 관련하여 이 문제를 생각해 보고자 합니다. 결론부터 말씀드리자면 여기서도 역시 불교의 사후 열반이 그리스도교 종말의 비전보다 더 초월적인 반면 후자는 더 구체적이고 현세와의 연계성이 강하다는 것입니다. 그래서 사후 열반은 현재의 '나'라는 존재가 완전히 사라진 세계인 반면 사후 하느님 나라의 영생의 세계는 지상에서의 '나'의 정체성이 어떤 형태로든 보존되는 세계로 그리스도교에서는 이해되는 것입니다. 이 둘의 차이가 과연 절대적인 것인지, 해소될 수는 없는지 생각해 보고자 합니다.

부처님은 사후에 여래가 존재하는지 안 하는지에 대해서 가타부타 답하지 않고 침묵을 지키셨습니다. 이에 대해 부처님께 불만을 표한 사람도 있었지만, 부처님은 사후 열반을 무언無言의 신비로 남겨 두었습니다. 부처님이 가부로 답하기를 거부한 이른바 무기無記에 속하는 문제였습니다. 왜 부처님이 이 문제에 대하여 확실한 대답을 거부하셨는지 지금까지도 학자들의 해석이 엇갈립니다. 일반적 견해는 사후 열반의 세계가 너무나 초월적이기에 여래가 '있다', '없다'로 말할 성질의 세계가 아니라는 것입니다. 사후 열반은 우리의 지성과 언어로 논할 수 없기에 침묵을 지켰다는 말이지요. 부처님은 오직 이 괴로운 인생을 종식시킬 방도만을 가르쳤다고 말씀하십니다. 사후 열반은 이론으로 따질 문제가 아니라는 거지요.

저는 그리스도인들도 사후 세계로서의 하느님 나라의 신비, 하느님 나라의 영생에 대해서 부처님의 이러한 신중한 태도에서 무언가 배울 점이 있다고 생각합니다. 어떤 그리스도인들은 유치하게 사후 세계를 금은보석 화려하게 장식된 세계라고 생각하기도 합니다. 이슬람도 사후 세계를 더욱 현세적으로 그려서 그리스도교의 비판을 받기도 하지만, 불교적 관점에서 보면 그리스도교의 영생도 해탈에 비해서는 훨씬 '현세적'으로 보입니다. 아무튼 적어도 영생을 사후 '천당'으로 너무 쉽게 말하는 태도는 지양해야 할 것입니다.

한때 서구학자들은 사후 열반을 오해하여 그것을 완전한 죽음, 절멸로 간주하기도 했지요. 여래나 아라한이 죽으면 생전에 완전한 무욕의 생활을 했음으로 업을 짓지 않았을 터이니 더 이상 환생하는 일이 없을 것이고, 그렇다고 오온 이외에 따로 '나'라는 항구적 실체나 불멸의 영혼 같은 것이 있는 것도 아니라고 하니 결국 사후 열반은 단순히 하나의 완전한 죽음일 뿐이라고 결론 내린 거지요. '나'라는 실체가 없으니 누가 열반에 들어가고 누가 열반을 경험할 것이냐는 말입니다.

하지만 이것은 개인의 영생에 집착하는 서구인들의 완전한 오해라고 생각됩니다. 부처님과 무수한 불자들이 평생 치열한 수도를 통해서 도달하고자 하는 것이 고작 단순한 죽음이요 완전한 절멸이라니 말도 안 되는 소리지요. 인도 사상의 대가 다스굽다Dasgupta는 다음과 같이 열반에 대해서 말하고 있습니다.

열반이 단순한 소멸이나 단멸로 생각되었다면 그것은 불자들에게 그토록 매력적인 것이 될 수 없었을 것이다. 실제로 [경전의] 많은 곳에서 열반은 희열로 묘사되고 있다. 다른 곳들에서는 화염의 소멸과 같은 것이라고 한다. 어떤 유럽 학자들은 열반에 대한 불자들의 묘사를 정합성이 없고 일관적이지 못하다고 생각해 왔다. 인도의 불자들과는 기질적으로 다른 유럽 학자들이 열반이라는 신비한 상태를 이해하려고 노력하면서 오류에 빠지는 것은 놀라운 일이 아니다. 우리가 『우파니샤드』의 가르침을 읽든 파탄잘리 요가의 가르침을 읽든, 현자들의 모든 영적 추구와 노력이 지향하는 목적인 궁극적 상태는 절대적으로 내용이 없고 비개념적인 것으로 천명되고 있다. 그것은 의심의 여지없이 자아이지만, 이 자아는 우리에게 일상적인 세상적 관심사 속에서 친숙한 자아와는 전혀 다르다. 그것은 열반인 한 우리들의 모든 슬픔과 기쁨과 세상적 경험들이 소멸된 것이다. 그것은 모든 세간적 과정이 절대적으로 해체된 상태이다. 희열의 상태이지만, 거기에는 희열과 그 희열을 경험하는 자의 구별이 없다. 그럼에도 그것은 인도에서 최상의 인간들의 최고의 노력을 자극할 수 있는 비논리적인 궁극적 상태이다. 그것을 희열이라고 부르는 것은 이 희열을 일상적으로 이해하는 일이 아니다. 왜냐하면 이 신비적 희열은 지성에 의해 이해될 수 없기 때문이다.[1]

열반은 지금 우리가 알고 있는 이 '나'라는 존재에 대한 집착이 사라진, 그래서 나와 너의 구별이 없는, 완전히 탈 개인적 경지 혹은 세계입니다. 그것은 경험하는 주체와 경험되는 대상의 구별이 사라진 세계이고, 항구적이고 절대적인 평화와 희열의 세계라는 것입니다. 절대적 세계를 표현하는 동양의 부정적 방식(via negativa)을 잘 모르는 일부 서양 학자들이 열반을 그야말로 허무라고 보았던 것이지요. 아무것도 없다니까 문자 그대로 정말 아무것도 없는 줄로 압니다. 유有에만 집착해 온 서양 사상의 맹점이지요. 서양인들은 '동양적 무' 개념의 미묘성을 잘 이해하지 못합니다. 동양에서는 유란 일반적으로 구체적 사물들, 한계를 가진 사물들을 가리키는 말이기에 우주의 궁극적 실재나 초월적 실재는 주로 부정적 언사인 무無로써 표현해 왔습니다. 이것은 유·불·도 삼교가 다 마찬가지지요. 도가에서는 만물의 모태와 같은 도를 무라고 불렀습니다. 허무의 무가 아닙니다. 도는 한계를 지닌, 차별성을 지닌 구체적 사물이 아니면서도 모든 존재자의 생명의 근원이기에 무라고 한 것입니다. 유

---

1 S. N. Dasgupta, *Hindu Mysticism* (New York: Frederick Ungar Publishing Co., 1927), 89-90.

교에서도 우주 만물의 궁극적 실재를 태극이라는 말로도 모자라서 무극이라고 불렀습니다.

여하튼 불교의 궁극적 구원인 사후 열반은 그리스도교의 사후 구원인 부활을 통한 영생과 대비됩니다. 열반은 '나'라는 것이 없는 무아적 구원임에 반하여 그리스도교에서 믿는 사후 하느님 나라의 영생은 하느님의 품 안에서 주어지는 영원한 평화이며 하느님과 하나가 됨으로 오는 영원한 생명의 세계이지만, '나'라는 개인 혹은 인격이 어떤 형태로든 존속하는 구원입니다. 그러나 열반의 해탈은 인격적 구원(personal salvation)은 아닙니다. 열반에서는 나와 너의 구별이 더 이상 존재하지 않기 때문이며, 그런 것을 믿는 그리스도교의 구원관은 불교적 관점에서는 불완전하고 저급하다고 생각합니다. 순수하지 못한 구원으로 여깁니다. 아직도 아집을 버리지 못했다는 거지요.

전통적인 그리스도교의 구원관은 인격적 구원관, 인격적 영생입니다. 그리스도인들은 사도신경에서 "몸이 다시 사는 것과 영원히 사는 것을 믿사오며"라고 고백하는데, 불교를 위시한 모든 인도 종교들은 '몸'이 참여하는 그런 구원은 궁극적 구원이 아니며 불가능하다고 봅니다. 물론 부활의 '몸'이란 지금 우리의 육체, 썩어 없어질 '땅에 속한 몸'이 아니라 '하늘에 속한 몸', 불멸의 '영적 몸'이지요. 또 바울 사도는 "살과 피는 하느님 나라를 유산으로 받을 수 없다"고 말합니다(고전 15:50). 하지만 '몸'이라는 말이 뜻하는 바는 사후에도 지상에서의 개인의 정체성(personal identity), 즉 '나'라는 것이 어떤 식으로든 존속한다는 것입니다. 사후 영생의 세계에서도 나와 너를 알아볼 수 있다는 말이지요. 영생의 나와 지상에서의 나가 어떤 식으로든 동일성 내지 연속성이 있다는 거지요.

그리고 '몸의 부활'과 영생을 믿는 그리스도교 신앙에서는 자연히 사후에 이루어지는 하느님 나라의 영원한 세계 역시 지금의 이 물리적-물질적 세계와 어느 정도 연속성을 지닌다고 믿을 수밖에 없습니다. 불교의 열반에 비하면 훨씬 더 '구체적'인 세계라고 할 수 있지요. 물론 그 세계는 철저히 변화된 세계이기에 지금 우리가 살고 있는 세계에서와 동질의 시간과 공간이 지배하는 세계는 아니겠지요. 그리고 '영적 몸'이 경험하는 영생도 현세적 삶과 동질의 삶은 물론 아니겠지요.

여하튼 이렇게 '나'의 영생이 가능하려면 무엇보다도 기억(memory)이라는 것이 필수적입니다. 기억을 통해서 우리는 자기 자신을 의식하며 확인하고 확보하기 때문이지요. 기억을 통해 자기가 자신에게 현존하며, 기억이 있어야 인격이라는 것이 가능합니다. 따라서 영생에서도 나라는 것이 존속하려면 기억이 있어야 하는데, 지상에서의 삶의 모든 기억을 영원히 안고 사는 것이 과연 바람직한 구원인지, 궁극적인 행복인지 의문이 듭니다. 아니면 좋은 기억, 행복했던 기억만 남고 나쁜 기억들은 모두 사라져버린다는 말인가요? 또 영생에 참여한 자들의 기억의 시차는 어떻게 되는 겁니까? 100년 전에 죽은 사람은 100년 전의 삶을 기억하고 2,000년 전에 죽은 사람은 2,000년 전의 삶을 기억하는 것이 과연 '영생'이며 '천국'이겠습니까? 또 지상에서의 서로의 기억을 나누는 성도들 간의 통교 내지 '공동체' 같은 것이 가능하며 바람직할까요?

농담이지만 치매 환자, 기억상실증에 걸린 사람은 어떻게 되는 것입니까? 기억을 다 회복할까요? 차라리 그러지 않는 편이 더 행복하는지도 모릅니다. 지상에서의 온갖 나쁜 기억과 원한이 사라진 치매 환자야말로 하느님 나라의 평안에 가장 적합할지도 모르지요. 우리는 치매 환자를 불쌍히 여기지만, 정작 그들이 우리보다 행복하는지 누가 압니까? 기억과 자의식(self-consciousness)이야말로 인간의 위대성이자 모든 불행의 근원이 아닙니까? 동물들도 기억이라는 것은 있겠지만 자의식이란 것이 없기에 죄도 모르고 죽음도 모르고 고독과 소외도 모르는 게 아닐까요?

그래서 어떤 사람은 기억이 있는 인격적 구원과 그렇지 않은 탈인격적 구원을 적당히 절충해서 바라기를, 영원한 하느님 나라에서도 우리에게 지상에서의 기억이 남아 있다면 지상에서 누군가 나를 기억하는 동안만 나도 기억이 있었으면 좋겠다고 합니다! 그다음은 그저 하느님 품에 안긴 상태, 일종의 무아적 삼매경이 되겠지요. 하지만 이것은 그야말로 '희망 사항'이 아닐까요?

하느님 나라는 갓난아이처럼 순수한 영혼으로 하느님을 대하며 하느님과 하나 되는 자들의 세계일 것입니다. 빛과 빛이 어울리듯이 나와 너의 구별이 사라지고 지상에서의 모든 기억이 사라져 지상에서의 행복과 불행의 경험이 더 이상 기억되지 않는 세계, 불교식으로 말해 그야말로 무심無心, 무념無念, 무아無我의 세계가 아닐까요? 하느님과 완전히 하나가 되어 '나'라는 것이 사라지고 지상의 행복과는 비교가 안 되는 전혀 다른 초월적 행복, 순수한 행복이 지배하는 세계가 아닐까요? 거기에 꼭 '나'라는 존재가 있어야만 하는지, 그것이 반드시 나의 '인격적' 구원이어야 하는지 우리는 생각해 보아야 할 것입니다. 나와 너의 구별이 사라지고 나와 하느님의 거리도 사라진 것이 오히려 진정한 구원이 아닐까요?

짧은 인생이었지만 누구보다도 치열한 신앙생활을 하면서 하느님의 사랑에 취하다시피 사신 감리교회의 이용도 목사님은 "아예 나라는 생각을 없애주소서"라고 기도했다고 합니다. 바울도 말하기를 "이제는 내가 사는 것이 아니라 내 안의 그리스도가 산다"라고 했습니다. 현재의 경험이 이러한데 하물며 사후의 영생이야 말할 것 있겠습니까? 하느님에 취해 사는 모든 신비주의자의 공통된 소원도 '나'라는 자기중심성에서 완전히 해방되는 것입니다. '나'라는 생각 없이 하느님에 몰입된 삼매경, 무아경, 불교와 힌두교의 '초아적' 영생을 그리스도교도 진지하게 고려해 보아야 할 것입니다.

사랑은 죽음으로 완성된다고 하느님과의 완전한 일치를 추구하는 신비주의자들은 말합니다. 마치 나방이 불을 너무 사랑해서 불 속으로 날아들어 스스로를 사르듯 하느님 사랑의 극치는 죽음이라는 것입니다. 사랑은 관계로 시작하지만, 그 완성은 나는 없어지고 사랑의 주님만 남는 세계가 아닐까요? 사랑의 하느님 품에 안겨 '나'라는 의식이 사라져야 완전한 구원이 아닐까요? 하느님과 완전히 하나가 되어 "하느님 모든 것 안에 모든 것이 되는"(고전 15:28) 것이지요.

일본의 유명한 선사 도겐(道元)은 말하기를 "불법을 배우는 것은 자기를 배우는 것이며, 자기를 배우는 것은 자기를 잊는 것이다"라고 했습니다. 그는 이러한 망아忘我의 경지를 심신탈락心身脫落이라고 불렀습니다. 우리는 일상적 생활 속에서도 가끔 이러한 망아적 체험을 하지요. 우리의 가장 행복한 경험은 어쩌면 이렇게 자기를 잊고 무엇인가에 완전히 몰입할 때가 아닐까 합니다. 기가 막히게 아

름다운 선율에 취한다든지 꽃 한 송이의 신비에 넋을 잃고 바라본
다든지 하는 그런 경험 말입니다.

우리는 이러한 자의식의 일시적 부재에 무한한 행복과 기쁨을
느끼지만, 열반이라는 영원한 망아경에는 막연한 두려움을 느낍니
다. 나라는 개체에 집착하고 개체의 소멸을 두려워하기 때문이겠지
요. 또 열반을 죽음과 같이 절멸로 보기 때문입니다. 하지만 열반은
비록 나와 너라는 유한한 자아들은 사라졌지만 무한한 자아, 참 자
아, 무한한 생명, 무한하고 순수한 정신의 세계입니다. 적어도 대승
불교에서는 그렇게 생각하지요. 그래서 불성佛性, 본각本覺, 진심眞心
등 여러 이름으로 부르는 거지요.

그리스도인들은 아직도 자아에 대한 집착 그리고 변형된 형태이
지만 현세적 삶에 대한 집착이 강하게 남아 있으니까 하느님 나라
에서도 '나'라는 것이 존속하기를 바라는 것이 아닌지요? 일본 경도
학파의 철학자 니시다시(西谷)는 말하기를 그리스도교는 조잡한 형
태의 이기주의와 자기중심성은 극복하지만 "하느님을 경유한 자기
중심성"(self-centeredness via God)은 못 버린다고 비판합니다. 그 까
닭은 그리스도교가 의지(will)를 하느님과 인간의 가장 중심적 요소
로 보기 때문이며, 죽음과 삶을 동등하게 보는 불교와는 달리 죽음
보다 삶에 우선순위를 두고 집착하는 '삶의 종교'이기 때문이라고
말합니다.[2] 날카로운 지적이라 아니 할 수 없습니다.

자아가 완전히 극복된 구원의 극치가 아집으로 인해 오히려 자
기소멸로 여겨지면서 두려워지는 것이지요. 하지만 불교적 관점에

---

2 Paul Mommaers & Jan Van Bragt, *Mysticism Buddhist and Christian: Encounters
with Jan van Ruusbroeck* (New York: Crossroad, 1995), 137-138에서 재인용.

서 그리스도교의 영생을 다시 생각한다면 본래부터 존재하지도 않는 '나'라는 환상을 떨쳐버리고, '나'라는 가면 혹은 옷을 훌훌 벗어버리면 자기 소멸의 두려움은 사라지고 완전히 하느님 품에 안겨 무한한 의식, 순수한 정신으로 무한한 자유와 기쁨을 누리는 것이 진정한 구원일 것입니다. 우리가 하느님과 완전히 하나가 되려면 지상에서의 개인적 기억이 다 사라져야 하고 육체라는 옷, 인격(persona)이라는 특수성과 우연성의 가면을 완전히 벗어버려야 한다는 말입니다. 그야말로 순수하고 벌거벗은 영혼으로 하느님과 하나가 되는 것이지요. 아니, 어떤 신비주의자들은 하나가 '되는' 것이 아니라 본래부터 이미 하나다라고 말합니다.

그리스도교에서 이러한 경지에 가장 가까운 표현은 아마도 바울 사도의 말일 것입니다. "우리는 살아도 주님을 위해서 살고, 죽더라도 주님을 위해서 죽습니다. 그러므로 우리는 살아도 주님의 것이고, 죽어도 주님의 것입니다." 주님과 그토록 간절하게 하나가 되고 싶어 했던 바울 사도의 고백입니다. 다만 '죽어도 주님의 것'이라는 표현이 나와 주님의 관계가 여전히 어떤 형태로든 존속하는 것을 뜻하는지, 아니면 주님만이 모든 것이 되는(고후 15:28) 세계인지 의문이 남습니다. 몸의 부활을 믿는 바울이기에 필경 전자겠지요.

모든 동양 종교는 공통적으로 나와 절대적 실재가 하나가 되어야 완전한 구원이라고 생각합니다. 나와 절대 사이에 조그마한 간격이라도 있다면 불완전하다고 생각합니다. 이것이 유대교, 그리스도교, 이슬람과 같은 유일신 종교들과 동양 종교들의 결정적 차이입니다. 제가 말씀드리고자 하는 것은 무엇이 옳다는 것이 아니라 왜 그렇게 생각하는지, 왜 개체성이 극복되어야만 진정한 구원이라고 하는지 그리스도교가 깊이 이해할 필요가 있다는 것입니다. 불교의 열반에서 그리스도교가 배울 수 있는 것은 사후 영생을 현세의 연장 내지 완결판으로 조잡하게 생각하는 것을 극복하게 한다는 것입니다.

결론적으로 일체의 번뇌가 사라진 열반이라는 실재와 하느님 나라라는 초월적 세계를 통해서 불자와 그리스도인들은 이 세상을 넘어 영생의 세계가 있다는 것을 확인하며, 지금 여기서 이미 그것을 맛볼 수 있으며 사후에는 더 완전무결하게 경험할 수 있다고 말합니다. 일상의 욕망과 갈등, 차별과 다툼이 완전히 사라진 절대적 무욕과 평화의 세계이지요. 불교의 열반을 통해 그리스도인들은 영생을 현세의 연장 정도로 보는 유치한 구원관을 극복함은 물론이고, 나아가서 일체의 형상이 사라진 무상無相의 하느님, 일체의 언어와 분별이 사라진 무언無言의 하느님을 만나며, '나'를 완전히 초극한 무아적 구원의 세계를 진지하게 생각해 볼 수 있을 것입니다. 이러한 세계를 사람들은 무한한 의식, 지고의 의식(supreme consciousness), 신적 정신(divine spirit), 초 정신(supermind), 브라흐만Brahman 혹은 아트만Atman 그리고 대승불교에서는 일심, 진심, 본각, '참나'(眞我) 등 여러 이름으로 불렀지요.

제7강

공(空)과
하느님

지난 시간까지는 주로 소승불교를 중심으로 하여 열반에 대해 말씀드렸습니다. 대승불교에 오면 상황이 달라집니다. 대승은 생사의 세계를 떠나서 열반을 찾는 것이 아니라 바로 생사 그 자체에서 열반을 봅니다. '대승大乘(Mahāyāna)'이란 말은 문자 그대로 '큰 수레'라는 뜻으로 출가수행자들 위주의 소승불교를 비판하면서 모든 사람을 구제할 수 있는 대중 불교를 표방하고 나선 불교였으며, 이 운동의 중심에 있는 것이 보살菩薩(bodhisattva)이라는 존재입니다. 소승에서는 석가모니 부처님이 성불하기 전의 상태를 '보살'이라고 불렀습니다. 하지만 대승에서는 수많은 보살이 존재합니다. 대승을 소승으로부터 구별해 주는 것은 무엇보다도 이 보살 사상과 보살 신앙입니다. 보살은 지혜와 자비를 갖추고 생사의 세계에서 고통받고 있는 중생을 구제하고자 결심한 존재이기에 보살이 추구하는 열반은 생사와 대립적일 수 없습니다. 생사의 세계를 두려워하지 않고 활동하는 보살은 생사를 떠나는 열반보다는 바로 생사 속에서 열반을 찾습니다. 그러므로 보살에게는 생사와 열반이 둘이 아니라(不二) 하나라는 지혜, 생사가 열반이고 열반이 생사임을 깨닫는 초월적 지혜가 필요합니다. 이것이 바로 공空(śūnyatā)의 지혜입니다.

보살에 대해서는 다음 시간에 더 말씀드리기로 하고, 오늘은 이 보살 운동의 철학적 기반이며 대승불교의 핵심인 공사상과 그 신학적 의의에 대해서 말씀드리고자 합니다.

1. 공(空)이란?

공과 하느님 개념의 대비는 불교와 그리스도교의 상호 이해를 위해 불가피하게 부딪치는 문제입니다. 공과 하느님은 두 종교에서 존재와 삶을 떠받치고 있는 궁극적 실재(ultimate reality)이기 때문입니다. 공을 알면 불교를 다 이해했다 해도 과언이 아니며 공을 모르면 불교를 전혀 모른다고 단언해도 좋을 정도로 불교에서 중요한 개념이지요. 우리나라에서 불자들이 많이 암송하는 『반야심경般若心經』이나 『금강경金剛經』 같은 경전의 중심 사상도 공입니다. 이 두 경전은 모두 반야般若(prajñā) 사상 계통에 속하는 경전들인데, '반야'란 바로 공을 인식하는 지혜를 가리키는 말이지요. 중국에서 전개된 천태종, 화엄종 그리고 선불교도 하나같이 사상적으로는 공을 토대로 하고 있습니다. 먼저 이 공의 의미를 가능한 한 알기 쉽게 설명하고자 합니다. 그리고서 공사상이 그리스도교 신관에 어떤 의미를 지닐 수 있는지를 고찰해보고자 합니다.

지난 강의에서 저는 이미 부처님의 인간관을 논하면서 무아론을 소개한 바 있습니다. 인간에게는 불변하는 실체적 자아(ātman)라는 것이 존재하지 않는다는 것, 인간은 단지 항시 변하고 있는 오온이라는 요소들의 일시적 집합일 뿐이라는 것이지요. 대승불교는 여기서 한 걸음 더 나아가 사람만 이렇게 실체가 없는 것이 아니라 사람을 구성하고 있는 모든 법(法)들, 즉 오온의 제반 요소들과 존재하는 모든 현상들이 모두 실체성을 결한 것이라고 말합니다. 그래서 인무아人無我(人空, pudgala-nairātmya)뿐 아니라 법무아法無我(法空,

dharma-nairātmya)까지 인식해야 참다운 지혜라고 말합니다. 여기서 '아'는 실체성을 뜻하며, '공'은 이렇게 모든 존재의 철저한 무실체성을 가리키는 말입니다. 오온이 모두 무상이고 고이고 무아라고 밝힌 부처님의 설법 속에 공사상은 이미 내재해 있지요. 단지 부처님은 인무아를 주로 강조한 반면 대승은 이를 더 철저하게 철학적으로 발전시켜 법무아까지 제시한 것이라고 말할 수 있습니다.

　　일체 사물과 현상들의 무실체성을 다른 말로는 무자성無自性 (niḥsvabhāva)이라고도 합니다. 여기서 자성(svabhāva)이라는 말은 문자 그대로 '자체의 존재'(own being)라는 뜻으로서, 무자성은 사물들이 그 자체의 독자적 존재 혹은 성품(자성)을 가지고 있지 않다는 말이지요. 그 이유는 사물들이 다른 것(他)에 의존하는 의타적 존재들이며, 다른 존재들을 조건으로 하여 생기는 연기적緣起的 존재들이기 때문입니다. 'A'라는 사물이 존재하려면 주위의 B, C, D 등 수없이 많은 멀고 가까운 조건들이 합작해야 되기 때문에 'A'는 그 자체의 독자적 존재와 본성을 지닌다고 말할 수 없지요. 가령 여기 책이 한 권 있다고 생각해 봅시다. 이 책이 책이 되는 것은 우선 그것을 책으로 취급하는 독자가 있어야 하고 읽는 행위가 있어야 하며, 나아가서는 책을 만든 사람과 출판사, 더 나아가서는 나무와 제지소와 펄프 공장 그리고 산과 구름과 비 등 수없이 많은 요소가 다 함께 조건이 되어서 이 책이 존재하는 것입니다. 책은 온통 책 아닌 것으로 구성되어 있는 거지요. 그러므로 이 책은 존재론적으로 보아 그 자체의 존재성이 없으며, 책으로서의 고유한 본성이 있는 것도 아닙니다. 우리는 따라서 책을 다른 여러 이름으로 불러도 무방하지요. 나무-구름-학생-종이 등 복합 이름으로 부를 수도 있지만, 편의상 하나의 이름을 붙인 것뿐입니다. 또한 책은 다른 용도로 사용하는 순간 더 이상 책이 아닙니다. 휴지로 사용하는 순간 책이 아니라 휴지로 불러야 마땅하며, 화가 나서 누구에게 던지면 일종의 무기로 돌변하기도 하지요. 이렇게 사물들이란 조건과 관계와 상황에 따라 달라지므로 독자적 존재도 아니고 고정적 본성이나 본질도 없다는 것이 공이라는 개념이 뜻하는 진리입니다.

공, 무실체성, 무자성, 의타성, 연기성은 모두 사물의 이러한 성격을 지칭하는 동의어들입니다. 사물의 본성은 역설적으로 바로 그 자체의 독자적 본성이 없다는 것이지요. 우리는 일상적으로 사물들과 현상들이 각기 차별적 존재성과 본성을 지닌다고 생각하지만, 사실은 모두가 그 자체의 고유하고 독자적인 존재성과 성품이 없는 빈 존재들이라는 거지요. 공은 사물의 이러한 본성, 제법의 법성(dharmatā)이고 실상實相입니다. 그래서 그것을 단순히 진여眞如, 즉 '그러함'(tathatā, suchness)이라고 지칭하기도 합니다.

사물들이 상호 의존적이기에 그 자체의 존재를 가지고 있지 않다는 말은 달리 표현하면 사물들 사이의 차이와 거리가 궁극적으로는 존재하지 않는다는 말입니다. 중국 화엄철학에서는 이러한 진리를 사사무애事事無碍라는 개념으로 표현합니다. 사물과 사물 사이에 아무런 막힘이나 장애가 없다는 뜻이지요. 'A'라는 사물 안에는 그것을 존재하게 하는 B, C, D 등 다른 수많은 요소가 들어 있으며, B 또한 그러하므로 결국 모든 사물은 서로가 서로를 물고 있으며 그들 사이에 단절과 막힘이 없다는 것입니다. 이를 '일즉다 다즉일一卽多 多卽一'이라고 표현합니다. 하나의 사물 속에 온 우주가 들어 있고 온 우주 속에 하나의 사물이 들어 있다는 것입니다. 그러니 존재하는 어느 것 하나 귀하지 않은 것이 없지요.

"한 송이 국화꽃을 피우기 위해 밤마다 소쩍새는 그렇게 울었나 보다"는 서정주 시인의 시구는 바로 이러한 사사무애의 세계를 시로 읊은 것으로 흔히 해석됩니다. 국화가 피는 것과 소쩍새의 울음이 무관한 것처럼 보이지만 실은 연결되어 있다는 것이지요. 또 어떤 선사는 말하기를 "한 송이 꽃에 온 우주가 피어난다"라고도 했습니다. 얼마 전에 타계하신 구상 시인은 그의 유언과도 같은 시이자 어쩌면 그의 전 구도적 삶을 집약해 주는 〈오늘〉이라는 시에서 다음과 같이 노래했지요.

오늘도 신비의 샘인 하루를 맞는다
이 하루는 저 강물의 한 방울이
어느 산골짝 옹달샘에 이어져 있고
아득한 푸른 바다에 이어져 있듯
과거와 미래와 현재가 하나다
이렇듯 나의 오늘은 영원 속에 이어져
바로 시방 나는 그 영원을 살고 있다

옹달샘, 강물, 바다로 이어지는 물이 하나이듯 과거, 현재, 미래가 시간을 초월하는 '영원한 현재'에서 하나가 되어 '오늘'에서 영원을 사는 깨달음의 경지를 말하고 있습니다. 사물과 사물 사이에 막힘이 없는 세계에서는 유한 속에 무한, 시간 속에 영원이 현존하기에 개체의 소외나 외로움은 사라지고 죽음마저 부정되는 것이지요.

공은 사물들의 연기적 의타성을 가리키므로 사물들의 관계성 혹은 상대성이라고도 할 수 있습니다. 세상에 존재하는 모든 것은 개념적으로든 혹은 존재론적으로든 홀로 성립되는 것은 하나도 없고 다른 것들과의 관계 속에서 성립된다는 말입니다. 'A'라는 사물이 존재하려면 B, C. D 등이 함께 있어야 하고, 개념적으로도 우리가 'A'를 '사람'이라 부르려면 개, 소, 나무 등의 개념들이 없으면 사람이라는 개념도 무의미한 것이지요. 아들이 없이 아버지가 있을 수 없으며 아버지란 개념도 무의미합니다. 학생과 선생, 중생과 부처, 생사와 열반의 관계도 마찬가지입니다. 중생이 존재하지 않는데 어떻게 부처가 있을 수 있으며, 생사의 세계가 없다면 열반도 무의미하지요. 존재론적으로나 개념적으로나 모든 사물은 상호 의존적이라는 말이지요. 저것이 없이는 이것이 존재할 수 없으며, 하나의 개념이 성립하려면 다른 개념들과 차별화되어야 하기에 모든 사물과 모든 개념이 서로 상대적이라는 말입니다. 권위주의란 사람들의 관계성을 무시하는 일방주의에서 오는 것이겠지요. 공은 세상에 독불장군은 존재하지도 않고 존재할 수도 없다는 진리를 말해 줍니다.

공자님의 사상 가운데 정명正名사상이라는 것이 있는데, 군주는 군주답게, 신하는 신하답게, 아버지는 아버지답게, 아들은 아들답게 이름에 걸맞게 행동해야 한다는 것인데, 사회의 구조와 안정된 질서를 위한 사상입니다. 이에 비해 불교의 공관은 '반구조적' 성격을 지닌다고 하겠습니다. 일단 우리의 사회적 상식과 통념을 뒤흔들어 놓으니까요.

우리는 언어와 개념의 마술에 홀려 마치 사물들 간의 차이가 절대적인 것처럼 생각합니다. 어떤 사물이 다른 사물과 전혀 다르고 독자적인 존재라고 생각하며, 그 이름도 다른 이름과 구별되는 독자적 이름이라고 생각하기 쉽지요. 우리는 사물들이 그 이름에 해당하는 고유의 차별적 본성을 가지고 있다고 생각하여 거기에 집착합니다. 불교에서는 이것을 분별심分別心이라고 하지요. 그러나 따지고 보면 사물들이 지닌 그 어떤 이름도 사실은 그 사물 고유의 본질적 이름이 못 되며, 다만 편의상 다른 사물들과 구별하기 위해서 임시로 붙인 가명일 뿐임을 알 수 있습니다.

그럼에도 우리가 이런 사실을 망각하고 분별심과 집착을 일으키는 데는 언어란 놈이 주범 노릇을 합니다. 언어는 가명을 실명으로 착각하게 만들지요. 우리는 언어와 개념들에 세뇌되어 마치 사물들이 각기 고유의 차별적 본성을 가지고 있고 그들 사이에 확연한 경계가 있는 것처럼 착각합니다. 하지만 사물들은 어느 것 하나 그 자체의 고유한 존재나 차별적 본성이 있는 것이 아니므로 모두 평등하다고 할 수 있습니다. 공은 사물들의 고유한 차별성이 부정되는 평등성을 뜻합니다. 일체의 차별상差別相이 부정되는 세계가 공의 세계이지요.

공은 따라서 언어와 분별적 사고의 적입니다. 조금 전 책의 예를 들어 말했듯이 우리가 일상적으로 접하는 사물들이 모두 자체의 고유한 차별적 본성을 지니고 있지 않은 한, 우리는 도저히 그것들을 '무엇'이라고 이름 붙이거나 규정할 수 없는 것이지요. 사물들의 본성과 실상은 공이기에 불가언적不可言的입니다. 사물에 특정한 이름을 붙이는 한, 우리는 그 사물의 본성을 배반하는 셈이지요. 사물들의 본성은 언어와 차별적 인식, 분별(vikalpa)을 용납하지 않는다는 말입니다. 공은 그래서 언어도단言語道斷의 경지입니다. 뭐라고 이야기할 수 없는 세계라는 거지요. 사물 그 자체가 공이니 아무 말도

하지 말라는 것입니다. 침묵만이 공의 진리를 방해하지 않고 그대로 내버려 두는 셈이지요. 그래서 『유마경唯摩經』이라는 대승 경전에 보면 유마 거사는 일체의 차별상을 초월한 불이不二의 진리에 대해 말해보라 요청받았을 때 다른 참석자들과는 달리 아무 말도 하지 않고 오랫동안 침묵을 지켰다고 합니다. 유마 거사의 이른바 '우레 같은 침묵'이지요.

우리가 이렇게 공을 언어로 설명하는 행위 자체가 사실은 모순입니다. 언어란 공이라는 사물의 실상을 은폐하는 적이기 때문입니다. 그러면 그야말로 아무 말도 하지 말라는 것입니까? 부처님은 어째서 그 많은 설법을 하셨단 말입니까? 바로 이러한 문제에 답하기 위해서 대승불교에서는 이제설二諦說, 즉 진리에는 진제眞諦와 속제俗諦의 두 가지 차원이 있다고 합니다. 진제는 언어와 분별과 사량思量을 떠난 궁극적 진리, '말을 떠나고 생각을 끊은'(離言絶慮) 진리를 가리키는 반면 속제는 사람들이 알아들을 수 있도록 언어를 사용하여 설명한 진리입니다. 속제는 최고의 진리는 아니지만 어쩔수 없이 사용하는 방편적 진리이지요. 대승에서는 언어를 단지 방편적 차원에서 용인합니다. 언어를 사용하되 궁극적으로는 언어를 초월하는 진리로 나아가도록 사용하는 것이지요. 그래서 대승의 유명한 논사 용수龍樹(Nāgārjuna)는 그의 중관론에서 속제俗諦를 통하지 않고서는 진제眞諦를 알 수 없다고 한 것입니다. 아무리 진리가 '언어도단'이라 해도 언어 없이는 언어도단의 경지를 알 수 없다는 말이지요. 부처님의 모든 설법은 이렇게 자비와 방편의 차원에서 중생을 교화하기 위해 이루어진 것입니다. 그래서 『금강경』에 보면 부처님은 많은 설법을 하시고도 아무 설법도 하지 않았다고 하시며,

많은 중생을 제도하고도 아무 중생도 제도한 일이 없다고 말씀하시는 겁니다.

공의 관점에서 보면 언어는 이중적 성격을 지닙니다. 한편으로는 진리, 즉 공을 은폐하는가 하면, 다른 한편으로는 무지한 사람들로 하여금 진리를 인식하도록 가교역할도 합니다. 부처님께서 중생의 처지를 인정하여 그들의 눈높이에서 사물의 차별상에 따라 그들이 사용하는 언어로 설법하지 않았더라면 중생들은 진리를 알 길이 없었을 것입니다. 따라서 속제는 자비심에 의한 방편이라는 것입니다. 비록 언어에 입각한 진리 인식이 최고의 인식은 못 된다고 하더라도 언어를 초월한 최고의 진리가 존재한다는 인식조차도 언어를 통하지 않고서는 도달할 수 없기 때문에 속제가 필요한 것이지요. 다만 공의 세계에서는 언어는 자기 파괴적이며 자기 초월적이어야 합니다. 언어는 자신에 머물거나 자신에 집착해서는 안 된다는 거지요. 언어의 존재 이유는 바로 언어가 필요 없고 발붙일 곳 없는 세계를 드러내 주는 데 있기 때문입니다. 말 없는 말, 설법 아닌 설법이 부처님의 설법입니다.

2. 유도 아니고 무도 아니다

공은 사물들이 언어로써 규정할 수 없는 성격을 지님을 가리키는 말이지 사물들이 전혀 존재하지 않는다는 무無를 뜻하는 것은 아닙니다. 공은 존재론적으로는 '유도 아니고 무도 아닌'(非有非無) 중도적 실재입니다. 연기적으로 생멸하는 것은 유이기도 하고 무이기도 하다는 것이지요. 타에 의존적이고 그 자체의 고유한 존재성을 가지고 있지 않기에 유라고 말하기 어려우며, 그렇다고 전혀 아무것도 없는 무도 아니라는 말이지요. 있는 듯하지만 없으며, 없는 듯하지만 있는 것이 공의 세계입니다. 공은 사물들이 있지도 않고 없지도 않은 유 아닌 유로서 묘유妙有 혹은 가유假有임을 뜻합니다. 공은 일체의 차별상이 사라진 평등성의 세계이자 동시에 사물들의 다양한 차별성이 여실히 드러나는 세계이지요. 공은 차별적 사물들의 부정이자 동시에 긍정입니다. 그래서 '텅 빈 충만'이라고 표현하지요. 공은 모든 것을 뒤흔들어 놓은 다음 다시 제자리에 갖다 놓습니다. 차별적 세계의 부정과 긍정, 죽이기와 살리기가 동시에 이루어지는 것이 공의 세계입니다.

이것을 『반야심경』에서는 "색즉시공 공즉시색色卽是空 空卽是色"이라는 유명한 구절로 표현하고 있습니다. 여기서 색이란 수, 상, 행, 식과 더불어 인간 존재를 구성하는 다섯 가지 요소 가운데 하나이지만, 현상적 차별의 세계 전체를 가리키는 말로 취해도 좋습니다. '색즉시공'이란 말은 우선 차별적 세계가 그 자체의 존재와 성품을 지닌 것이 아니기에 공이라는 말입니다. 그러나 공이 현상적 세계의 배후에 있는 혹은 그 너머에 있는 어떤 보이지 않는 형이상학적 실재를 가리키는 것은 아닙니다. 공은 다양한 차별성을 지닌 사물들 그 자체일 뿐입니다. 그래서 다시 '공즉시색'이라고 하는 거지요. 여기서 '즉'이란 바로 '그것이다', '같다'는 뜻으로서 차별적인 현상세계, 다양한 이름들을 지닌 사물들 자체가 공이며 그것들을 떠나서 따로 공을 구하지 말라는 뜻이지요. 이것을 화엄철학에서는 이사무애理事無礙라는 개념으로 표현합니다. 이理와 사事, 즉 공空과 색色이 별개가 아니라는 뜻입니다.

바로 이 같은 공의 논리에 의해서 대승불교에서는 열반을 생사의 세계를 떠나 따로 구하지 않습니다. 생사의 차별상은 우리가 바로 이해하는 순간 곧 공이고 열반이며, 이 공이 동시에 생사의 세계 그 자체이므로 열반이 곧 생사가 됩니다. 따라서 소승에서와 같은 생사와 열반의 이원적 대립이 극복되지요. 대승에서는 생사도 열반도 모두 공입니다. 굳이 말하자면 공이 곧 대승적 열반이라고 할 수 있으며, 이 대승적 열반은 생사와 대립되는 열반이 아니라 생사, 즉 열반입니다. 생사의 세계가 바로 보면 그대로 공이고 열반이며, 공으로서의 열반이 곧 생사의 세계라는 거지요. 생사와 열반은 따로 존재하는 두 세계가 아니라 하나의 세계가 보기 여하에 따라 생사도 되고 열반도 된다는 말입니다.

번뇌와 보리도 마찬가지입니다. 번뇌도 공의 관점에서 보면 실체가 없는 것이기에 번뇌가 곧 보리이며 보리가 곧 번뇌입니다. 또 중생이 부처이고 부처가 중생입니다. 공에서는 번뇌도 깨달음도 사라지고, 중생도 부처도 사라지기 때문입니다. 일체의 차별과 대립이 사라지는 거지요. 하지만 동시에 중생과 부처의 차이가 다시 묘유^{妙有}로 긍정되고 되살아납니다. 중생은 여전히 중생이고 부처는 여전히 부처이지요. 공즉시색이기 때문이지요. 결론적으로 말해 공은 '비유비무'로서 긍정과 부정, 평등성과 차별성, 텅 빔과 충만함이 동시에 존재하는 묘한 세계입니다. 이것이 사물이 있는 그대로의 실상이며 진여라는 것입니다.

이러한 비유비무의 관점에서 볼 때 우리가 사용하는 언어와 개념들은 부정을 매개로 한 긍정, 아니 바로 부정으로서의 긍정 혹은 평등성 가운데서 발견되는 차별성의 세계에서 성립되는 것입니다. 언어와 속제는 공을 매개로 한 색, 아니 공 그 자체로서의 색의 세계에서 성립됩니다. 속제는 가유, 묘유의 세계에서 전개되는 담론으로서 어디까지나 공이라는 진제 위에서 성립하는 방편적인 것입니다. 따라서 진제를 모르면 속제가 속제임을 모르며, 언어가 방편임도 모르게 되는 거지요. 그래서 언어에 사로잡혀 사물들의 차이를 절대화하게 되는 겁니다.

대승 공관은 평등성과 차별성, 차별상의 부정과 긍정을 균형 있게 그리고 동시에 취합니다. 다만 경우에 따라 사람들의 집착을 깨기 위해 한쪽을 더 강조하고 다른 한쪽을 누르기도 합니다. 사람들이 유에 집착하면 무를 강조하고, 무에 집착하면 유를 내세우지요. 이렇게 부정과 긍정이 자유롭게 구사되는 것이 공의 세계입니다.

이상과 같은 공의 진리를 선불교의 예를 들어 다시 한번 설명해 보도록 하겠습니다. 선사들은 공에 입각하여 부정과 긍정의 세계를 자유롭게 넘나듭니다. 선가의 법문 가운데 "산은 산이요, 물은 물이로다"라는 말이 있습니다. 언뜻 듣기에는 극히 당연하고 무의미한 이야기로 들립니다. 그런데 이렇게 자명한 이야기가 대단한 법어로 통하는 것은 그 안에 무엇인가 깊은 뜻이 담겨 있기 때문일 것입니다. 사실 이 말의 배후에는 "산은 산이 아니고, 물은 물이 아니다"라는 부정이 깔려 있습니다. 부정을 전제로 해서 비로소 "산은 산이요, 물은 물이로다"라는 긍정이 의미 있는 것이지요. 그렇지 않으면 긍정이 단순 긍정, 무의미한 동의어 반복에 지나지 않을 것입니다. 색즉시공이기에 산은 산이 아니고, 공즉시색이기에 산은 다시 산이고 물은 다시 물이지요.

"산은 산이 아니고, 물은 물이 아니다"라는 말은 언어에 의존해 사물을 보는, 그래서 사물들마다 고정불변하는 고유의 본성이 있다고 생각하는 우리의 뿌리 깊은 생각을 뒤집기 위한 충격요법이지요. 번뇌와 집착의 원인인 언어의 병으로부터 인간을 해방시키고, 언어를 매개로 하여 생각하는 우리의 습관적 분별심을 타파하기 위한 충격요법이라고 할 수 있습니다. 『금강경』에는 "만약 모든 상이 상이 아님을 보면 곧 여래를 본다"(若見諸相非相 卽見如來)라는 말이 있습니다. 상相이란 사물의 차별적인 모습을 가리키는 말인데, 이러한 상이 상이 아님을 보면, 즉 'A'가 'A'가 아님을 보면 곧 여래를 본다는 말입니다. 여기서 '여래'란 공으로서의 진리, 진여眞如를 가리키는 말입니다. 상이 상이 아니고 공이기에, 다시 말해서 색즉시공이기에 사물들이 고립과 단절을 넘어 서로를 향해 열려 있고 서로가 서로를 받아들이고 감싸는 것입니다. 공이란 사물의 차별성만을 습관적으로 강조해 온 우리의 무지가 사라지고 지혜의 눈으로 본 평등의 세계입니다. 나와 너, 우리와 저들, 선과 악, 옳고 그름, 잘남과 못남, 높고 낮음, 부처와 중생, 생사와 열반 등의 모든 차별상이 사라져버린 절대 평등의 세계입니다. 이처럼 공은 우리의 사회적 고정 관념을 부정해버리기 때문에 가히 혁명적이라고 할 수 있습니다. 우리의 모든 언어적 판단과 활동을 무의미하게 만들고 모든 주의, 주장, 이념으로부터 인간을 해방하는 힘을 지녔습니다.

그렇다면 왜 선사들은 또다시 "산은 산이고, 물은 물이로다"라고 말하는 것일까요? 여기에는 두 가지 뜻이 있습니다. 하나는 우리가 이미 본 대로 공은 사물의 평등성만이 아니라 차별성을 뜻하기도 한다는 점, 그래서 사물을 구별하고 사는 우리의 일상생활이 긍정되는 세계라는 점이고, 다른 하나는 공 그 자체가 또 하나의 집착의 대상이 되어서는 안 된다는 경고의 뜻도 담겨 있습니다.

공은 평등성 못지않게 차별성의 세계입니다. 만물이 모두 자성을 결여한 실속 없는 빈 존재들이라는 점에서는 평등하다고 말할 수 있으나 그럼에도 사물들은 제각기 독특한 모습과 이름으로 차별상을 연출하고 있습니다. 부처와 중생이 다르고, 열반과 생사가 구별되며, 현명한 자와 무지한 자의 차별이 인정됩니다. 사물들 간의 차별을 절대화하지 않고 그 밑바닥에 깔린 평등성을 망각하지만 않는다면 차별상이 있는 그대로 긍정되어도 무방하다는 말입니다. 선악, 시비, 미추 등의 구별이 그대로 긍정됩니다. "산은 산이고 물은 물이로다." 부정되었던 언어의 세계가 되살아나는 것입니다. 조심스럽게 방편인 줄 알면서 사물과 사물을 구별 짓지 않을 수 없기에 차별적 이름들을 붙이는 것입니다. 이름들이 절대화되거나 고착화되지 않는 한, 방편적 효력을 인정받는 것입니다.

우리의 고정 관념들을 깨고 타파하는 데 있어서 공의 지혜만큼

위력이 있는 것이 또 있을까 생각해 봅니다. 거기서는 일체의 개념적 작동이 멈출 수밖에 없습니다. 심지어는 공이라는 개념조차도 발붙일 곳이 없습니다. 공이라고 말하면, 마치 공이 아닌 어떤 것이 본래 있는 것처럼 오해하기 쉽습니다. 본래가 공인데 새삼스럽게 공이라고 말할 이유가 어디 있습니까? 뿐만 아니라 어떤 사람은 공이라는 개념에 걸려 또 다른 집착을 일으키기도 합니다. 그러기 때문에 공도 공(空空)이라고까지 말하는 것입니다. 공이라는 개념도 방편에 지나지 않는 것이기에 결코 절대화하거나 우상화해서는 안 된다는 말이지요. 공은 또 하나의 '입장'이나 '주의主義'나 주장이 아닙니다. 공은 이러한 의미에서 개념 아닌 개념이고, 공을 인식하는 지혜 역시 인식 아닌 인식, 무지無知의 지입니다. 반야般若(지혜)는 사물의 차별성에 입각한 분별지나 개념적 사고에 의해 얻어지는 인식이 아니라, 직관적이고 초월적인 통찰입니다. 다만 이 초월적 지혜가 결핍된 자들—이렇게 따지는 것 자체가 진리를 아는 자의 입장에서는 이미 하나의 커다란 양보이지만—을 위해 하는 수 없이 언어를 사용하고, 그중에서도 특히 공이라는 개념을 선택한 것이지요.

공은 언어에 의해 유발된 병을 치료해 주는 최고의 명약입니다. 그러나 약을 잘못 먹고 탈이 나게 되면 다시는 약이 없다고 용수는 말합니다. 그러기에 공은 매우 예민한 개념으로서 뱀을 다루듯 조심스럽게 다루어야 한다고 합니다. 자칫하면 자기가 물린다는 것입니다.

3. 공관(空觀)의 신학적 의의

그렇다면 이러한 불교의 공관이 그리스도교 신앙과 신학에 어떠한 의미를 지니는 것일까요? 그리스도인들은 공의 진리를 어떻게 받아들이고 그 의미를 어떻게 소화해야 합니까? 공사상이 전혀 말도 안 된다고 무시해 버린다면 모르지만, 그 안에 심오한 진리가 담겨 있음을 인정한다면 그리스도인들은 필경 이 문제를 놓고 고심하지 않을 수 없습니다.

불교와 그리스도교의 만남에서 공과 하느님을 대비할 수밖에 없는 것은 공이 불교에서는 궁극적 실재를 가리키는 말이기 때문입니다. 물론 불교에서도 제석천帝釋天을 비롯한 갖가지 신격神格들을 인정합니다. 하지만 이러한 신들은 모두 유한한 존재들이며 인간과 마찬가지로 윤회 세계의 일부입니다. 인간들보다 더 힘이 있어 숭배의 대상이 될지언정 결코 우주 만물의 근원이나 창조주가 아니며 인간을 해탈로 이끌 수 있는 존재도 아닙니다. 불교에서 궁극적 실재라고 하면 곧 공으로서의 眞如입니다. 공은 우리가 통상적으로 생각하는 인격신은 아니지만, 공을 도외시하고 불교적 관점에서 그리스도교 신관을 논할 수는 없습니다.

제가 공을 '궁극적 실재'라고 했지만, 자칫 공에 대한 오해를 불러일으킬 소지가 있는 표현입니다. 공을 사물의 배후에 있는 어떤 숨겨진 실재, 사물을 배후에서 지배하는 존재 혹은 어떤 형이상학적 실체로 오인하게 할 수 있기 때문입니다. 공은 진여, 즉 사물의 있는 모습 그대로를 가리키는 말입니다. 모든 사물이 그 자체의 존재와 본성이 없이 텅 비어 있다는 사실을 가리키는 말일 뿐입니다. 공은 제법의 성품(法性)이며 실상이며 진여입니다. 공은 단지 'A'가 A가 아니면서도 동시에 A로서 존재한다는 사실만을 말해 줄 뿐입니다. 'A'의 배후에 A를 가능하게 하는 어떤 더 근원적 실재가 있다는 말이 아닙니다. 사물 그 자체가 공입니다. 이것이 '색즉시공 공즉시색'에서 '즉(即)'이라는 말이 뜻하는 바입니다. 공은 우리가 흔히 생각하듯 모든 존재를 가능하게 하는 하느님이나 혹은 형이상학적 제일 원리가 아니라는 말입니다. 대다수 종교가 그러한 존재를 인정하지만, 불교는 그런 형이상학적 실재를 인정하지 않습니다. 그래서 흔히 불교를 무신론이라 부르는 것이며, 이러한 사실이 불교와 그리스도교의 대화에 큰 어려움이 되는 것입니다.

그렇지만 하느님과 공의 대비는 피할 수 없는 문제입니다. 그리스도교인들이 하느님을 통해 세계와 인간을 이해하듯 불자들 역시 공을 통해 세계와 인간을 이해합니다. 그러므로 아무리 양자가 다르다 해도 둘 사이의 비교를 떠나서는 그리스도교와 불교의 근원적 만남은 이루어질 수 없습니다. 저는 두 가지 측면에서 공의 그리스도교 신앙적, 신학적 의미를 성찰해 보려고 합니다. 첫째는 공을 피조물 세계 일반에 대한 존재론적 통찰로서 이해하는 것입니다. 즉, 세계와 사물, 인간의 삶에 대한 통찰로서 그리스도인들이 공을 어떻게 수용할 것인가 하는 문제입니다. 둘째는 공이 그리스도교의 신관에 어떤 의미를 지니는지를 성찰해 보고자 합니다. 그리스도교인들의 세계관과 인생관 그리고 신관에 있어서 공이 어떤 의미를 지니는가를 생각해 보고자 하는 것입니다.

공은 우선 우리가 피조물 세계 일반에 대해서 어떤 태도와 이해를 가지고 살아야 할지를 가르쳐 줍니다. 공은 그리스도인들에게도 사물을 바로 보고, 바로 대하는 지혜를 제공해 줍니다. 피조물들이 모두 타에 의존하는 존재들이기 때문에 독자적 존재성, 자성自性을 결여하고 있다는 진리는 그리스도인들이 받아들이는 데 조금도 인색할 필요가 없다고 저는 생각합니다. 사물들이 그 존재 근거를 자신에 두지 않고 다른 것에 의존하고 있다는 사실, 그래서 모두가 덧없는 것이라는 사실을 그리스도교에서 받아들이지 못할 하등의 이유가 없기 때문입니다. 그리스교에서도 하느님 외에는 존재하는 모든 것들이 덧없고 상대적임을 인정합니다. 공관空觀의 실천적 의미는 우리로 하여금 이러한 덧없고 상대적인 것들에 집착하지 말라는 데에 있습니다. 사물들이 타 존재와의 관계를 떠나서는 존재할 수 없다는 진리는 어떤 피조물도 숭배하거나 절대화하지 말며 집착하지 말라는 그리스도교의 근본 가르침과 부합합니다. 불교의 공관은 이러한 그리스도교의 가르침을 더욱 부각시켜 줄 것입니다.

공관은 또 우리로 하여금 사물의 차별상에 집착하는 것을 막아 줍니다. 사물들이 겉으로 보기에는 서로 다르고 막혀 있는 것 같지만, 알고 보면 그런 차별상과 격절상은 피상적인 것일 뿐 모든 사물은 서로 통한다는 것이지요. 공관은 차별성의 배후에서 평등성을 보게 합니다. 차이에서 오는 대립과 갈등을 극복하게 하지요. 그리스도교적 관점에서 보아도 모든 존재는 한 분이신 하느님의 피조물이기 때문에 서로 통하며 평등하다고 할 수 있습니다. 그리스도교의 창조론은 사물들의 차별성 못지않게 평등성과 하나 됨을 강조할 필요가 있습니다. 공은 일치와 평등의 관점에서 피조물들의 세계를 새롭게 보게 하지요.

우리는 사물을 대할 때 언제나 제한적 시각으로 대합니다. 공의 지혜는 어떤 특정한 개념이나 관념, 경직된 이념이나 사상의 노예 상태로부터 우리를 해방시킵니다. 세상의 어떤 제도나 전통에도 얽매이지 않는 자유와 초탈의 지혜를 공관은 제공해 줍니다. 유한하고 덧없고 상대적인 피조물들의 우상화나 집착을 버리도록 하는 공관을 그리스도교가 마다할 이유가 없으며, 오히려 적극 수용해야 합니다.

공의 관점에서 보면 모든 존재는 의타적으로 존재하는 가유仮有입니다. 그리스도교의 언어로 표현하자면 모든 존재는 하느님에게 의존하는 존재들이며, 하느님 안에 존재 근거를 가지고 있으며, 하느님으로부터 일시적으로 존재를 부여받은 것들이라는 말입니다. 인간 존재를 포함하여 세상의 모든 사물이 그 자체의 존재 근거를 가지고 있지 않는 임시적 존재들이라는 것입니다. 하느님만이 영원하고, 인간과 사물은 시간적 존재들입니다. 한때는 없었고 지금도 없을 수 있는 우연적 존재들입니다. 존재의 필연성이 결여된 것들입니다. 중세 그리스도교 철학에서는 하느님을 필연유必然有라 하고 사물들을 우연유偶然有라고 했습니다. 피조물들은 자기 안에 스스로의 존재성, 독자성을 지니고 있지 않은 우연적 존재들이며 하느님께 의존하는 존재들이라는 말이지요. 공은 하느님이라는 개념 없이도 이러한 진리를 우리에게 알려 줍니다. 한때는 존재하지 않았고 언젠가는 없어질 우연적 존재들이 현재 존재하고 있다는 존재의 신비에 눈을 뜨게 합니다. 없을 수 있는 것들이 있다는 사실은 묘유로서의 존재의 신비를 드러내 주는 것이지요. '비유비무'로서의 존재의 신비입니다. 신앙의 눈으로 볼 때는 덧없는 사물들이 존재한다는 것 자체가 이미 기적이고 은총이며, 공은 이러한 존재의 신비와 은총에 우리의 눈을 열어 줍니다.

공사상은 사물들이 왜 도대체 없지 않고 있는가라는 보다 더 '래디컬'한 질문을 제기하지는 않습니다. 공은 만물을 존재하게 하는 존재의 근원이 아니기에 사물의 존재 이유를 수직적 차원에서 묻지는 않습니다. 공은 단지 사물들을 수평적 상호관계, 즉 연기적 관계에서만 파악합니다. 공은 자성이 없는 사물들이 그런대로 차별적 특징들을 가지고 존재하는 묘유의 세계입니다. 공은 우리로 하여금 자신의 존재를 비롯하여 모든 유한한 사물들의 존재를 묘유의 신비로 대하게 합니다. 그리스도교의 관점에서 보아도 피조물이란 무無와 공空의 심연 위에 떠 있는 존재들이지요. 사물들이 그 허무성에도 불구하고 존재한다는 사실, 없을 수도 있지만 존재한다는 신비를 공은 여실히 보여줍니다.

더 나아가서 묘유妙有로서의 공은 우리로 하여금 사물들의 순수하고 원초적인 모습, 다시 말해서 인간의 죄와 탐욕과 이기심, 편견과 이기적 목적에 의해 오염되고 조작되기 이전의 원초적 창조 세계의 순수함과 아름다움을 드러내 줄 수 있습니다. 사물들이 우리들의 언어와 개념, 관념과 목적에 의해 왜곡되기 이전의 모습, 있는 그대로의 존재의 신비와 아름다움을 접하게 해 준다는 말이지요. 공은 우리들의 분별심에 의해 물들지 않는 사물의 본래적 그러함, 진여眞如의 세계이기 때문입니다.

공은 세상 모든 사물을 우리의 욕심과 이기심으로부터 해방시켜 주고, 피조물들로부터 우리들의 과다한 욕구와 요구에 의해 부과된 중압감과 하중을 덜어 줍니다. 우리의 욕심은 피조물들에게 너무나 많은 것을 기대하고 요구합니다. 그것들을 있는 그대로 내버려 두지 않고 끊임없이 우리의 목적을 위해 닦달하지요. 공관은 세계를 있는 그대로 내버려 두는 지혜를 길러 줍니다. 선사들이 추구하는 바 '아무것도 구할 바 없고, 아무것도 얻을 바 없는'(無所求, 無所得) 순수한 세계를 열어 줍니다. 공관은 인간의 끊임없는 욕망과 성취욕으로 인해 빚어지는 갈등과 대립의 역사를 해체합니다. 끊임없이 무엇인가를 추구하고 달성해야만 하는 강박관념으로부터 우리를 해방하고, 어떤 목적을 향해 치닫는 미래 지향적 역사로부터 우리를 풀어 줍니다. 그리스도교는 미래 지향적 역사 형성에 적지 않은 영향을 주었습니다. 공관은 사물들을 미래적 관점에서 보지 않고 현재 있는 그대로의 순수한 모습으로 보게 합니다. 공은 순간의 신비를 사랑하는 현재성의 영성입니다. 사물들이 있는 그대로를 관조하면서 지금 이 순간 존재의 신비와 아름다움을 받아들이고 감사할 수 있게 합니다. 인간에 의해 때 묻지 않는 피조물들, 창조의 첫 순간에나 대할 듯한 피조물들의 순수함과 아름다움을 보게 하는 것입니다.

공은 무엇보다도 사물의 상호의존성과 상통성을 뜻합니다. 개인과 개인, 집단과 집단, 이념과 이념, 문화와 문화, 종교와 종교가 각기 고립적 실체가 아니라 서로에 의존하는 공동체임을 말해 주며, 하나가 모두를, 모두가 하나를 위해 존재한다는 진리를 일깨워 줌으로써 우리를 이기심과 자기중심성, 갈등과 대립에서 벗어나게 합니다. 공은 공존의 지혜, '상생의 정치'를 가능하게 해 주는 존재론이지요. 공은 다른 말로 하면 고립과 대립보다는 상생과 포용을 위한 사랑의 존재론이라고도 말할 수 있습니다.

인간과 자연의 관계도 마찬가지입니다. 존재하는 모든 생명체는 존귀합니다. 보잘것없는 한 생명에 온 우주의 생명이 깃들어 있으며, 온 우주에 그 하나의 생명체가 참여하고 있기 때문입니다. 생태계를 구성하는 어느 한 생명체나 생명 집단도 홀로 존재할 수 없다고 공관은 말합니다. 인간의 무지와 욕심에 의해 자연의 조화가 깨지고 생태계의 균형이 파괴되는 오늘날 공의 진리는 인간이 결코 세계의 유일한 주인일 수 없음을 말해 주며, 생태계의 질서와 창조 세계의 조화를 회복할 수 있는 지혜를 제공합니다.

공은 하느님에 대한 깊은 이해에도 큰 도움을 줍니다. 공사상에 의하면 유한한 사물들과 연기적 존재들의 중심에는 무無 혹은 공空이 자리 잡고 있습니다. 이러한 생각은 그리스도교와 공사상의 공통적 인식이라고 할 수 있습니다. 모든 피조물, 모든 유한한 사물은 공허성 내지 허무성을 안고 존재한다는 말이지요. 다만 불교와 그리스도교 차이는 사물의 존재를 다른 사물들과의 상호의존성이라는 수평적 관계에서만 파악할 것인가 아니면 허무성을 안고 있는 사물들을 그럼에도 존재하도록 떠받치고 있는 어떤 절대적 존재 내지 근원적 실재를 인정할 것인가 하는 데 있습니다. 그리스도교 신학은 무나 공 너머에 모든 존재자의 존재를 가능하게 하는 어떤 궁극적 실재, 어떤 절대적 有가 있다고 믿습니다. 우연적 존재자들의 존재를 떠받쳐 주는 필연적 유(必然有)가 있다는 것이지요. 이 유는 물론 피조물들의 유한한 유와는 차원이 다른 유입니다. 말하자면 유 아닌 유, 무한한 유, 절대유絶對有 혹은 유 그 자체라고 해야 하는 유입니다. 그것은 결코 허무나 비존재의 위협에 처하지 않는 유, 그야말로 존재 그 자체이지요. 이러한 절대적 유를 인정하느냐 안 하느냐에 따라 불교와 그리스도교의 근본적 차이가 생기는 것입니다. 이것이 문제의 핵심입니다. 공과 하느님, 이것이 이제 우리가 생각해 보아야 할 두 번째 문제입니다.

우선 불교와 그리스도교의 상이한 두 실재관이 과연 양립할 수 있는 실재관인지를 생각해 볼 필요가 있습니다. 만약 양립할 수 없다면 우리는 둘 중의 하나를 선택해야 하며, 양립할 수 있다면 서로 배우고 보완할 수 있는 길을 모색해야 할 것입니다. 저 개인의 입장으로는 양립할 수 있다고 보며, 양립해야만 한다고 봅니다. 적어도 그리스도교의 입장에서 볼 때 하느님은 불자들에게 공으로 자신을 드러냈다고 말할 수 있지 않겠냐는 거지요. 하느님은 불자들에게는 그들의 언어로 자신을 계시했다고 믿습니다. 이 강의 모두에서 밝혔듯이 저는 종교다원주의자로서 불교와 그리스도교는 동일한 실재를 달리 이야기하고 있다고 생각합니다. 이 실재가 무엇인지는 어느 종교도 독점적으로 말할 수 없습니다. 다만 불교와 그리스도교가 각기 자기 방식으로 궁극적 실재를 경험하고 이해해 왔다는 거지요. 한쪽은 공이라는 부정적 표현을 선호한 반면 다른 쪽은 절대 유 같은 긍정적 표현으로 하느님을 이해해 온 차이는 있지만, 양자 모두 인간이 유한한 사물에 만족하지 않고 만물을 아우르는 무한하고 절대적인 실재를 추구한다는 데서는 일치합니다. 이를 좀 상세히 논해 보겠습니다.

저는 이 문제를 세 가지 측면에서 고찰하고자 합니다. 첫째는 우선 불교의 공관을 그리스도교의 신관으로 나아가는 계기로 삼을 수 있다는 점이고, 둘째는 공관이 신관을 정화淨化시키고 심화시키는 계기가 될 수 있다는 점이며, 셋째는 공관이 신과 세계의 관계에 대한 이해를 심화시킬 가능성에 대한 것입니다.

첫째, 공관은 하느님께 나아가는 데 길잡이나 계기가 될 수 있다고 생각합니다. 이것은 비교적 이해하기 쉽습니다. 존재들의 중심에 자리 잡고 있는 무 혹은 공과의 만남은 하느님과 만나는 계기가 될 수 있다는 것이지요. 모든 피조물이 허무하다는 자각, 피조물의 중심에 공과 무가 자리 잡고 있다는 자각은 우리로 하여금 하느님을 찾고 만나게 하는 첫 계기가 될 수 있다는 말입니다. 존재의 끝, 세계의 벼랑에 서 본 자만이 진정으로 하느님이라는 초월자를 만나게 됩니다. 피조물의 세계에 집착하거나 빠져 있는 사람들은 결코 피조물을 초월하는 하느님에 대해 관심을 가지지 않습니다. 무와 대면한 경험이 있는 자만이 존재의 근원인 하느님을 생각하게 되지요. 사물들의 허무성과 우연성을 자각하고, 그것들이 존재하지 않을 수 있음에도 존재한다는 존재의 신비를 발견하는 자만이 덧없고 허무한 존재들을 뒷받침하고 있는 존재의 근거인 하느님을 생각하게 되는 겁니다. 무와의 대면은 곧 하느님과의 대면으로 이어질 수 있습니다. 이 둘은 동전의 양면과도 같지요. 죽음과의 대면을 통해 우리는 존재의 신비와 은총을 깨달으며 하느님 안에서 새로운 생명, 부활의 경험을 하는 것입니다.

전통적으로 그리스도교에서는 하느님의 창조를 무로부터의 창조(creatio ex nihilo)라고 했습니다. 존재자들이 존재 근거를 자기 스스로에 갖고 있지 못하다는 말입니다. 사물들은 하느님에 의해 무로부터 유로 불리어내진 존재들이며, 하느님께로부터 존재성을 부여받아 비로소 존재할 수 있다는 것입니다. 존재는 하느님의 선물이라는 것이지요. 무로부터의 창조는 인간 존재를 포함하여 모든 존재들의 출발점, 원점이 무無라는 것인데 이 원점을 의식하는 것은 곧 무로부터 피조물들을 유로 불러내 준 하느님 그리고 지금도 피조물들의 허무성에도 불구하고 그들의 존재를 떠받쳐 주고 있는 하느님을 의식하는 계기가 될 수 있다는 것입니다.

이 세상이 하느님을 가리는 장벽과도 같은 사람에게는 무와의 조우는 세상이라는 벽을 무너트려 하느님을 만나게 합니다. 무와의 조우로 인해 존재자들이 당연시되지 않고 그 존재가 문제시될 때 우리는 존재의 신비에 접하면서 존재를 가능하게 하는 존재의 근거까지 지평을 확장하게 됩니다. 유한성의 자각이나 허무와 죽음과의 대면이 없는 사람이 어떻게 하느님을 찾겠습니까? 공은 하느님으로의 교량이 될 수 있다는 거지요.

물론 불자들은 이것을 인정하기 힘들 것입니다. 불자들에게는 공과의 만남이 전부이며 최종적이기 때문입니다.[1] 공은 이미 고찰했듯이 단순한 허무를 뜻하는 것이 아닙니다. 불자들은 공관으로 존재의 신비를 조명하면서 유한한 사물에 얽매이지도 않고 그렇다고 사물들을 떠나지도 않는 자유로운 삶을 삽니다. 무도 아니고 유도 아닌 묘유의 세계 혹은 무 아닌 무, 유 아닌 유의 세계에서 긍정과 부정을 아우르면서 자유를 구가합니다. 불자들은 그 이상의 어떤 궁극적 실재를 찾지도 않고 인정하지도 않습니다. 그럴 필요조차 느끼지 않는 것이지요. 하지만 그리스도인들은 사물들의 연기성과 공성을 의식하는 것만으로 만족하지 않고, 사물의 수평적 의존

---

1 사상사적으로 볼 때 대승에서는 여래장 혹은 불성 개념이 등장하면서 공사상을 극복하는 것으로 평가되지만, 공은 여전히 불성의 이해에도 핵심적입니다. 나중에 선불교에 대한 강의를 참고하시기 바랍니다.

관계를 넘어서 수직적 의존관계를 묻습니다. 도대체 왜 사물들이 애초부터 없지 않고 있느냐고 존재의 신비를 물어 들어가는 것이지요. 왜 무가 아니고 유이냐고 말입니다.

둘째, 그리스도교의 신관이 불교의 공관을 통해 심화될 수 있다는 것입니다. 그리스도인들이 하느님을 하나의 존재로 파악하는 한, 다시 말해 하느님을 유로서 파악하는 한, 공관의 비판을 면하기 어렵습니다. 공에는 예외가 없습니다. 공은 모든 존재를 다 삼켜버립니다. 하느님도 유라면 공입니다. 우리가 하느님을 유라고 생각하는 한 하느님 역시 공의 지배를 벗어나지 못합니다. 따라서 그리스도인들이 공관을 진지하게 받아들인다면, 하느님을 어떤 존재자나 대상적 존재 혹은 객체로 생각할 수 없습니다. 하느님을 너무 쉽게 유한한 인간이나 사물처럼 생각해서는 안 된다는 말이지요. 불교의 공관은 하느님을 대상적 존재로 취급하는 조잡하고 저급한 신관을 가차 없이 파괴하며, 이것은 누구보다도 그리스도인들 스스로가 환영해야 할 일입니다. 무한한 하느님, 절대 유로서의 하느님은 결코 유한한 유나 사물처럼 혹은 유한한 인격체처럼 존재하는 존재자가 아니기 때문입니다. 아무리 뛰어나고 예외적인 존재자라 할지라도 우리가 하느님을 하나의 존재자로서 파악하는 한, 우리는 하느님이라는 무한한 실재를 하나의 유한한 존재로 격하시키는 것입니다. 공관은 그리스도인들에게 유한한 것을 무한한 것으로 숭배하는 우상숭배를 방지해 줍니다.

공에 비추어 본 하느님은 적어도 공 이후의 하느님, 공을 넘어서거나 포괄하는 절대적 실재이어야지 그것에 포섭되는 존재자여서는 안 됩니다. 하느님을 어떤 존재자 혹은 한 인간처럼 생각하는 유치한 신관은 공관 앞에서 여지없이 무너지기 때문이지요. 중세 그리스도교 신비 사상가 에크하르트Meister Eckhart는 그리스도인들에 의해 너무나도 쉽게 하나의 존재자 혹은 대상적 존재로 격하되는 신에 만족할 수 없었기에 신(Gott)과 신성(Gottheit)을 구별했습니다. 신은 우리가 일상적으로 기도하고 찬미하는 인격적 존재로서의 하느님을 가리키는 반면 신성은 우리의 언어와 개념을 초월하고 일체의 속성들을 여읜 하느님 그 자체를 의미합니다. 에크하르트는 신성이 삼위일체의 인격신마저 초월한다고 합니다. 그는 우리들에 의해 대상화된 하느님으로부터 자유롭게 해달라고 하느님께 기도한다고까지 말합니다. 아니, 하느님은 아예 존재가 아니라 무無(nihil, Nichts)라고까지 말합니다. 하느님은 유 아닌 유, 절대 유라는 말이지요.

이상과 같은 점을 고려해 볼 때 그리스도인들은 공관 이전이 아니라 그 이후의 신관에 대해서 논해야 합니다. 공관을 통과한 후의 신관에 대해 고심해야 한다는 말입니다. 그 한 예로서 다석 유영모 선생은 하느님을 '없이 있으신 분'이라고 표현했습니다. 그냥 '있다'고만 하면 곤란하기 때문이지요. 하느님은 일반 사물처럼 '있는' 존재가 아니기 때문입니다. 유영모 선생은 불교 사상에 대해서 깊은 이해를 갖춘 분이셨기 때문에 하느님을 단순히 '있다'고 말하지 않고 '없이 있는 분'이라고 표현한 것이라고 생각합니다.

불교의 공사상 이후의 신관이 어떠해야 할지를 논하는 일은 결코 쉽지 않은 문제입니다. 그리스도교 신학자들이 해결해야 할 어려운 과제라고 저는 생각합니다. 신이 '존재한다'는 말이 무엇을 뜻하는지요? 어떻게 신이 '존재한다'고 말할 수 있는지 지극히 단순하면서도 어려운 문제에 봉착합니다. 신학자 틸리히Paul Tillich는 그래서 하느님을 '존재의 근거'(Ground of Being)라고 표현했습니다. 그는 단순하고 소박한 유신론을 넘어선 하느님, 하느님을 넘어서는 하느님을 이야기할 필요를 절감했던 것입니다. 이 같은 생각은 '무신론적 신론', '불교적 신론', '하느님 아닌 하느님' 등의 사상으로 전개될 수 있을 것입니다. 하느님의 초월성에 대한 새로운 관점을 요구하고 있는 것이지요. 공관의 관점에서 하느님을 생각해 본다면, 우리는 하느님을 이 세계와 동떨어진 어떤 예외적 존재 혹은 '초자연적 존재'(a supernatural being)로 생각하기보다는 사물에 즉卽한 사물과 불가분적 초월로 볼 것을 요구합니다. 무한한 하느님을 모든 유한한 사물들을 감싸며 그 안에 내재하는 '내재적 초월'의 시각에서 파악한다는 말입니다. 우리가 만약 공의 모델에 준해서 하느님을 생각한다면, 하느님을 만물의 존재를 가능하게 하면서도 세계와 떨어져 있기보다는 만물 안에 내재하면서 만물의 존재를 가능하게 하는 실재로 생각해야 합니다. 구체적 사물들의 유한성을 초월하면서도 다양한 사물들에 즉卽해서 함께 움직이는 역동적 신관을 생각하도록 합니다. 전통적인 그리스도교의 신관은 하느님과 피조물을 철저히 구별하여 하느님을 피조물의 세계와 존재로 보는 경향이 강했습니다. 그리고 하느님의 영원성은 정적靜的 불변성으로 파악했습니다. 공관은 이러한 정태적인 형이상학적 신관, 초자연주의적 신관을 극복하기를 촉구합니다.

셋째, 이와 관련하여 공관은 무한한 하느님과 유한한 사물들의 관계에 대하여 새로운 통찰을 제공합니다. 우리는 이미 공관이 사물들에 대한 부정과 긍정을 자유롭게 한다는 것을 보았습니다. 우리는 하느님을 공과 같이 무와 유를 동시에 아우르며 동시에 초월하는 실재로 생각해 볼 수 있습니다. 이러한 관점에서 일본 경도학파 철학자들은 공을 절대 무絶對無라는 개념으로 표현하고 있습니다. 공은 단순한 무도 아니고 단순한 유도 아닌 실재, 유무를 초월하는 비유비무의 실재라는 말입니다. 여기서 '절대'라는 말은 어떠한 대립도 초월한다는 뜻입니다. 절대 무는 유와 유의 대립과 상대성을 초월함은 물론이요, 유에 대하여 상대적인 무가 아니라 유를 안고 있는 무, 무이면서도 유라는 의미에서 절대적 무라는 것입니다. 절대 무로서의 공은 유이면서 무, 무이면서 유를 가능하게 하는 장場이라고도 표현합니다.[2]

이러한 통찰을 절대 유로서의 하느님 개념에 적용해 보면 하느님은 모든 피조물을 초월하는 무이지만, 동시에 피조물들의 유를 가능하게 하는 절대 유라고 할 수 있습니다. 절대 유로서의 하느님도 절대 무와 같이 피조물에 대하여 부정과 긍정의 관계를 동시에 가지고 있습니다. 공이 일체의 사물이 사라진 텅 빈 자리이면서 동시에 온갖 사물로 충만한 세계이듯 하느님도 모든 피조물이 사라진 데서 그의 현존을 알리며 동시에 피조물의 다양한 얼굴을 통해서도 그의 모습을 알리기도 합니다. 유한한 것들의 허무성도 하느님의 얼굴이며 허무한 것들의 존재 또한 그것들을 존재하게 하는 하느님의 얼굴이라는 것이지요. 절대 무와 같이 절대 유로서의 하느님도 피조물과의 관계에서 부정과 긍정, 초월성과 내재성을 동시에 지니

---

2 '절대무' 개념과 일본 경도학파의 불교 이해의 대표적인 저서는 니시타니 케이지(西田啓治), 정병조 옮김, 『종교란 무엇인가?』(대원정사, 1993)입니다. 이찬수, 『불교와 그리스도교, 깊이에서 만나다: 교토학파와 그리스도교』(다산글방, 2003)도 참고할 만합니다.

고 있음을 알 수 있습니다.

절대 유로서의 하느님은 무 아닌 무, 유 아닌 유로 나타납니다. 무 아닌 무이므로 모든 유한한 것들의 유를 가능하게 하고, 유 아닌 유이므로 어떤 유한한 사물에 국한되거나 제한을 받지 않습니다. 하느님은 무 아닌 무이기에 모든 유가 부정되고 사라져도 우리는 허무주의에 빠지지 않고, 유 아닌 유이기에 우리는 하느님을 유한한 사물처럼 생각해서는 안 되는 것입니다. 유로서의 사물이나 유로서의 하느님마저 부정될 때 절대 유로서의 하느님은 비로소 그 모습을 드러내며 모든 덧없는 것들로 하여금 찬란한 존재의 빛을 발하도록 합니다.

절대 무로서의 공과 절대 유로서의 하느님은 결국 동일한 실재의 두 얼굴이 아닐까요? 진정 공은 불자들에게 드러난 하느님의 다른 얼굴, 궁극적 실재의 다른 모습이 아닐까요? 유에만 집착해 온 서구 그리스도교는 유도 아니고 무도 아닌 이 '동양적 무東洋的 無'로서의 하느님을 진지하게 생각해야 합니다.3 아시아의 그리스도인들은 불자들에게 절대 무의 얼굴로 자신을 드러내시는 하느님을 새롭게 발견해야 할 것입니다. 그래서 무언, 무념, 무심, 무상無相, 무주無住, 무위無爲, 무아 등 일련의 무 개념을 통해서 하느님을 새롭게 만나는 경험이 필요한 것입니다.

반면에 불자들은 절대 유로서의 하느님에 대해 진지하게 고려해 보아야 하지 않을까요? 적어도 그리스도인들이 조잡한 유, 유한한 유로서의 하느님을 믿고 있는 것이 아니라는 사실을 인식하면서 왜

---

3 '동양적 무'라는 표현은 일본에서 불교와 그리스도교의 대화에 크게 기여한 히사마츠 신이치(久松眞一)의 저서 이름입니다. 읽어볼 만한 책이지요.

그리스도인들은 하느님을 끝내 유로서 생각하는지를 진지하게 생각해 보아야 합니다. 절대 무나 절대 유 모두 궁극적 실재를 유와 유의 대립은 물론이요, 유와 무의 대립도 넘어서는 비유비무의 차원에서 파악하는 것은 마찬가지나 불교는 유이면서 무이며, 무이면서 유인 사물들의 연기적 진리에 초점을 맞추는 데 비하여 그리스도교는 사물들이 무임에도 불구하고 유이게끔 하는 존재의 궁극적 기반을 묻습니다. 하나는 사물의 수평적 관계의 파악으로 만족하는 반면 다른 하나는 존재의 수직적 혹은 심층적 관계를 물어야 한다고 생각합니다. 불교적 관점에서 보면 절대 유에 대한 관심은 유에 대한 또 하나의 변형된 집착이며 유와 무를 아직도 대립적 관계로 파악하는 데 기인한다고 볼 것이며, 그리스도교 관점에서 보면 불교의 연기론적 공관은 사물의 존재의 신비에 대한 불충분한 해명이라고 볼 것입니다. 하지만 둘 다 절대적 실재를 유도 아니고 무도 아닌, 그래서 유이면서 무이고 무이면서 유로 보는 데서는 일치하고 있습니다. 또 양자 모두 덧없는 사물들에 대하여 부정과 긍정을 아우르는 초월적 시각과 자유를 제공한다는 데서도 일치합니다.

마지막으로 우리는 하느님 혹은 실재가 궁극적으로는 우리 인간의 사유와 언어를 초월하는 신비라는 사실을 기억해야 합니다. 유와 무의 두 개념을 가지고 노는 우리의 사고가 제아무리 재주를 피워 비유비무를 논하고 절대 무, 절대 유를 들먹여도 하느님은 결국 절대 무로도 절대 유로도 잡힐 수 없는 신비이며 인간의 모든 개념은 이 신비에 조금이라도 가까이 다가가고자 하는 열망에서 나온 미약한 시도들일 뿐임을 기억해야 하지 않을까요?

보살예수

1. 보살이란 어떤 존재인가?

지난번 강의에서 저는 대승불교의 두 가지 특징은 공사상과 보살 사상이라고 했습니다. 소승불교와 대승불교를 구별 짓는 것은 철학적으로는 공사상이고, 신앙적으로는 보살 사상이라고 이야기할 수 있습니다. 그 가운데서 먼저 공사상에 대하여 말씀드렸고, 오늘은 보살 사상에 대하여 말씀드리고자 합니다.

공사상과 보살 사상은 불가분적 관계를 가지고 있습니다. 공의 지혜와 중생에 대한 자비는 보살이 갖추어야 할 두 가지 필수 요소입니다. 보살의 정신은 흔히 "위로는 깨달음을 구하고, 아래로는 중생을 교화한다"(上求菩提 下化衆生)는 말로 요약되는데, 여기서 깨달음이란 곧 공의 지혜이며, 이 지혜가 없으면 중생을 제도하려는 자비심도 생기지 않습니다. 또한 보살은 생사의 세계를 두려워하지 않고 중생의 고통을 함께 아파하는 자비로운 존재이지만, 지혜가 없이는 순수한 자비가 불가능할 뿐만 아니라 생사를 두려워하게 되고, 중생을 제도하려다 오히려 중생과 함께 생사의 늪에 빠지고 맙니다. 사실 공사상은 보살의 실천을 가능하게 하는 실천적 의미를 가진 사상이라고 볼 수 있습니다.

보살은 '보리살타bodhisattva'(菩提薩陀)의 약칭으로서, 깨달음(보리, bodhi)을 구하는 존재(살타, sattva)라는 뜻입니다. 보살은 본래 소승불교에서는 부처님이 성불하시기 전의 존재를 가리키는 말이었으나 대승에서는 바로 이 성불 이전 보살로서의 부처님의 삶을 본받고자 합니다. 보살은 대승불교가 지향하는 이상적 인간형으로서,

대승 운동의 주창자들은 당시 소승이 지향하던 아라한의 이상을 비판하고 보살의 이념을 대안으로 들고나온 것입니다. 초기 대승 운동의 주창자들은 아라한들이 중생의 고통에 아랑곳하지 않고 자신들만의 해탈에 몰두하는 '이기적' 존재들이며 생사를 싫어하고 열반의 안락만을 추구하는 도피주의자들이라고 비판했습니다. 그들은 생사의 속박으로부터 하루빨리 벗어나서 열반의 안식을 얻으려는데 집착한 나머지 생사의 세계에서 고통 받고 있는 중생의 교화와 구제를 외면한다는 것이지요. 그래서 부처님 자신의 삶과 정신을 배반했다는 것입니다. 부처님은 성불 이후에 중생 교화에 힘쓰셨음은 물론이고, 그의 수많은 전생담(Jātaka, 本生經)들이 보여주듯이 보살로서 자기희생적인 자비의 삶을 사신 분이라는 것입니다. 대승은 이러한 부처님의 자비의 정신을 회복하자는 운동이었습니다. 보살은 지혜와 자비를 고루 갖추고 생사의 세계를 두려워하거나 도피하지 않고 중생구제에 헌신하고자 하는 존재들이지요.

보살은 자신만의 해탈을 구하지 않고 자신의 이로움(自利)과 타인의 이로움(利他)을 동시에 추구하는 자입니다. 보살이 깨달음을 구하는 것도 자신의 해탈만을 위한 것이 아니라 중생을 구제하여 함께 생사의 세계를 벗어나기 위함입니다. 보살은 생사의 세계에서 고통 받고 있는 중생이 단 하나라도 있는 한, 스스로 열반에 드는 것을 포기하고 중생과 함께하고자 합니다. 보살은 열반에 들 수 있음에도 불구하고 중생구제의 서원誓願에 따라 의도적으로 중생계에 태어나는 존재들입니다. 즉, 보통 사람들처럼 업에 따라 환생(業生)하는 존재가 아니라 원에 의해 환생(願生)하는 존재들이지요. 보살은 따라서 아라한들처럼 생사와 단절된 열반을 바라기보다는 부처님 자신과 같은 깨달음을 얻어 중생을 구제하고자 합니다. 보살은 자비로써 중생의 삶에 동참하고자 합니다. 중생의 고통을 자신의 고통으로 삼고 그들이 진 번뇌의 짐을 함께 지고자 합니다. 자비 때문에 보살은 생사의 세계와 단절된 열반에 드는 것을 원하지 않고 스스로 중생의 길을 선택하는 것입니다.

하지만 보살이 중생과 더불어 생사의 늪에 빠져버리면 중생을 구제할 수 없습니다. 그래서 보살에게는 지혜가 필요한 것입니다. 『대집경』에는 다음과 같은 말이 있습니다.

> 보살마하살은 두 가지 힘을 지니고 있다. 하나는 번뇌의 힘이요 다른 하나는 지혜의 힘이다. 보살이 만약 번뇌의 힘이 없다면 뭇 중생과 같이 갈 수 없으며 중생이 가는 곳을 알 수 없다.[1]

보살은 다른 말로 하면 생사의 세계와 열반의 세계에 동시에 몸 담고 있는 존재들입니다. 보살은 마치 꼬리는 대양에 담고 있으나 머리는 하늘로 치솟는 큰 용에 비유되기도 합니다. 혹은 보살은 차안에도 머물지 않고 피안에도 머물지 않으며 끊임없이 그사이를 왕래하는 선장과도 같다고 합니다. 그래서 보살이 구하는 열반은 무주처열반無住處涅槃이라고 부릅니다. 머묾이 없는 열반이라는 뜻이지요. 말하자면 '열반 아닌 열반'입니다. 보살은 생사를 두려워하거나 싫어하지도 않고 열반을 즐거워하거나 집착하지도 않습니다. 보살은 지혜로써 생사와 열반이 둘이 아님을 깨달아 생사에도 집착하지

---

1 『大正新修大藏經』13권, 54c.

않고 열반에도 집착하지 않는 자유를 누리며, 동시에 자비로써 중생을 피안의 세계로 열심히 나르는 것입니다. 지혜와 자비, 자유와 헌신이 보살의 생명이고 힘입니다. 지혜와 자비가 보살을 보살이게끔 하는 힘입니다. 보살의 지혜는 자비를 위한 지혜이며, 자비는 지혜에 근거한 자비입니다. 보살의 자유는 헌신을 위한 자유이며, 헌신은 자유에 입각한 헌신입니다.

보살이 되려면 먼저 깨달음을 얻고자 하는 마음을 일으켜야 하며(發菩提心, bodhicitta-utpāda), 이 마음은 자신의 성불만을 위한 것이 아니라 중생을 제도하고자 하는 마음입니다. 보살은 부처님과 같은 깨달음을 성취하고자 하는 의욕과 결단이 있어야 하고 부처님처럼 중생을 고통의 바다에서 건지고자 하는 강한 원이 있어야 합니다. 그런 다음 지혜와 자비를 갖추는 수행이 필요합니다. 보살의 수행은 특히 여섯 가지 완전한 덕목(六波羅密多, pāramitā), 즉 보시, 지계, 인욕, 정진, 선정, 지혜를 닦는 것을 강조하는데, 그 가운데서도 지혜가 가장 중요합니다. 지혜를 갖추어야 다른 모든 덕목이 제대로 이루어지기 때문입니다.

이렇게 보살의 길을 실천하거나 완성한 자 가운데는 지상에서 활동하는 높고 낮은 경지의 수많은 보살은 물론이고, 우주 각방에서 활동하고 있는 초월적 보살, 신적 권능을 갖춘 보살들도 있어서 고통 속에 있는 중생의 탄원과 기도를 들어주고 각종 위험에서 건져주기도 합니다. 우리 모두에게 친숙한 이름인 관세음보살이나 문수보살, 보현보살, 미륵보살 등이 대표적이지요. 또 어떤 보살은 성불하여도 소승에서와는 달리 이 세상과 완전히 결별한 열반에 들기보다는 자신들이 이루어 놓은 정토 혹은 불국토에서 교화 활동을 계속하는 부처가 되기도 합니다. 서방 극락세계를 주관하는 아미타불이 대표적입니다. 이렇게 대승불교는 대중들의 종교적 욕구를 수용하여 불보살을 신앙하는 신앙적 불교를 발전시켰습니다. 엄격한 자업자득의 소승불교와는 달리 중생을 구제하는 초월적 존재들을 믿는 대중 불교로 변모한 거지요.

하지만 이렇게 다양한 종류와 모습의 보살들이 존재한다 해도 모든 보살을 보살이게끔 만드는 것은 위에서 말한 보리심에 근거하여 닦은 지혜와 자비의 힘입니다. 지혜는 보살로 하여금 자기 자신에 대한 집착이나 열반에 대한 집착으로부터 벗어나게 해서 깨달음을 구하는 보리심에 자비의 마음을 더해 줍니다. 지혜와 자비가 없이는 올바른 보리심을 낼 수 없고, 보리심 없이는 지혜나 자비를 구할 수 없습니다. 지혜는 자비를 낳고 자비는 지혜를 더해 줍니다. 지혜 없는 자비는 번뇌와 집착만을 낳고, 자비 없는 지혜는 자신의 해탈만을 추구하는 소승적 지혜에 빠지고 맙니다. 자비 때문에 보살은 자발적으로 생사의 세계에서 중생과 함께합니다. 하지만 보살은 지혜로 인해 중생처럼 생사에 침몰되지 않습니다.

보살의 지혜는 무엇보다도 불이지不二智입니다. 자와 타, 보살과 중생, 번뇌와 깨달음, 생사와 열반, 차안과 피안, 진과 속, 성과 속이 둘이 아님을 아는 지혜이지요. 모든 분별과 집착을 떠난 무분별지입니다. 이러한 지혜로 무장을 하고서 보살은 실로 보살 노릇을 할 수 있으며 진정한 자비를 실천할 수 있는 것입니다. 생사와 열반을 분별하는 한, 보살은 생사를 피하고 열반에 집착하는 마음을 버리지 못합니다. 보살은 생사가 생사가 아님을 알고 생사의 세계에 뛰어들며, 번뇌가 번뇌가 아님을 알고 번뇌를 안고 삽니다. 자와 타를 구별하여 자기라는 생각에 사로잡혀 있는 한, 보살은 순수한 자비를 실천할 수 없습니다. 보살이라는 상相과 중생이라는 상을 구별하여 집착하는 한, 보살은 진정으로 중생의 벗이 될 수 없습니다. 자비를 베푸는 자와 자비를 받는 자가 존재한다는 관념에 사로잡히는 한, 보살은 또 다른 번뇌에 사로잡혀 생사의 악순환을 영속화시킬 뿐입니다. 보살은 일체의 명상名相을 떠나는 지혜를 필요로 합니다. 곧 공의 진리를 깨닫는 반야지般若智를 필요로 하는 것이지요. 보살은 이렇게 일단 모든 차별을 부정하고 초월하는 평등지平等智 위에서 다시 일상적 차별의 세계를 긍정하는 차별지差別智로써 중생구제에 임하는 것입니다.

2. 보살예수론

이제 저는 이러한 보살의 모습에서 그리스도인들은 예수님의 모습을 발견할 수 있고 예수님의 모습에서 불자들은 보살의 모습을 발견할 수 있다는 생각 아래 보살예수론을 전개해 보고자 합니다. 그럼으로써 보살의 관점에서 그리스도인들이 예수를 새롭게 이해할 수 있는 가능성을 탐색해 보고자 하는 것입니다. 말하자면 불교적 관점에서 본 그리스도론(Christology)이라 해도 좋습니다. "너는 나를 누구라 하느냐?"라고 베드로에게 던지신 예수님의 질문에 대한 불교적, 아시아적 관점에서의 답이라 해도 좋습니다. 베드로는 "주는 그리스도시오, 살아계신 하느님의 아들입니다"라고 대답했지만, 오늘의 아시아의 그리스도인들은 "당신은 보살 중의 보살이십니다"라고 답할 수 있지 않겠느냐는 것입니다. '그리스도', '하느님의 아들'과 같은 칭호들이 동서양을 막론하고 그리스도인들에게는 이미 친숙한 것이 되었지만, 그 칭호들은 본래 아시아의 종교문화적 전통에서 나온 말이 아니므로 아직도 여전히 생소한 면이 있습니다. 하지만 보살은 우리 종교문화에 매우 친숙한 말이며, 예수님을 보살의 이미지로 이해하면 새롭고 더 의미 있는 이해가 가능할 것이라는 관점에서 보살예수론을 시도해 보는 것입니다.

그리스도론이란 예수님은 누구인지 그의 정체성을 이해하고 그가 우리 신앙인들에게 어떤 의미를 지니는지를 고찰하는 신학의 중요한 분야입니다. 그리스도론의 시초는 이미 초대교회의 신앙고백과 신약성서의 예수상에서 발견됩니다. '그리스도', '하느님의 아들',

'주님', '로고스' 등 신약성서에 나타나는 예수님에 대한 다양한 칭호들은 본래 예수님 자신이 사용하신 것이 아니고, 그의 십자가와 부활 이후 그를 믿고 따르던 사람들에 의해 그들의 예수 이해를 담아 붙여진 이름들입니다. 그것들은 모두 당시의 특정한 종교문화적 상황에서 사용되던 개념들이었으며, 사람들은 그것들을 그들의 예수 이해에 적용했던 것입니다. 따라서 그것들은 결코 절대적이 아닙니다. 모두 예수님을 이해하는 사람들의 역사적 상황과 다양한 시각들을 반영하고 있으며 장단점이 있는 개념들이지요.

우리가 예수를 보살이라고 부른다면 사람들은 다른 종교의 중심개념을 그리스도교 신앙의 중심에 적용한다는 점에서 얼토당토않은 발상이라고 생각하며 심한 거부감을 느끼기도 할 것입니다. 하지만 우리가 마음을 열고 생각하면 반드시 그렇게 생각할 필요가 없다는 것을 알게 됩니다. 가령 초대교회 신앙의 근거가 된 "예수는 그리스도이다"라는 신앙고백의 경우를 생각해 보아도 우리는 그것이 처음에는 얼마나 파격적이고 얼토당토아니한 고백이었는지를 쉽게 알 수 있습니다. 그리스도는 히브리어 '메시아Messiah'라는 말을 그리스어로 번역한 말인데, 사실 예수님은 이스라엘 사람들이 기다리던 메시아와는 너무나 거리가 먼 존재였습니다. 예수님은 그들이 고대하던 메시아 상에는 전혀 부합하지 않았던 인물이었지요. 그들은 옛 임금 다윗과 같이 이스라엘의 번영과 영광을 재현할 성군 메시아를 기다리고 있었지만, 예수님은 별 볼 일 없는 가문에서 볼품없이 태어나서 한 서민으로 살다가 소명을 받아 하느님 나라 운동을 벌였으며, 결국 십자가의 극형에 처해진 사람이었습니다. 그러기에 당시 이스라엘 사람들은 그를 메시아라고 믿고 선포하는 그리스도인들을 도무지 이해할 수 없었던 것입니다. 바울 사도는 이 점을 너무나 극명하게 의식하고 있었습니다. 그래서 그는 십자가에 처형당한 자가 그리스도라는 점을 믿게 되었을 때 그의 삶이 그야말로 180도 바뀌는 전환을 경험한 것입니다. 그는 이러한 충격적 진리를 고린도전서에 다음과 같이 역설적으로 표현하고 있습니다.

> 십자가의 말씀이 멸망할 자들에게는 어리석은 것이지만, 구원을 받는 사람인 우리에게는 하느님의 능력입니다. … 그리스도가 십자가에 달리셨다는 것은 유대 사람에게는 거리낌이고, 이방 사람에게는 어리석은 일입니다. 그러나 부르심을 받은 사람에게는, 유대 사람에게나 그리스 사람에게나, 이 그리스도는 하느님의 능력이요, 하느님의 지혜입니다. 하느님의 어리석음이 사람의 지혜보다 더 지혜롭고, 하느님의 약함이 사람의 강함보다 더 강합니다"(고전 1: 18-25).

"그리스도가 십자가에 달렸다는 것은 유대 사람에게는 거리낌"이라고 했는데, 사실 당시에 흉악한 범죄자들이나 국사범들이 받을 십자가의 형장에서 무력하게 죽은 한 유대 청년이 이스라엘 민족을 구원할 메시아라는 주장은 말도 안 되는 소리였지요. 그만큼 예수는 전통적인 유대교의 메시아 상과는 거리가 멀었다는 것입니다. 그러면서도 물론 어딘가 부합점이 있었기에 초대 그리스도교인들은 예수를 메시아라고 고백한 것이지요. 그럼으로써 그들은 그리스도 개념을 확 바꾸어 버린 것입니다.

보살이라는 칭호도 마찬가지입니다. 불교라는 전혀 다른 종교 전통에서 탄생한 보살 개념이 먼 유대 땅에서 인간의 진정한 해방을 위해 살다가 요절한 청년 예수의 삶과 생각을 이해하는 데 도움이 될 것이라는 것은 엉뚱한 발상 같지만, 우리에게는 매우 중요한 통찰을 제공해 줍니다. 나는 예수님이 불교문화권에서 탄생하셨다면 틀림없이 자비로운 보살의 모습으로 나타나셨을 것이라고 상상해 봅니다. 그래서 사람들은 그에게서 중생의 고통에 참여하는 보살의 전형적인 모습을 보았을 것이고, 그를 통해서 보살상은 더 심화되었을 것이라고 생각합니다. 그리고 역으로 만약 보살이 2,000년 전 척박한 유대 땅에 출현했더라면 필경 예수님의 모습으로 출현했을 것이며, 그를 통해서 이스라엘이 고대하던 메시아 상이 도전을 받고 심화되었을 것이라 믿습니다. 따라서 우리 아시아인들이 우리들의 언어로 독자적 그리스도론을 전개한다면, 이러한 아시아적 그리스도론의 한 중요한 형태는 '보살예수론'이어야 한다고 믿습니다.

이제 이러한 관점에서 우리가 생각해 보아야 할 문제들은 두 가지로 집약됩니다. 먼저 우리가 과연 예수님에게서 보살의 모습을 발견할 수 있는지 혹은 불자들의 삶과 신앙에 작용해 온 다양한 보살의 모습들이 얼마나 예수의 모습과 부합하는지를 고찰해야 합니다. 저는 이 문제를 "예수의 자유와 보살의 자유", "예수의 사랑과 보살의 자비"라는 두 가지 주제로 생각해 보겠습니다. 그다음 우리가 숙고해야 할 문제는 보살을 보살이게끔 하는 힘이 예수를 예수이게끔 만든 힘과 동일한 것인지, 예수와 보살을 자유와 사랑의 존재로 만든 힘의 원천이 궁극적으로 같은 것인지 하는 문제입니다. 저는 이 문제를 "공과 사랑의 하느님"이라는 주제로 고찰해보려 합니다.

3. 예수의 자유와 보살의 자유

보살은 첫째로 생사의 세계로부터 자유로운 존재입니다. 덧없고 괴로운 현실 세계, 탐욕과 성냄과 무지의 독이 가득 차 있는 세계, 탐욕에 의해 고통을 당하면서도 끊임없이 탐욕의 역사를 되풀이해야 하는 생사의 악순환으로부터 해방된 존재입니다. 보살은 생사의 세계에 살아도 생사의 세계에 빠지거나 종속되지 않는 초월적 자유의 존재들이라는 말입니다.

보살은 현실이란 것이 덧없는 것이며 인간의 행복을 보장해 주는 것이 못됨을 철저히 의식합니다. 우리가 '현실'이라고 확신하고 집착하는 일체의 것들을 보살은 인정하지 않습니다. 보살들이 보기에 현실이란 우리의 분별심이 만들어낸 허구와 환상에 지나지 않습니다. 보살은 그러한 환상에서 깨어나 현실로부터 자유를 얻은 자입니다. 우리가 아는 현실은 보살에게는 더 이상 현실이 아니기 때문입니다.

예수님도 현실주의자가 아니었고 현실의 제약으로부터 자유로운 분이었습니다. 현실에 취해 안주하는 사람들에게 그는 현실이 현실이 아님을 일깨워주었습니다. 예수는 현실에 안주하지 않았습니다. 그에게는 하느님 나라라는 더 큰 현실이 있었기 때문입니다. 임박한 하느님 나라 앞에서 현세의 모든 질서와 권위와 구속력은 무너지고 사라져 버릴 것에 지나지 않습니다. 예수님에게는 우리가 살고 있는 현실이란 결코 안주하거나 집착할 만한 것이 못됩니다. 죄악과 탐욕, 불의와 폭력이 난무하는 현실은 예수님의 눈에는 결코 오래갈 수 없는 것이며 마음을 둘 만한 것이 못됩니다. 그러한 현실 세계를 의지하고 사는 것은 모래 위에 집을 짓는 것과 같이 어리석은 삶이라고 그는 말합니다. 하느님 나라의 비전은 예수를 현실로부터 자유롭게 만들었습니다. 하느님 나라의 초월적 질서 앞에서 현실은 더 이상 현실이 아니었습니다.

예수님에 의하면 절대 무상의 은총의 하느님 앞에서 자신의 안전을 도모하려는 우리들의 모든 현실적 계획은 부질없는 짓이며, 자신의 의를 주장하고 자신을 정당화하려는 모든 정신적 노력도 헛된 일입니다. 하느님의 절대적 긍정 앞에서 인간은 세상의 근심과 염려에 얽매여 살 존재가 아님을 그는 가르치셨습니다. 사랑과 은총의 아빠 하느님 앞에서 우리는 어린아이와 같이 근심 걱정 없이 살아야 할 행복하고 자유로운 존재들임을 그는 친히 보여주셨습니다. 보살과 같이 예수는 현실의 속박으로부터 자유로운 존재였습니다.

둘째로 보살은 생사의 세계로부터 자유로울 뿐만 아니라 열반에 대한 집착으로부터도 자유로운 존재입니다. 생사와 열반, 번뇌와 보리, 중생과 불, 세간과 출세간, 속과 진, 염과 정이 둘이 아님(不二)을 아는 지혜로써 보살은 일체의 분별과 집착을 떠나 자유의 극치를 누립니다. 보살은 이름과 모습에 집착하지 않고 언어와 개념의 주술에 현혹되지 않습니다. 보살은 관념의 유희에 희롱당하지 않으며 이념이나 제도의 노예가 되지 않고 전통의 권위에 얽매이지도 않습니다. 중생의 상相, 부처의 상, 열반의 상, 아라한의 상, 불법의 상 등 그 어떤 종교적 관념도 보살은 얽매이지 않으며 그 어떤 종교적 편견이나 독선으로부터도 자유롭습니다. 선인과 악인, 죄인과 의인, 중생과 부처의 차별이 보살에게는 존재하지 않습니다. 보살은 현실의 노예가 되지 않으며 종교의 포로가 되지도 않습니다. 진과 속이 둘이 아님을 아는 보살은 속을 위해 진을 희생하지 않으며 진을 위해 속을 희생하지도 않습니다. 보살은 생사 속에서 열반을 보며 열반 속에서 생사를 봅니다. 보살은 어느 것에도 걸리지 않되 모든 것을 자비로 받아들이며, 모든 것이 자비의 방편으로 가합니다. 그래서 보살은 다양한 모습으로 나타나 중생의 고통을 제거해 줍니다. 때로는 파계승의 모습으로, 때로는 거지의 몰골로, 때로는 힘없는 어린아이나 노파의 모습으로도 나타나 중생을 깨우치기도 합니다. 보살의 자비는 그로 하여금 세간과 출세간을 마음대로 드나들게 하고 때로는 계율과 금기를 과감하게 범하는 자유를 허락하는 것입니다.

우리는 이와 같은 보살의 자유를 예수님에게서도 확인할 수 있습니다. 보살이 진속을 가리는 소승적 지혜로부터 자유롭듯이 예수님도 유대교의 율법주의로부터 자유로운 존재였습니다. 그는 사랑의 이름으로 종교적 금기와 담을 과감히 허문 분이었습니다. 성과 속, 경건과 불경, 의인과 죄인, 정과 부정의 대립적 구조로 사람을 판단하는 율법학자들이나 바리사이파 사람들의 차별과 편견을 예수님은 과감히 타파했습니다. 그는 인간을 구속하고 억압하는 율법주의나 경건주의나 종교적 권위주의로부터 인간 해방을 선포했으며, 사회적 따돌림과 종교적 편견에 의해 이중으로 차별받고 버림받은 자들의 복권을 선포했습니다. 예수님은 의인이 죄인이 되며 죄인이 의인이 되는, 깨끗한 것이 더러운 것이 되며 더러운 것이 깨끗한 것이 되는, 거룩한 것이 속된 것이 되며, 속된 것이 거룩한 것이 되는 역설적 진리를 깨우치면서 당시 유대교의 경직된 사고와 편견으로부터 인간을 해방시켰습니다. 단적으로 말해 예수님은 아빠 하느님의 자비와 은총 앞에서 인간의 모든 독선과 편견이 무너지는 것을 보여주셨으며 하느님 자녀의 자유를 선포하고 실천하셨던 것입니다. 예수님의 자유는 보살의 자유와 마찬가지로 종교로부터의 해방이고 자유였습니다.

보살의 자유가 일체의 상相과 분별分別을 용납하지 않는 공空의 지혜에 근거한다면 예수의 자유는 인간의 모든 부질없는 노력과 집착, 편견과 독선이 발붙일 곳 없는 하느님 아버지의 절대 무상의 은총에 근거하고 있습니다. 공과 사랑의 하느님은 예수와 보살에게 있어서 인간을 억압하는 일체의 관념이나 관습, 전통이나 권위, 제도나 이념을 무력하게 만드는 무한한 자유의 원천입니다.

셋째로 보살과 예수는 무엇보다도 자기 자신으로부터 자유로운 무아적無我的 존재입니다. 자自와 타他, 아상我相과 인상人相으로부터 해방된 무아적 존재입니다. 보살이 아공我空과 법공法空을 깨닫는 지혜로 인해 아집으로부터 해방된다면, 예수님은 절대 무상의 은총의 하느님, 무조건적 사랑의 하느님 앞에서 철저히 자신을 비우고 놓아버린 무아적 존재였습니다. 아빠 하느님에 대한 절대적 신뢰는 그로 하여금 스스로 살길을 찾으려는 부질없는 노력과 자신의 안전을 확보하려는 허황된 꿈으로부터 자유롭게 했습니다. 인간은 아빠 하느님 앞에서 자신의 의를 내세우거나 자신을 정당화할 필요가 전혀 없는 존재임을 그는 우리에게 가르치셨습니다. 그는 인간에 대한 모든 그릇된 관념과 편견으로부터 해방된 존재였으며 인간의 참다운 모습을 가르쳐 주셨습니다. 은총의 아빠 하느님을 깨달아 알고 믿고 순종하고 내맡기는 하느님 아들의 무아적 자유를 그는 몸소 보여주신 것입니다. 그는 하느님과 사람 앞에서 자기를 낮추고 비우는 무아의 자유를 온몸으로 실천하신 분이었습니다.

무아적 존재는 참다운 자아, 진아眞我를 되찾은 존재입니다. 보살에 있어서 진아는 실체화된 자아, 항구 불변의 독립적 자아에 대한 망상과 아집으로부터 해방되어 의타적依他的 존재로서의 자신의 본래 모습 그대로를 깨닫고 자유롭게 살아가는 존재를 말합니다. 예수님이 보는 진아도 아빠 하느님과의 관계 속에서 근심 걱정 없이 살아가는 하느님의 자녀들, 이웃과 사랑을 주고받으며 사는 관계적 존재이며 의타적 존재입니다. 예수님이 보는 참사람은 자신의 존재 근거를 스스로에서 찾는 어리석음을 범하지 않고 하느님의 자녀, 하느님의 형상으로 지음 받은 인간 본연의 모습을 그대로 지니고 사는 떳떳한 존재입니다. 자아의 울타리에 갇혀 있지 않고 하느님과 이웃을 향해 활짝 열린 개방적 존재이지요. 보살의 참 자아와 예수의 참 자아는 모두 타자와의 관계 속에서 형성되고 살아가는 열린 존재입니다. 보살의 경우는 공의 진리를 깨달아 타 존재들과의 관계 속에서 살아가는 존재이며, 예수님의 경우는 하느님의 절대 무상의 은총을 깨달아 자신에 대한 염려와 아집으로부터 해방되어 이웃을 향해 자신을 활짝 여는 존재입니다. 보살과 예수는 거짓 자아로부터 해방됨으로써 참 자아를 실현한 존재들입니다. 자기 상실을 통한 자기 회복, 자기 부정을 통한 자기 긍정, 죽음을 통해 얻어지는 참다운 생명, 이것이 보살과 예수의 존재의 비밀입니다.

보살과 예수는 현실의 논리, 전통이나 관습의 권위, 제도와 이념의 속박, 종교적 편견과 독선으로부터 철저히 자유로운 존재이며, 무엇보다도 자기 자신으로부터 해방된 무아적 존재입니다. 이것이 보살과 예수가 보여주는 자유의 세계입니다.

4. 예수의 사랑과 보살의 자비

예수의 자유와 보살의 자유는 맹목적 자유가 아닙니다. 자유를 위한 자유, 자신만이 향유하며 자신에만 머물러 있는 자기충족적 자유가 아니라 중생과 이웃을 향해 열린 자유라는 말입니다. 사랑과 자비를 위한 자유이며 희생과 헌신을 위한 자유라는 것이지요. 보살과 예수의 삶은 현실 세계로부터의 자유, 종교적 권위나 전통으로부터의 자유 그리고 자기 자신으로부터의 자유가 없이는 진정한 자비와 사랑이 있을 수 없고, 자비와 사랑이 없이는 진정한 자유도 없음을 증언하고 있습니다. 각박한 현실에 대한 집착이 있는 곳에 어떻게 나눔이 있을 수 있으며, 종교적 편견에 사로잡힌 자에게 어떻게 파격적인 사랑의 행보가 가능하며, 자기 자신에 몰두한 사람에게 어떻게 남을 위한 배려가 생길 수 있겠습니까? 아집이 있는 곳에 이웃과 중생에 대한 순수한 사랑은 불가능합니다. 자기와 남을 가르고 분별하는 곳에 순수한 보시布施(dana)가 있을 수 없으며 오른손이 하는 일을 왼손이 모르게 남을 돕는 일도 불가능합니다. 원수를 원수로 보는 한 원수를 사랑하는 일은 불가능하며 죄인을 죄인으로 보는 한 죄인을 사랑하는 일은 불가능하지요. 중생을 중생으로 보는 한 보살의 순수한 자비는 있을 수 없으며, 의인과 죄인을 가르는 한 죄인을 사랑하는 일은 불가능합니다. 중생을 부처로 보고 죄인을 하느님의 자녀로 보는 인식의 일대 전환 없이는 참다운 자비와 사랑은 성립될 수 없다는 거지요. 또 진과 속, 세간과 출세간을 분별하고, 깨끗한 것과 더러운 것, 죄인과 의인을 가르는 한 아무도 중생과 죄인들의 세계에 뛰어들려 하지 않을 것입니다. 세계와 인생을 달리 보는 초월적 지혜가 없는 한, 세상의 고정 관념과 편견을 뛰어넘는 자유가 없고 진정한 자비와 사랑 또한 불가능한 것입니다.

보살의 자비와 예수의 사랑은 세상이나 세간에서 생각하는 상식적 윤리가 아닙니다. 그것은 세속적 이해타산이나 지혜에 근거한 사랑도 아니고 공리적 타산에 의한 자기희생도 아닙니다. 그렇다고 해서 보살의 자비와 예수의 사랑이 냉철한 의무감에 근거한 윤리도 아닙니다. 보살의 자비와 예수의 사랑은 절대 윤리이며 순수 윤리이기는 하나 도덕적 이성의 명령에 근거한 윤리가 아니라, 공과 하느님의 은총에 대한 영적 통찰과 깨달음 그리고 거기서 오는 무아적 진리의 자각에 근거한 것입니다. 이웃을 자기 몸과 같이 사랑하는 사랑, 원수까지도 사랑하는 사랑, 죄인과 의인을 가리지 않고 모든 사람에게 햇빛과 비를 주시는 하느님 아버지의 완벽한 사랑을 본받는 예수님의 사랑은 무조건적 사랑이요 무차별적 사랑이며 무아적 사랑입니다. 그것은 무엇을 얻기 위한 사랑, 대가를 바라는 사랑, 자신의 이익을 구하는 사랑, 자신의 부족함을 보충하기 위한 사랑이 아니라 아가페적 사랑입니다. 보살의 자비 또한 공관空觀에 근거한 무연자비無緣慈悲로서 무차별적인 자비입니다. 주는 자(與者)와 받는 자(受者)와 재물財物의 상을 떠난 순수한 자비이며 베풂 없는 베풂, 자비 아닌 자비라 할 수 있습니다.

보살과 예수의 순수하고 무조건적이며 무차별적인 사랑과 자비는 초월적 진리에 대한 통찰과 깨달음 없이는 불가능합니다. 예수의 사랑은 아버지 하느님의 절대 무상의 은총으로부터 흘러나오는 사랑이며 보살의 자비는 일체의 상을 떠나고 일체의 분별을 상대화 시키는 공의 진리에서 비로소 성립되는 자비입니다. 보살의 눈에는 중생이 중생이 아니며 부처도 부처가 아닙니다. 선한 자도 선한 자가 아니며 악인도 악인이 아닙니다. 예수의 눈에 비친 죄인은 죄인이 아니고 세리도 세리가 아니며 의인도 의인이 아닙니다. 이와 같은 평등의 지혜, 하느님의 눈 없이는 결코 보살의 자비나 예수의 사랑은 불가능합니다. 예수의 눈에는 가난하고 헐벗은 자들이 복이 있는 하느님의 백성이며 하느님 나라의 주역이기에 예수는 그들을 아꼈으며, 보살의 눈에는 어리석은 중생이 부처의 성품을 지닌 위대한 존재들이기에 보살은 그들에게서 부처의 모습을 봅니다. 의인과 죄인이 하나가 되는 곳, 번뇌와 보리, 중생과 불이 하나가 되는 곳에 비로소 진정한 화해와 용서가 있고 동체대비同體大悲가 가능한 것입니다.

예수와 보살은 물론 이와 같은 초월적 평등지平等智만으로 세상을 보는 것은 아닙니다. 그들에게는 죄인은 역시 죄인이요 중생은 분명코 중생임에 틀림이 없습니다. 그러나 보살과 예수는 이와 같은 차별을 절대화하지 않습니다. 선악을 구별하고 생사와 열반을 구별하되 이와 같은 구별이 차별을 떠난 평등의 세계로부터 올 때, 하늘과 같이 넓은 하느님의 마음과 허공과 같이 텅 빈 부처님의 마음으로부터 나올 때야 비로소 죄인을 살리고 의인을 인간화하는 구별이 되는 것입니다. 평등을 잃지 않는 차별 속에서 예수님은 죄인들과 병든 자들, 가난한 자들과 소외된 자들을 찾았고, 보살은 고통당하는 중생의 탄식과 신음을 듣습니다. 주리고 목마른 자, 옥에 갇힌 자, 나그네와 헐벗은 자, 병상에 누운 자에게서 자신의 모습을 보라고 하신 예수님에게서 우리는 가난한 자, 거지나 행려자, 어린아이나 노파, 하잘것없는 밑바닥 인생의 모습으로 중생을 찾아오는 보살의 모습을 확인합니다. 가난하고 소외된 자, 억눌리고 핍박당하는 자, 죄인들과 세리들의 친구 예수의 사랑 속에서 우리는 보살의 자비를 보며, 생사의 미로에 방황하는 중생이 단 하나라도 남아 있는 한 지옥의 고통도 마다하지 않고 찾아가는 보살의 자비 속에서 우리는 잃은 양 한 마리를 찾기 위해 아흔아홉의 양을 남겨 두고 떠나는 예수의 사랑을 봅니다.

예수의 아가페 사랑과 보살의 자비는 확실히 상이한 사회문화적 배경과 종교 전통에서 형성되었으며 그 구체적 표현과 실천 또한 다른 양상으로 나타나는 것이 사실입니다. 하지만 양자 모두 초월적 지혜와 무아적 진리의 표현이라는 점에서는 일치합니다. 그것은 일찍이 인류가 실현하고자 했던 가장 순수하고 숭고한 도덕적 힘이며 무지와 탐욕으로 병든 세계를 살리는 유일한 구원의 힘일 것입니다.

5. 공(空)과 하느님의 사랑

　예수와 보살에 있어서 자유를 가능하게 하고 사랑과 자비의 헌신을 가능하게 하는 힘은 어디서 오는 것일까요? 그것은 동일한 힘의 원천으로부터 오는 것이되 다만 문화적 배경의 차이로 인해 달리 이해되는 것일까요 아니면 전혀 다른 근원을 가진 힘들일까요?

　예수의 자유와 사랑은 그가 전적으로 신뢰하고 자신을 맡긴 아빠 하느님의 절대 무상의 사랑과 은총으로부터 옵니다. 이 같은 은총의 하느님에 대한 자각과 신뢰야말로 예수에게 무위진인無位眞人 같은 거침없는 자유와 원수까지 사랑하는 절대적 사랑을 가능하게 했던 힘입니다. 은총에 자신을 맡겨 버리고 모든 세상적 염려와 근심으로부터 해방된 자, 자기 정당화와 자기 안전을 꾀하려는 모든 부질없는 노력으로부터 해방된 자, 은총의 하느님 앞에서 자기를 완전히 놓아버림으로써 가장 인간다운 인간이 된 자는 세상이 줄 수 없는 하느님 아들의 자유와 평화를 누리며, 인간의 능력을 초월하는 사랑의 힘을 발휘한다는 사실을 예수는 몸으로 보여주었습니다. 사랑과 자비의 하느님께 자신을 온전히 맡긴 자유인 예수에게서 우리는 무념無念과 무심無心, 무아無我의 보살의 모습을 봅니다.

　그러면 보살의 자유와 자비는 어디서 오는 것입니까? 그것은 두말할 필요 없이 일체의 상을 여읜 공(色卽是空), 그러면서도 동시에 일체의 상을 허락하는 공(空卽是色)의 지혜, 즉 반야지般若智에서 옵니다. 생사와 열반, 번뇌와 보리, 부처와 중생이 둘이 아님을 아는 지혜에서 생사를 두려워하지 않는 보살의 자유와 자비가 가능하고,

나와 남이 하나이고 주는 자와 받는 자가 평등함을 깨닫는 지혜에 의해 순수한 자비가 가능해집니다. 또 일체의 분별심을 떠났기에 보살에게는 무한한 자유가 있고 다양한 차별상을 받아들이기에 한없는 중생의 고통과 고뇌에 귀 기울일 수 있습니다. 일체의 분별과 집착을 떠난 보살의 자유를 가능하게 하는 것도 공이며, 무분별의 분별, 무집착의 집착 위에서 자비를 행하게 하는 것도 공이지요.

그렇다면 공과 은총은 별개의 실재일까 아니면 동일한 실재가 달리 이해되는 것일까요? 여기서 우리는 논의의 가장 핵심적 문제에 접하게 됩니다. 우리가 참으로 예수에게서 보살의 모습을 보며 보살에게서 예수의 모습을 볼 수 있다면, 공과 사랑의 하느님은 궁극적으로 동일한 실재를 가리키는 말이 아닐까요?

독일의 가톨릭 신학자 발터 카스퍼Walter Kasper는 예수님에게서 실현된 사랑에 대하여 다음과 같이 말하고 있습니다.

따라서 그리스도의 죽음과 부활 속에는 인간의 가장 깊은 본질을 이루는 것이 유일회적唯一回的으로 최고의 실현을 보게 된다. 즉, 자기 자신을 넘어서며 자기 자신을 비우는 사랑이다. 예수 자신이 이와 같은 근본 법칙을 다음과 같이 보편화해서 말하고 있다:

"누구든지 자기 목숨을 구하려고 하는 사람은 잃을 것이요 나와 복음을 위하여 자기 목숨을 잃는 사람은 구할 것이다"(마르코 8:35). "밀알 하나가 땅에 떨어져 죽지 않으면 한 알 그대로 있고 죽으면 많은 열매를 맺는다. 자기 목숨을 사랑하는 사람은 잃을 것이요 이 세상에서 자기 목숨을 미워하는 사람은 영원한 생명에 이르기까지 그 목숨을 보존할 것이다"(요한 12:24).

이와 같은 말들은 이제 곧바로 존재론적 의의를 지니게 된다. 즉, 존재하는 모든 것은 타자로의 이행 속에서만 존재한다. 각각의 특수한 사물들은 전체 속에 수용됨으로써만 그 진리성을 확보한다. 생명체란 자신을 유지하기 위해 스스로로부터 벗어나야만 한다. "나"는 자기 자신과 남을 얻기 위해서 "너" 속으로 자신을 비워야 한다.

그러나 공동체, 사회 그리고 인류란 그 구성원들을 포괄하며 넘어서는 어떤 공통적인 것 속에서만 통일을 기할 수 있고 유지될 수 있다. 이 같은 매개 자체도 역시 인격적인 것일 수 있다. 그러므로 인간들 사이의 일치란 인간이 자신을 초월하여 하느님을 공통적으로 인정할 때에만 비로소 가능한 것이다. 더 보편적으로 말하자면, 모든 존재자는 [타자와의] 관계를 떠난 내향적 자기 머묾(In-sich Sein)을 통해서 자기 정체성을 발견하는 것이 아니다. 구체적 정체성은 오직 타자를 향한 관계와 자기 탈피를 통해서만 가능하다. 그렇다면 예수의 가장 내적 존재의 중심을 이루는 사랑은 모든 것을 통합하되 각각에 의미를 부여해 주는 유대紐帶인 것이다.[1]

다소 긴 인용문이기는 합니다만, 카스퍼는 여기서 예수에게 나타난 사랑의 존재론적 의의를 말하고 있습니다. 아니, 사랑의 존재론적 의의라기보다는 존재의 '사랑적' 구조와 원리를 말하고 있습니다. 사랑은 단순히 인간의 감정이나 도덕적 성품이 아니라 모든 존재의 근본적 존재 원리라는 것입니다. 어떤 개체이든 자기 폐쇄적으로 존재할 수 있는 것은 하나도 없으며 항시 타자와의 관계성과 개방성 속에서만 존재할 수 있기 때문입니다. 'A'라는 개체가 존재

---

1 Walter Kasper, *Jesus der Christus* (Mainz: Matthias-Grünewald-Verlag, 1974), 227-228.

하기 위해서는 B, C, D 등의 타자들을 필요로 하며, B, C, D 등도 'A' 없이는 존재하지 못합니다. 이것이 존재의 근본 원리이며, 카스퍼는 여기서 자기도 모르게 불교적 공空의 진리를 말하고 있는 것입니다. 공이란 다름 아닌 모든 존재자들의 의타성依他性, 연기성緣起性, 무자성성無自性性 그리고 상대성 및 상관성을 뜻함을 우리는 이미 보았습니다. 공의 세계에서는 'A'라는 개체는 A가 아님으로써 비로소 A입니다(色卽是空 空卽是色). 다시 말해서 모든 존재자는 자기 부정과 자기 소외를 통해 긍정된다는 것입니다. 부정을 통한 긍정, 자기 상실을 통한 자기 확보, 이것이 공이 뜻하는 모든 존재의 실상이지요. 그리고 이것은 곧 만물에 내재하는 사랑의 원리입니다. 화엄華嚴철학에서는 이러한 공의 세계를 사물과 사물 사이에 막힘이 없다는 사사무애事事無碍의 진리로 표현하고 있습니다. 카스퍼가 말하는 사랑의 존재론적 구조 혹은 존재의 사랑적 원리이지요. 공은 사랑이며 사랑이 공입니다. 이 둘은 사물의 실상이며 존재의 원리인 것입니다.

카스퍼는 위에 인용된 글에서 존재의 또 다른 측면을 함께 언급하고 있습니다. 그는 모든 개별적 존재자들을 포괄하며 통일시켜주되 개별자들을 초월하는 어떤 공통적인 힘 곧 하느님이라는 인격적 실재에 대하여 이야기하고 있습니다. 이 공통적인 힘을 매개로 해서 비로소 사물들 사이에 통일과 화합이 가능하다는 거지요. 이것은 화엄철학에서 말하는 이사무애理事無碍에 해당합니다. 모든 개별적 사물(事)은 예외 없이 공통적 존재 원리인 이理, 즉 공에 참여하고 있으며, 그럼으로써 비로소 그 사물이 될 수 있습니다. 한 사물은 언제나 다른 사물과의 관계 속에서 존재하며, 모든 사물은 동시에 각각의 특수성과 제한성을 초월하는 이理, 즉 공空이라는 포괄적 실재와의 관계 속에서 자기 모습을 지니고 존재하는 것입니다. 이것이 이사무애이며, 여기서 이理는 곧 카스퍼가 말하는 신 개념에 해당하는 것이지요.

혹자는 다음과 같이 이의를 제기할지도 모릅니다. 카스퍼는 모든 개별자를 초월하는 공통적 실재를 하느님이라는 인격적 존재로 보는 데 반하여 불교의 이理와 공空은 비인격적 실재가 아니냐는 것이지요. 그러나 우리는 여기서 사랑의 존재론적 구조를 말하고 있습니다. 하느님의 사랑이란 인격적 개념이지만 동시에 만물의 보편적인 존재론적 원리입니다. 공은 사랑의 존재론적 개념이며 사랑은 공의 인격적 언어입니다. 우주와 인생의 실상은 사사무애와 이사무애적 구조를 지니고 있으며, 이것이 곧 공의 세계이며 사랑의 세계인 것입니다. 공은 실로 사랑의 존재론적 개념이라고 할 수 있는 거지요.

카스퍼는 이러한 우주적 사랑이 예수의 인격의 핵심을 형성하면서 유일회적唯一回的으로 최고의 실현을 보았다고 말합니다. 이것은 물론 예수 그리스도에 있어서 하느님의 사랑의 결정적 계시를 보는 신학자 카스퍼의 입장이며 모든 그리스도인의 입장이지요. 그러나 우리가 지금까지 고찰한 보살론에 입각해서 볼 때 우리는 보살에게도 그러한 사랑의 존재론적 원리가 작용하고 있음을 부인할 수 없습니다. 보살을 보살로 만드는 것은 다름 아닌 공 그 자체이기 때문입니다. 그리스도교 신학은 로고스logos의 보편성을 믿습니다. 그것은 만물의 창조와 생성 이전부터 선재해 있는 만물의 창조 원리요 존재 원리입니다(요한복음 1:1-3; 골 1:15-17). 그리스도교 신앙은 이 로고스가 바로 예수라는 한 역사적 존재에서 집중적이고 결정적으로 나타났다고 믿으며 나아가서는 예수를 로고스의 육화(incarnation) 라고까지 말합니다. 예수는 하느님의 사랑과 은총을 깨닫고 증언하고 실천했을 뿐만 아니라 그의 존재 자체가 하느님의 사랑의 가시적 현현이라는 것이지요. 그리하여 그는 하느님의 아들이라고까지 불린 것입니다. 하지만 로고스가 오직 예수에게만 나타나거나 작용한 것은 아닙니다. 정도의 차이는 있을지언정 로고스는 예수나 보살들과 같이 참다운 자유와 사랑이 실현되는 곳 어디서나 작용하고 있는 힘이며, 그것 없이는 만물의 어느 것도 존재할 수 없는 우주의 궁극적 힘이고 원리인 것입니다. 만물의 생성의 원리인 로고스를 우리가 지금까지 본 대로 공 혹은 사랑의 존재론적 개념이라고 이해할 수 있지 않을까요?

공은 곧 하느님의 사랑이며 로고스라고 저는 생각합니다. 만약 우리가 사랑이라는 인격적 개념보다 로고스라는 존재론적 개념을 더 선호한다면 이제 우리는 공을 아무 주저 없이 로고스라 불러도 좋다고 생각합니다. 공과 하느님의 사랑은 로고스라는 동일한 실재를 달리 표현하는 것에 지나지 않기 때문입니다. 하느님의 사랑, 하느님 자신이 사랑이라는 것은 그리스도인들이 예수님을 통해 깨닫게 된 그리스도교의 본질적 진리이고 신앙입니다. 우주의 궁극적 실재인 하느님이 사랑이라는 것은 다른 말로 하면 사랑이 곧 우주의 궁극적 힘이며 존재론적 원리라는 것을 뜻합니다. 그것을 통해 만물이 창조되었고 그것 없이는 만물이 한시도 존재할 수 없으며 우주가 대립과 갈등과 혼돈과 해체로 치닫는 수밖에 없는 힘, 그것이 곧 로고스요 하느님의 사랑이요 공입니다.

예수와 보살은 바로 이 힘을 통해 한없는 자유인이 되었고 무아적 사랑과 자비를 실천할 수 있는 것입니다. 한 걸음 더 나아가서 우리는 사랑과 자비의 존재 예수와 보살이 바로 그러한 우주적 힘인 공, 사랑, 로고스의 육화(incarnation)라고까지 말할 수 있을 것입니다. 그들의 인격의 핵심, 예수를 예수이게끔 하며 보살을 보살이도록 하는 힘은 궁극적으로 하나이며, 이 힘을 바탕으로 해서 예수와 보살은 엄청난 자유를 누리고 사랑을 실천합니다. 이 하나의 힘은 오늘도 수많은 작은 예수들과 작은 보살들의 삶 속에 살아 움직이면서 그들의 삶을 변화시키고 그들을 접하는 사람들의 삶을 변화시키고 있는 것입니다.

이제 아시아의 그리스도인들은 "너희는 나를 누구라 하느냐?"라는 예수의 질문에 과감하게 "당신은 우리 아시아인들의 마음을 그토록 오래 사로잡아 온 보살의 모습을 가장 확실하게 보여주시는 분이시며 지금도 고통 받는 중생의 아픔을 함께하고 계시는 자비로 우신 보살이십니다"라고 고백해도 좋을 것입니다. 그리고 지금까지의 우리의 논의가 불자들에게도 설득력을 지닌다면, 불자들은 이제 예수를 수많은 보살 가운데 한 분 혹은 관세음보살과 같은 위대한 보살의 현현 내지 변화신으로 간주하는 데는 큰 어려움이 없으리라 생각됩니다. 다만 육화(incarnation) 사상에 입각하여 가현설仮現說(docetism)을 거부해 온 전통적 그리스도교의 입장에서 볼 것 같으면, 예수야말로 일찍이 인류 역사에 출현한 가장 위대한 보살이며, 보살의 이상이 가장 구체적이고 확실하게 피와 살을 가진 존재로 나타난 보살이었다고 말할 것입니다. 그리스도교 신앙의 눈에는 그는 바로 보살을 보살이도록 하는 힘, 그 실재 자체의 가장 결정적인 육화였기 때문입니다.

불성과
하느님의 모상

오늘은 동아시아 불교의 꽃이라 불릴 수 있는 선禪불교에 대해서 말씀드리고 그리스도교와의 대화를 시도해 보겠습니다. 불교사적으로 볼 때 중국불교와 한국불교에 다양한 종파들이 있었지만, 결국 선불교로 귀착되었습니다. 흔히 중국 선불교의 시작은 6세기 초에 인도로부터 온 달마 대사(菩提達摩, Bodhidharma)로까지 소급되지만, 실제로 선이 오늘의 모습을 갖추게 된 것은 8세기 초의 인물인 6조 혜능慧能 대사 혹은 하택 신회荷澤神會 선사의 활약 이후입니다. 하택 신회가 어떤 사람인지는 과거에는 잘 알려지지 않았지만, 20세기에 들어 그의 어록이 돈황에서 출토되면서 그가 오늘의 선불교의 모습을 갖추는 데 결정적 역할을 했음이 밝혀졌습니다. 아무튼 그때부터 비로소 선불교는 이른바 돈오頓悟를 기치로 내세우며 과거의 불교와는 사뭇 다른 파격적 양상을 띠게 되었으며, 그 후 선은 대중 불교인 아미타불 신앙과 함께 중국불교의 주류를 차지하게 되었습니다.

우리나라에서도 선불교가 신라 말에 도입되어 고려조를 거치면서 주류로 자리 잡게 되었으며, 오늘의 조계종이나 태고종에 이르기까지 한국불교는 선을 위주로 하여 경전 공부 혹은 교학을 겸하는 이른바 선주교종禪主教從 혹은 교에서 시작하여 선으로 나아가는 이른바 사교입선捨教入禪의 불문율적 전통을 형성하게 되었습니다. 오늘날 우리나라의 대표적 사찰인 총림에는 부처님을 모신 법당 외에 승려들의 교육기관인 강원과 선방 수좌들의 수행처인 선원이 있습니다만, 그 가운데서도 선원은 그야말로 절의 가장 신성한 공간이며, 거기서 정진하고 있는 선방 수좌들은 문자 그대로 불교의 존재 이유라 해도 과언이 아닙니다. 강원에는 강사가 있고 선원에는 조실 스님 혹은 방장 스님이 계시는데, 조실 스님은 강사 스님이나 주지 스님을 넘어 최고의 존경을 받는 어른이지요. 한국불교의 핵심은 선 수행에 있습니다.

선불교는 인도 불교 사상과 무위자연을 이야기하는 중국의 도가 사상이 자연스럽게 어우러져 형성된 가장 중국적인 불교로서, 동아시아 불교의 꽃이며 동양 정신의 정수라고 할 수 있습니다. 문화적으로도 묵화나 시문, 다도, 꽃꽂이 그리고 검도나 궁도 같은 무예에까지도 깊은 영향을 주었습니다. 20세기에 들어와서부터는 일본의 스즈키 다이세츠(鈴木大拙)에 의해 서양 세계에도 널리 소개되어 수많은 백인 불자들이 선 수행을 하고 있으며, 서양 세계에서 티베트 불교와 더불어 불교를 대표하다시피 하고 있습니다.

1. 선이란?

선불교는 그 자체의 사상을 가지고 있는 것은 아니고 대승불교 사상 일반을 배경으로 하고 있습니다. 그 가운데서도 특히 공空사상과 불성佛性 사상을 기초로 하고 있으며, 도가道家의 무위자연無爲自然의 정신이나 신비적 직관주의에도 많은 영향을 받았습니다. 선의 특징은 그 사상에 있다기보다는 진리를 접근하는 독특한 방식에 있다고 하는 것이 옳을 것입니다. 가령 선의 정신을 나타내는 불립문자不立文字, 교외별전教外別傳, 이심전심以心傳心, 직지인심直指人心, 견성성불見性成佛 등과 같은 표어들은 모두 진리를 언어와 문자의 매개 없이 직접 깨달아 알 것을 강조하는 말들입니다. 선의 근본정신은 진리를 관념적으로 혹은 개념적으로 이해하는 것이 아니라 직관적으로 혹은 온몸으로 직접 체험하자는 것입니다. 진리에 '대하여' 논하거나 아는 것이 아니라 진리 그 자체를 직접 깨달아 스스로 진리와 하나가 되려는 것이지요.

선은 또 진리를 이미 자기 자신의 본심이나 본성에 내재해 있는 것으로 보기 때문에 자기 마음 밖에서 진리를 구하려 하지 않습니다. "부처를 만나면 부처를 죽이고 조사를 만나면 조사를 죽이라"는 유명한 임제臨濟 선사의 말은 이러한 정신을 과격하게 표현한 말이지요. 선은 나와 진리 사이에 털끝만 한 간극도 허락하지 않으려 합니다. 선에서는 진리는 남의 이야기가 아니라 바로 자기 자신의 이야기여야 합니다. 선사들의 이야기에 보면 관념이나 지식으로 알았던 불교의 진리가 실제 상황에서 얼마나 무력한지를 절감한 후

교학을 포기하고 선에 들어간 이야기가 많이 등장하는 것도 바로
이 때문입니다. 예화를 하나 소개하겠습니다.

덕산德山이라는 스님은 본래 계율에도 밝았고 특별히『금강경
金剛經』에 조예가 깊은 학승이었다고 합니다. 그는 중국 남방에서 불
립문자를 강조하는 선이 유행한다는 소리를 듣고 이를 혁파하려고
가다가 도중에서 어느 떡 파는 노파를 만나 점심을 사 먹으려 했습
니다. 그 노파는 덕산이 금강경의 학승임을 알고 말하기를 자기 질
문에 답을 잘하면 떡을 공짜로 드리겠고 아니면 떡을 팔지 못하겠
다는 것이었습니다. "금강경에 보면 '과거심도 얻을 수 없고 현재심
도 얻을 수 없으며 미래심도 얻을 수 없다'고 했는데, 스님은 어느
마음에 점을 찍으려 하십니까?"라고 노파가 묻자 덕산은 그만 아무
대답도 못했고 꼼짝없이 점심을 굶었다는 이야기입니다. 그날 저녁
숭신이라는 스님을 만나 인사를 드리고 나오다가 밤이 컴컴하여 다
시 스님에게 돌아가서 "밤이 칠흑같이 캄캄합니다"라고 말하자 숭
신은 등불을 켜서 건네주었습니다. 덕산이 등불을 받으려 하자 훅
불어 꺼버렸습니다. 그 순간 덕산은 깨침을 얻었고 숭신에게 예를
표했습니다. 숭신이 물었습니다. "그대는 무엇을 보았는가?" "이제
부터는 선사들이 하는 말에 의심을 두지 않겠습니다." 다음날 덕산
은 자기가 지은『금강경소』를 법당 앞에 쌓아놓고 불을 지르며 말
하기를 "번쇄한 논의는 허공에 던진 한 오라기 머리카락 같으며,
모든 재능의 과시란 깊은 바다에 던져진 한 방울의 물과 같다"라는
것이었습니다. 그 후부터 덕산은 누가 법을 물으면 방망이로 내리
쳤다는 것입니다. 이것이 유명한 덕산의 방망이(德山棒)입니다.

자기 자신의 마음 밖에 부처가 따로 없고 자기 마음이 곧 부처라

는 심즉불心卽佛의 진리를 믿고 깨우치는 것이 선의 요체라 해도 과언이 아닙니다. 여기서 마음이란 번뇌의 마음인 망심妄心이 아니라 참 마음 곧 진리를 알며 진리와 하나 된 진심眞心을 가리키는 말입니다. 번뇌와 망상에 의해 왜곡된 우리들의 일상적 마음이 아니라 번뇌와 망상에도 불구하고 결코 더럽혀지지 않는 우리 마음의 본심本心을 가리킵니다. 우리의 마음은 언어와 관념, 사고와 분별의 지배를 받아서 왜곡되어 있으며 온갖 번뇌에 싸여 있지만, 그 본래적 성품은 결코 더러워지지 않고 항시 청정하다는 겁니다. 이러한 중생심의 이중성을 가리켜 대승불교에서는 여래장如來藏(tathāgatagarbha)이라고 부릅니다. 즉, 중생의 마음은 번뇌로 덮여 있지만, 그 안에 여래를 임신하고 있는 태 혹은 자궁과 같다는 말이지요. 모든 중생이 이렇게 그 마음속 깊은 곳에 여래를 품고 사는 존재들이며, 거기에 여래의 씨 혹은 부처님의 혈통(種姓, gotra), 부처님의 성품이 자리 잡고 있다는 것입니다. 그래서 그것을 불성佛性이라 부르고 본각本覺이라고도 부릅니다. 우리 마음에 본래부터 내재하고 있는 부처님의 깨달음의 성품이기 때문이지요. 한마디로 말해 중생의 마음은 본래 부처의 마음이라는 것입니다.

선은 공空이라는 부정적 표현을 넘어서 존재의 가장 원초적 모습을 불성, 진심, 진여 등 긍정적 언사로 표현합니다. 모든 존재와 생명의 근원적 실재를 번뇌와 망상에 의해 왜곡되기 이전의 순수하고 원초적인 실재에서 찾고 있지요. 따라서 심즉불心卽佛이라고 해서 우리는 이 마음(心)을 단순히 심리학적 개념, 즉 우리가 흔히 말하는 마음이라는 주관적 현상이나 실재를 가리키는 말로 생각해서는 안 됩니다. 선에서 말하는 마음이란, 곧 진리 자체 혹은 실재 자체를 가리키는 말이기 때문입니다. 마음은 심리학적 개념보다는 존재론적 개념이라 해도 좋습니다. 선에서는 진리와 진리를 인식하는 마음을 별개로 생각하지 않습니다. 따라서 선에서는 사물의 실상인 공은 심공心空이고 진여는 곧 심진여心眞如입니다. 공 혹은 진여는 우리의 사고와 분별심이 사라질 때 드러나는 진리의 세계이므로, 진리와 그것을 아는 참 마음(진심)이 둘이 아니지요. 진리는 나와 세계가 '나'라는 의식에 의해 주객主客 대립의 구조로 파악되기 시작 이전, 우리들의 언어와 분별에 의해 왜곡되기 이전의 나와 세계의 참되고 순수한 모습으로서, 진리와 나의 진심이 따로 있는 게 아니라는 것입니다. 선에서는 진리를 대상화하지 않고 바로 생각의 자취가 끊긴 나의 마음 자체에서 찾습니다. '나'라는 생각이 없어진 나의 참 마음에서 '참나'와 '참 세계'를 찾지요. 따라서 밖의 사물들을 향해 치닫던 마음의 관심과 활동을 안으로 되돌려 비추는 회광반조廻光返照를 통해서 망심 이전의 진심, 인간 본연의 모습 혹은 본래적 자아, '나'보다 더 깊은 나, 무한한 나를 되찾고자 하는 겁니다. 본래적 나의 발견, 참나의 회복이 곧 선의 본령이지요.

선은 인간의 이러한 본래적 심성을 다양한 이름으로 부릅니다. 여래장, 불성, 본각이라고 부르는가 하면, 진심眞心, 본심本心, 혹은 모든 번뇌가 텅 빈 마음이기에 무심無心이라 부르기도 하며, 인간의 본래 모습이라 하여 본래면목本來面目 혹은 아무런 사회적 지위도 없는 순수한 참 인간이라 하여 무위진인無位眞人이라고 부르기도 합니다. 모두 우리의 참나, 참 자아(眞我)를 지칭하는 말들이지요. 한 가지 유의할 점은 이 진아는 일찍이 석가모니불에 의해 부정된 개인의 실체적 자아가 아니라 모든 인간이 공유하고 있는 인간 본연의 성품이며 따라서 인간의 보편적 자아, 무한한 자아, '나' 아닌 나를 가리키는 말이라는 사실입니다.

　고려 시대의 선사 보조국사 지눌知訥(1158~1210) 스님은 이러한 인간 마음의 본바탕을 '공적영지지심空寂靈知之心', 즉 '비고 고요하며 영묘한 앎의 마음'이라고 불렀습니다. 진심의 묘체妙體 혹은 핵심은 적寂과 지知, 즉 고요함과 앎이라는 두 측면 내지 양상을 가지고 있다는 것입니다. 이 두 개념에는 공사상과 불성 사상이 함께 녹아 있음을 알 수 있습니다. '공적하다'는 말은 인간 본성인 진심이 일체의 번뇌와 분별을 여읜 텅 비고 순수한 마음 바탕이라는 말이며, '영지'라는 말은 이러한 마음 바탕이 아무런 의식이나 앎(知)이 전혀 없는 목석과 같은 존재가 아니라 항시 밝게 빛나고 비추는 영묘한 지성의 성격을 지닌 것임을 말하고 있습니다. 이 앎은 결코 어떤 구체적 사물이나 대상을 인식하는 가변적 의식이 아니라 우리의 모든 인식 작용의 배후에 있는 본성적 깨달음의 성품 그 자체로서 항구적 실재라고 합니다. 그것은 누구나 갖추고 있는 영묘한 깨달음의 성품으로서, 나고 죽음을 초월한 절대적이고 영원한 실재입니다. 우리들의 좁은 이기적 자아가 죽고 사라진 무아적 자아이며 참 자아지요.

　지눌은 이 공적영지지심으로서의 진심을 깨끗하고 투명한 구슬에 빗대어 알기 쉽게 설명합니다. 진심의 공적한 면은 구슬의 깨끗함(淨)이고 진심의 영묘한 앎은 구슬의 투명성(明)과 같다는 것입니다. 구슬은 바로 이 투명성이 있기 때문에 주변의 다양한 사물들을 있는 그대로 반영할 수 있습니다. 마찬가지로 진심은 일체의 번뇌가 사라진 순수한 마음이지만, 그 영묘한 앎의 성격으로 인해 다양한 사물들을 순수하게 대하고 잡다한 일상사들을 자유롭게 처리해 나갈 수 있습니다. 이것을 지눌은 진심의 묘용妙用, 즉 묘한 작용이라 부릅니다. 진심의 묘체는 공적한 정적 실재이지만 진심의 묘용은 역동적 세계입니다. 진심은 변화무쌍한 일상적 세계와 차단된 세계가 아니라 투명한 구슬 혹은 거울이 주위 사물을 있는 그대로 비추듯이 세계를 향해 활짝 열려 있습니다. 따라서 이 진심의 묘체와 묘용을 깨달은 자는 일상사를 아무런 집착이나 막힘없이, 마치 거울이 주위 사물을 비추듯 '나'라는 존재의 개입 없이 순수하고 자연스럽게 진심의 작용으로 수행한다는 것입니다. 이것이 선사들이 추구하는 무념, 무심의 세계입니다. 무념과 무심은 아무런 생각이 없다는 뜻이 아니라 거울이 사물을 비추듯 아무런 집착이나 걸림 없이 사물을 있는 그대로 대하는 마음을 가리킵니다.

무념, 무심으로서의 진심은 우리들의 언어와 관념, 사고와 분별에 의해 오염되기 이전의 순수한 세계를 가리키는 말로, 일상적 삶과 행위를 떠나 있는 별도의 세계가 아닙니다. 일상적 행위 하나하나가 그대로 진심의 발현입니다. 선사들은 이런 순수한 마음을 두고 "평상심이 도이다"(平常心是道)라고 말하는 것입니다. 먹고 자고 일하는 일상적 행위 자체가 맑고 깨끗한 진심의 묘용이고 '나'를 떠난 불성의 작용이기에 그대로 진리의 세계라는 것입니다. 이런 점에서 선은 철저히 생활의 종교입니다.

그러나 선불교의 특징은 이러한 이론으로서의 심성론에 있는 것은 아닙니다. 이러한 심성론은 이미 대승 일반의 철학 사상입니다. 앞에서도 말했듯이 선은 이론이나 관념 혹은 말에 있는 것이 아닙니다. 진리를 직접 자기 자신의 것으로 만들려는 것, 자기 자신의 마음에서 실현하려는 것이 선의 정신입니다. 선의 독창성은 우리가 어떻게 하면 이러한 자신의 본래면목을 회복할 수 있는지 그 접근법에 있습니다. 어떻게 해야 망심에 가려진 진심을 드러낼 수 있으며 거짓 자아에 싸인 참 자아를 해방시키는가 하는 문제입니다.

얼핏 생각하면 진심을 덮고 있는 번뇌를 수행을 통해 제거하면 될 것이 아니냐고 간단하게 말할 수 있을 것 같습니다. 사실 이러한 마음 닦음(修心)의 접근법이 초기 선사들의 주된 수행법이었습니다. 마음을 잘 관찰하고(觀心) 주시해서 마음의 때를 부지런히 닦아내면 맑고 깨끗한 마음의 본바탕이 환히 드러난다는 이른바 점수漸修, 즉 점차적 닦음의 방법이었지요. 하지만 제6조 혜능 대사 이후 중국 선의 정통을 차지하게 된 이른바 남종선南宗禪 전통에서는 이러한 점차적 수행법을 단호하게 거부하게 되었습니다. 그러한 수행은 오랜 시간이 걸리는 승산 없는 싸움으로 여겨졌고, 인간의 자연스러운 활동을 억누르는 억압적 수행이며 다분히 인도적 수행법으로 간주되어 거부된 것입니다. 직관을 중시하며 무위자연을 좋아하는 중국적 사고방식의 반발을 산 것이지요. 중국 선사들은 이러한 점수적인 수행법에 일대 혁명을 일으켜서 이른바 돈오頓悟 혹은 견성見性의 기치를 들고 나왔습니다. 즉, 한순간 대번에 깨쳐 자기 마음의 본성을 보면 그것으로 모든 문제가 끝난다는 것이지요. '깨친다' 혹은 '본다'는 행위는 일순간의 일입니다. 우리 마음은 본래 아무런 더러움이 없이 맑고 깨끗한 것이어서 번뇌나 더러움이 본래 실재하는 것이 아니고 허망한 것인데, 도대체 무엇을 닦고 말고 할 것이냐는 것입니다. 번뇌가 본래 공임을 깨닫고 수행이 본래 필요 없음을 대번에 깨닫기만 하면 된다는 것이지요. 역설적이지만 본래 아무것도 닦을 것이 없음을 깨닫는 것이야말로 최고의 수행, '수행 아닌 수행'인 것입니다. 수고롭고 번거로운 긴 수행의 과정을 한순간의 깨달음으로 대체해 버린 것이지요. 단칼로 모든 문제를 일시에 해결하는 단도직입單刀直入의 정신이 바로 중국선의 기본정신입니다.

유명한 마조 도일馬祖 道一(709~788) 스님과 그의 스승 남악 회양의 일화는 이러한 사정을 잘 나타내 줍니다. 좌선 수행을 아무리 오래 해도 기왓장을 갈아 거울을 만들 수 없듯이 부처가 될 수 없다는 것입니다. 중요한 것은 본래부터 아무 흠 없이 깨끗한 자기 마음의 본성을 깨닫는 것이지 갈고 닦는 일이 아니라는 말입니다. 중국 선에서는 따라서 좌선이 전통적인 인도적 요가 수행의 정신을 탈피하게 됩니다. 그래서 후쉬(胡適) 같은 현대 중국 사상가는 심지어 중국 선은 아예 선이 아니라고 말합니다. 인도적인 선정禪定(dhyāna) 수행이 아니라는 것이지요. 중국 선의 핵심이 돈오견성으로 옮겨졌기 때문입니다.

돈오와 견성의 배후에는 물론 대승의 공사상과 불성 사상이 깔려 있습니다. 모든 번뇌가 본래 공하며, 우리 모두의 본심이 부처님의 마음과 조금도 다르지 않다는 믿음입니다. 이러한 진리를 깨닫기만 하면 되지 수고로이 번뇌를 하나하나 제거하려고 애쓸 필요가 없다는 것입니다. 앞에서 본 구슬의 비유를 들어 말하자면 세상사의 번뇌들은 구슬에 나타난 다양한 색상들과 같은 것인데, 그것들은 구슬 자체에 실재하는 것이 아니라 단지 구슬에 비친 영상일 뿐임을 알면 구태여 그것들을 제거하느라 애쓸 필요가 없다는 말입니다. 그냥 진심 혹은 불성의 작용으로 자연스럽게 놔두면 된다는 것이지요. 점수적 접근은 진眞과 망妄, 생사와 열반을 대립적으로 보는 데서 오는 행위라는 것입니다. 하지만 우리가 번뇌의 본성을 깨닫는 순간 더 이상 번뇌가 아니며 모든 문제가 봄눈 녹듯이 사라진다는 것입니다.

닦을 것이 있다고 생각하는 닦음은 애초부터 잘못된 닦음이며, 닦음보다 중요한 것은 그런 것이 필요 없다는 깨달음이라는 것입니다. 깨닫고 나면 아무 닦을 것도, 부족한 것도, 구할 것도 없으며, 구할 것이 없기에 얻는 것도 없습니다. 선의 극치는 바로 이러한 '무소구 무소득無所求, 無所得'의 경지에 있습니다. 본래 아무 문제도 없는데 우리가 공연히 자승자박하고 있다는 것이며, 이 사실을 깨닫기만 하면 된다는 것입니다. 그래서 마조 선사는 말하기를 "도는 닦음을 필요로 하지 않는다. 다만 더럽히지나 말라"(道不用修 但莫汚染)고 했습니다. 여기서 도란 진심을 가리키는 말이며, 더럽힌다는 말은 문제를 공연히 만들어내는 것을 말합니다. 이렇게 더럽히려야 더럽힐 수 없는 순수한 본래성의 자각이야말로 선의 본령입니다. 도의 세계는 본래부터 완벽한 것이기에 닦고 지고 할 것이 없다는 것이지요. 그러니 단지 더럽히지나 말라고 한 것입니다. 사실 더 엄격히 말하면 도는 '더럽힘'조차 있을 수 없는 것이지만, 우리가 더럽혀진다고 잘 못 생각하니까 더럽히지나 말라고 말하는 것이지요.

이 같은 사정을 좀 이론적으로 말하면 선불교에서는 오悟와 수修, 즉 깨달음과 닦음 사이에 건널 수 없는 질적 간격이 존재한다는 말입니다. 전통적인 교학 불교에서는 닦음이란 깨달음에 이르기 위한 수단이며 과정인데, 선에서 보면 그것은 모두 깨달음 이전의 세계에 속한 것이며 깨닫지 못한 사람들이 하는 짓이기에 결코 깨달음의 세계로 이어질 수 없다는 것입니다. 수행이라는 원인과 깨달음이라는 결과 사이에 아무런 유기적 연계성이 없다는 말입니다. 엄격히 말해서 선에서는 애당초 깨달음이라는 질적 비약 이외에는 달리 진리의 세계에 들어갈 방도가 없는 것입니다. 이를 두고서 조선조 명승 서산대사는 『선가구감』에 말하기를 교敎(교학적 불교)는 유언有言에서 무언無言에 이르는 반면 선禪은 무언에서 무언에 이르는 것이라고 했습니다. 선은 애당초 진리에 이르는 과정이나 길을 허락하지 않는다는 말이지요. 닦음의 과정 자체가 처음부터 완벽하고 순수해야 한다는 것입니다. 그러려면 닦음 자체가 이미 깨달음에 서 있어야 합니다. 따라서 선사들은 깨달음 없이는 참다운 닦음이 있을 수 없다고 말합니다. 깨달음 이전의 닦음은 번뇌가 본래 공적하다는 것을 모르고 하는 닦음이기에 오염된 닦음(汚染修)이며 진정한 닦음이 못 된다는 것입니다. 공관이나 불성의 진리에 철저하지 못한 소승적 닦음에 지나지 않는다는 것이지요. 선에서는 수단과 목적이 일치해야 합니다. 무언의 경지는 무언으로만 확보되며 순수한 것은 순수한 것으로만, 절대적인 것은 절대적인 것으로만 도달할 수 있다는 논리입니다. 선은 이렇게 길 없는 길을 가야 하기 때문에 어렵습니다. 하지만 선에는 조그마한 어긋남도 허락하지 않는 완벽성과 순수성이 있어서 우리를 매혹합니다.

선은 처음부터 완벽을 요구합니다. 시작부터가 완벽해야 하기 때문에 깨닫든지 말든지 둘 중의 하나이며, 깨달음에 이르는 점진적 과정이나 구체적 방법론이 있을 수 없습니다. 그런 점차적 방법이 있다면 이미 지고 들어가는 싸움이며, 있다고 생각하는 것 자체가 문제의 발단이라는 것이지요. 이미 진리를 배반한 것이기 때문입니다. 이것이 돈오주의 정신입니다. 이것은 선의 순수성, 절대성을 담보해 주지만, 동시에 깨닫지 못한 사람들의 접근을 어렵게 만드는 요인이 되지요. 아직 깨닫지 못한 자는 도대체 어떻게 하라는 말입니까? 방법이라는 것이 용납 안 된다면 선사들 자신은 도대체 어떻게 그 세계에 들어갔다는 말입니까?

이런 모순을 해결하기 위해 선은 파격적인 방법을 사용합니다. 말하자면 방법 아닌 방법이지요. 논리적 설득이나 설명이 필요 없고, 좌선을 통해 부지런히 닦는 일도 소용없습니다. 암중모색과도 같은 오랜 모색과 방황 끝에 어떤 우연한 계기를 만나 한순간에 확철대오廓徹大悟하는 경험이 주어지기에 '방법'이라고 할만한 것이 없습니다. 다만 선사들이 제자들의 수행 생활을 관찰하다가 깨달음의 기연機緣이 무르익었다 싶으면 질적 비약의 계기를 마련해 줍니다. 마치 암탉이 알을 품고 있다가 때가 되면 톡 쪼아주어 알을 깨고 나오듯이 그렇게 한다는 말입니다. 돈오의 눈뜸의 경험이지요. 선사들은 상식을 뒤엎는 언행을 통해서 수행자로 하여금 자기 마음의 본바탕, 자기 안에 이미 존재하는 진리에 눈을 뜨게 합니다. 말도 안 되는 선문답이나 방(棒, 방망이로 때리는 행위)이나 할喝(갑자기 큰 소리를 지르는 행위) 혹은 춤을 춘다든지 하는 각종 기행奇行 혹은 폭행에 가까울 정도의 파격적 '행위언어'를 동원해서 수행자가 정신이 확 들게 만드는 거지요. 그래서 진리가 별 것 아니라 지금 여기서 벌어지고 있는 삶 자체가 진리이며 일상적 행위 자체가 진심의 묘용임을 몸으로 보여주는 것입니다. 이런 행위언어의 좋은 예를 일지선—指禪, 즉 '한 손가락 선'으로 유명한 구지俱胝라는 스님의 일화에서 보겠습니다.

본래 구지는 학식이 많은 대 강사였는데 하루는 한 비구니가 찾아와서 방갓을 쓴 채 구지 주변을 세 바퀴 돌고서는 하는 말이 "한 마디 하시면 방갓을 벗겠소"라고 했다는 것입니다. 여기서 '한 마디 하라는' 표현은 분별을 떠난 진리 그 자체를 단도직입적으로 가리키라는 말인데 구지가 답을 못하자 '시시하구먼' 하고는 떠나 버렸다는 것입니다. 큰 충격을 받은 구지는 학인들을 다 해산시키고 두문불출하면서 이 '한 마디'에 대해 골똘히 생각하다가 천룡 스님이 찾아오자 자기의 고민을 털어놓았습니다. "무엇이 한 마디입니까?"라고 묻자 천룡은 아무 말도 하지 않고 손가락 하나를 딱 세워 보였답니다. 그 순간 구지가 크게 깨치고 그 후부터는 누가 찾아와서 도를 물으면 손가락 하나를 세워 보이는 일지선을 실천하게 되었습니다. 그런데 그의 제자 사미승 하나가 깨치지도 못한 주제에 구지 스님이 없는 사이에 스님을 흉내 내어 어떤 사람이 찾아와서 법을 묻자 손가락 하나를 세웠다는 것입니다. 그리고는 구지 스님이 돌아오시자 자랑삼아 얘기했답니다. 그래 어떻게 손가락을 세웠느냐고 스님이 묻자 그 사미승이 '이렇게요' 하면서 손가락을 들자 그 순간 구지는 칼로 그 손가락을 베어버렸습니다. 고통 속에서 도망치는 사미승을 부르자 그가 뒤를 돌아보는 순간 구지 스님은 한 손가락을 세워 보였으며, 그 순간 사미승이 깨쳤다는 이야기입니다. 실화인지는 몰라도 참으로 그럴법한 이야기이며 역동적인 선의 세계를 잘 보여주고 있습니다. 진리는 추상적인 담론이나 교리가 아니라 몸의 언어, 행동의 언어를 통해 삶의 구체적 순간에서 그대로 포착되는 것이며, 그러한 경험을 통해서야 참으로 살아 있는 나의 진리가 된다는 것이지요.

12세기 중국 선에서는 임제종의 대혜大慧 선사에 의해 옛 선사들의 문답인 화두話頭 혹은 공안公案을 가지고 종일 씨름하는 간화선看話禪 이라는 것이 크게 유행하게 되었고, 그 후 우리나라에도 들어와 지금까지 선 수행의 주류를 차지하게 되었습니다. 화두 가운데서도 조주 스님의 '무자無字' 화두가 가장 유명합니다. 누가 조주 스님에게 "개도 불성이 있습니까?" 물었을 때 스님은 "무"라고만 대답하셨다는 이야기입니다. 있고 없고의 논리적 문제가 아닙니다. 간화선의 핵심은 수행자가 생각이나 논리로는 도저히 풀 수 없는 수수께끼 같은 선문답을 가지고 씨름하면서 절망에 가까운 궁지에 몰리다가 극적 탈출구를 발견하는 깨달음의 경험입니다. 사즉생死卽生의 경험, 그리스도교적으로 말하면 죽음을 통한 부활의 경험이라 할 수 있습니다. 일체의 사량이나 분별을 초월하는 자기 존재의 근원이요 자기 마음의 밑바닥, 그야말로 자신의 본래면목을 경험하는 것입니다. 일상적인 거짓 자아가 죽고 일상적으로 대하는 세계도 죽어 자기와 세계가 전혀 다른 모습으로 되살아나는 거듭남(重生)의 체험이라고 할 수 있습니다. 엄청난 환희와 대자유를 맛보는 경지로 묘사되고 있지요.

그러나 어떤 선사들은 단 한 순간의 깨달음만으로 모든 문제가 일시에 해결된다고 생각지 않습니다. 깨달음 이후에도 지속적인 닦음이 필요하다는 것입니다. 우리에게 번뇌는 과거 오랜 시간에 걸쳐 습관화되어 있기 때문에 나의 마음이 본래 부처요, 번뇌가 본래 공함을 깨닫는다고 해도 여전히 힘을 발휘하기 때문에 계속해서 수행이 필요하다는 것이지요. 따라서 지눌 스님 같은 분은 돈오 후의 점수를 주장합니다. 이에 대하여 철저한 돈오주의자는 점수를 필요로 하는 돈오는 진짜 돈오가 아니라고 비판합니다. 그들은 따라서 일종의 '돈오돈수頓悟頓修' 같은 것을 주장합니다. 참다운 깨침이 있으면 수행도 역시 자연스럽게 완성된다는 것입니다.

　이러한 문제는 아마도 사람마다 차이가 있지 않을까 생각합니다. 어쨌든 선은 자신의 본심과 본래면목을 깨닫는 돈오로부터 시작된다는 것만은 확실합니다. 돈오는 인식의 일대 전환으로서 본래부터 있는 진리를 깨닫는 것일 뿐이지 새로이 무엇을 첨가하거나 바꾸는 일이 아닙니다. 그냥 나와 사물이 있는 그대로의 순수하고 완전한 모습, 즉 진여를 깨달아 아는 것입니다. 그리스도교적 언어로 표현하자면 피조물들이 하느님에 의해 창조된 첫 순간의 순수하고 완벽한 세계를 발견하는 것이라고 할 수 있습니다. 인간의 자기중심적 사고와 탐욕에 의해 물들지 않은 아름다운 세계, 하느님 나라의 실현이라고 말할 수 있습니다. 그야말로 무념, 무심, 무아의 순수한 세계이지요.

2. 참사람

선불교를 위시하여 모든 동양 사상의 핵심은 참다운 인간성의 실현에 있습니다. 동양의 성현들은 모두 참다운 인간이 되는 것을 최상의 목표요 구원이라 보았으며, 그 길을 제시한 분들입니다. 그리스도교도 마찬가지입니다. 그리스도교에서도 구원이란 죄에 물든 인간이 하느님이 창조한 본래 모습 그대로의 본래적 인간성을 회복하는 것입니다. 인간은 본래부터 하느님을 닮아 하느님과 함께 살도록 하느님의 모상(imago dei)으로 창조된 고귀한 존재이지만 죄악으로 인해 이 모상이 일그러지게 되어 추한 모습을 띠고 산다는 것입니다. 예수님은 바로 하느님을 쏙 빼어 닮은 하느님의 아들로서, 그야말로 하느님의 모상 그 자체이며(골 1:15) 인간의 인간성을 가장 순수하고 완벽하게 드러낸 참사람이라는 것입니다. 바울 사도는 그래서 예수를 '두 번째 아담'이라고 부릅니다. 첫 번째 아담은 죄로 인해 인간성을 배반했지만, 두 번째 아담 그리스도는 타락의 역사를 종식시킨 새로운 인간이라는 것입니다. 그는 인간 본연의 순수한 성품을 실현한 자이고 우리 모두가 본받아야 할 인간상을 구현한 존재라는 거지요. 그는 하느님의 모상으로 창조된 인간의 신성을 완전히 실현한 자로서, 그에게서 완벽한 신인합일神人合一이 이루어졌다는 것입니다. 그는 하느님과 하나가 되고 인간들과 하나가 되는 구원의 세계를 완벽하게 구현한 존재라는 말이지요.

바울은 "누구든 그리스도 안에 있으면, 그는 새로운 피조물이다"(고후 5:17)라고 선언합니다. 더 나아가서 그는 대담하게 "이제 살고 있는 것은 내가 아닙니다. 그리스도께서 내 안에서 살고 계십니다"(갈 2:20)라고 말합니다. 여기서 '그리스도'는 그리스도의 영을 가리키는 말이겠지만, 동시에 이 영으로써 회복된 본래적 인간성, 참다운 인간성을 가리킵니다. 두 번째 아담, 새로운 인간형으로서의 그리스도지요. 신학자 폴 틸리히Paul Tillich의 표현대로 '새로운 존재'(New Being)이지요. 바로 예수님 자신에게서 실현된 본래적 인간성이며, 모든 그리스도인들 안에서 형성되는 그리스도의 형상이며 참된 인간성입니다. 바울 사도는 그것을 또 '속사람'이라고도 부릅니다. 속사람은 여래장 개념과도 같이 우리 안에 살고 있는 그리스도이며, 우리의 본래적 인간성이자 우리가 되어야 할 새로운 인간성을 가리킵니다. 우리의 속사람은 날로 낡아가는 '겉 사람'과는 달리 날로 새로워진다고 바울은 말합니다. 이렇게 그리스도의 영을 통해 본래적 인간성을 되찾은 자는 예수 그리스도처럼 하느님과 이웃과 완전히 하나가 됩니다. 예수님에서와 마찬가지로 그에게서도 神人合一이 이루어지는 것이지요.

'신인합일'이라 해서 인간과 하느님의 차이나 구별이 없어진다는 말이 아닙니다. 하느님의 모상으로 창조된 인간 안에 존재하는 신성이 회복되고 실현됨을 뜻하는 것이지 구체적 인간이 지닌 유한성이 사라진다는 말은 아닙니다. 예수님도 하느님의 아들이었지만 독특한 인격과 성격을 지닌 사람이었음을 우리는 기억해야 합니다. 마찬가지로 다양한 성격을 지닌 인간들 사이의 차이는 우리가 하느님과 이웃과 하나가 되는 구원의 세계에서도 여전히 존재한다고 그리스도교는 믿습니다. 현세에는 물론이고 내세에서조차도 그렇다고 믿습니다. 다만 순수하고 보편적 인간성의 회복을 통해서 우리 모두가 다양한 개성을 지닌 채 하나가 되어 사랑을 실천하고 평화를 이루며 사는 것이지요. 그리스도교의 궁극 목표도 동양 종교와 마찬가지로 본래적 인간성을 실현함으로써 참다운 인간이 되는 것입니다. 인간다운 인간이 되는 것, 그 이상도 그 이하도 아니지요.

그런데 문제는 우리가 어떻게 이 본래적 인간성을 되찾고 실현할 수 있는가 하는 것입니다. 선불교에서는 깨달음을 통해서 우리의 본심인 불성이 드러난다고 말하는데, 그리스도교에서도 그런 것이 존재하는 것일까요? 저는 존재한다고 생각합니다. 저는 예수님이 깨달은 사람이었다고 말씀드리고자 합니다. 예수님은 무조건적인 사랑과 은총의 아빠 하느님에 대한 깊은 깨달음과 하느님의 아들딸로서의 인간에 대한 투철한 자각이 있는 분이었다고 저는 말하고자 합니다.

바울은 "누구든 그리스도 안에 있으면, 그는 새로운 피조물이다"라고 선언하는데, 예수님은 아마도 "누구든 사랑과 은총의 하느님 안에 있으면 새로운 피조물이다"라고 선포하셨을 것입니다. 바울은 사랑과 은총의 하느님을 예수 그리스도를 통해서, 특히 그의 대속의 죽음과 부활을 통해서 깨닫게 되었기에 그리스도에 대한 믿음을 많이 강조했지만, 우리는 반드시 바울의 우회적 길을 따라야 하는 것은 아닙니다. 그 대신 우리는 직접 예수님의 가르침에 따라 하느님이 사랑과 은총의 아빠 하느님을 깊이 자각하고 그를 신뢰하는 믿음을 가질 수 있다고 생각합니다. 그래서 하느님의 자녀답게 살면 됩니다. 예수님처럼 자유롭고 사랑을 실천하는 삶을 사는 것이지요. 물론 이 모든 과정에 그리스도의 영, 우리에게 자유와 사랑과 생명을 주시는 성령의 힘이 작용해야 한다고 그리스도인들은 믿습니다. 하지만 우리는 예수님의 삶 속에서 작용했던 이 영이 우리 모두에서도 작용하면서 우리를 새로운 존재로 변화시키는 동일한 힘임을 기억해야 합니다.

저는 지난번 보살예수에 대한 강의에서 예수님의 무아적 자유와 사랑의 근거가 무조건적인 사랑과 은총의 아빠 하느님에 대한 자각과 믿음이라고 했습니다. 사랑과 은총의 하느님은 인간이 자기의 안전을 도모하고 살길을 꾀하는 일 그리고 자기의 의를 내세워 하느님 앞에서 자신을 정당화하려는 일체의 노력과 주장을 부질없이 만듭니다. 하느님의 무조건적 사랑과 은총 앞에서는 우리가 내세울 것이나 자랑할 것이 하나도 없고, 그저 아무 염려 없이 하느님의 자녀로서 감사와 기쁨, 자유와 사랑의 삶을 살면 될 뿐입니다.

복음서를 보면 예수님께서는 믿음에 대하여 우리가 생각하는 것처럼 그렇게 많이 말씀하시지 않았다는 사실을 발견합니다. 바울은 물론 예수 그리스도에 대한 믿음을 많이 강조하지만, 예수님은 자신에 대한 믿음은 물론이요 하느님에 대하여 믿음에 대해서도 그다지 많이 말씀하지 않으셨습니다. 예수님은 하느님에 대한 믿음보다는 오히려 사랑과 은총의 하느님에 대한 깨달음을 더 중시했다고 저는 생각합니다. 믿음의 중요성도 강조하셨지만, 무조건적이고 무차별적인 사랑과 은총의 하느님에 대한 깨달음과 모든 인간이 하느님의 귀한 자녀라는 자각을 더 강조하셨습니다. 그런 사랑과 은총의 하느님을 우리가 깨닫도록 말씀으로 가르치시고 행동으로 보여주시는 것이 예수님의 가장 중요한 사명이었으며 목회 활동의 핵심이었다 해도 과언이 아닙니다.

예수님은 하느님이 율법주의자들이 생각하는 것처럼 우리의 일거수일투족을 감찰하고 그에 따라 상벌을 내리는 엄한 감시자나 심판자가 아니라 한없는 자비와 무조건적인 용서를 베푸시는 은총의 하느님임을 가르쳐 주셨습니다. 잃은 양 한 마리를 찾아 헤매는 목자 같은 하느님, 부자들의 헌금보다 가난한 과부의 엽전 한 닢을 더 좋아하시고 축복하시는 하느님, 포도원에 뒤늦게 나타나 일을 적게 했음에도 불구하고 먼저 온 사람들과 똑같이 하루 품삯을 주시는 은총의 하느님, 율법을 흠 없이 잘 지키는 '의인'보다 참회하는 죄인들을 더 사랑하시는 하느님, 모범생 장자보다 집을 나가 가산을 탕진하고 비참한 지경에 이른 둘째 자식을 더 사랑하여 그가 회개하고 돌아오기도 전에 이미 용서하시고 돌아오기만을 학수고대하는 한없는 사랑의 아빠 하느님임을 우리가 깨닫도록 예수님께서는 가르치신 것입니다. 예수님은 우리에게 하느님이 어떤 존재인지를 가르치시고 친히 보여주신 분입니다. 예수님은 우리가 하느님이 이런 자비와 은총의 하느님, 모든 인간과 피조물을 자식처럼 아끼고 돌보는 아빠 하느님이라는 근본적 사실을 알아야 비로소 우리 인생이 제대로 서고 모든 일이 제대로 풀린다는 것을 가르쳐주신 지혜의 교사였습니다. 물론 이러한 은총의 하느님에 대한 깨달음과 더불어 하느님께 모든 것을 맡기는 믿음의 용기와 결단이 필요합니다. 그래야 무아적 자유와 사랑이 가능하지요.

예수님에게 하느님이 한없는 사랑과 은총의 존재라는 것은 너무나도 자명한 사실이었습니다. 예수님은 항시 우리들의 존재와 생명과 삶을 떠받쳐 주고 있는 은총의 하느님을 깊이 자각하고 사신 분이며, 그런 시각에서 세상을 보시고 사람들을 대하신 분이라고 저는 생각합니다. 우리가 어리석고 눈이 어두워 보지 못하고 듣지 못할 뿐 우리는 은총의 하느님을 떠나서는 한시도 살 수 없는 존재들임을 예수님은 아셨고 우리에게 일깨워주셨습니다. 예수님에게 결정적으로 중요한 것은 이러한 사실을 자각하고 깨닫는 일이었습니다. 어리석은 자, 교만한 자는 이러한 사실을 모르고 자기가 인생의 주인인 양 착각하며 자기의 안전을 꾀하고 하느님과 사람들 앞에서 자기 업적과 의를 내세우려 한다는 것입니다. 그러나 사랑과 은총의 아빠 하느님 앞에서 우리는 전혀 그럴 필요가 없으며 그런 것이 통하지도 않는다는 사실을 예수님께서는 우리에게 가르쳐 주셨습니다.

예수님에게는 이 사랑과 은총의 하느님을 믿느냐 안 믿느냐보다는 아느냐 모르느냐, 즉 이 세상을 창조하시고 우리 인생을 내신 하느님이 사랑과 자비와 은총의 아빠 하느님이라는 근본적 사실을 깨닫느냐 깨닫지 못하느냐가 더 중요했습니다. 믿음은 그다음 일입니다. 이 근본적 사실을 모르는 자는 어리석은 자로서 헛되고 고달픈 인생을 살 수밖에 없는 반면 그것을 아는 자는 지혜로운 삶을 삽니다. 이렇게 볼 때 예수님의 종교는 믿음의 종교라기보다는 오히려 자각의 종교가 아닐까요? 절대 무상의 은총의 하느님은 예수님에게는 믿음의 대상이기에 앞서 깨달음의 대상이었습니다. 하느님이 사랑의 아빠 하느님이시며 은총의 존재라는 단순하고도 심오한 진리를 깊이 깨닫고 그에게 모든 것을 맡기는 자는 하느님의 아들딸의 자유를 누리며, 자신에 대한 염려나 집착으로부터 벗어나 이웃을 향해 활짝 열린 삶을 삽니다. 예수님은 우리에게 이런 사랑과 은총의 하느님을 깨닫도록 말씀으로 가르치시고 몸소 삶으로 보여주신 분입니다.

제가 이렇게 예수님에게서 깨달음의 중요성을 강조하는 이유는 그것이 비록 선불교의 깨달음과는 내용과 성격이 다르다 해도 여전히 자각이고 깨달음이기 때문입니다. 예수님이든 선사들이든, 이미 존재하는 해방적 진리를 있는 그대로 깨닫는 것이 무엇보다도 중요하다는 말입니다. 일본에서 불교와 그리스도교의 심층적 만남에 결정적 공헌은 한 다키자와 가츠미(瀧澤克己)라는 신학자는 우리의 죄악에도 불구하고 은총의 하느님이 항시 우리와 함께하신다는 진리를 가리켜 '임마누엘Immanuel'이라 불렀으며, 이 임마누엘은 우리가 알든 모르든, 모든 인간에 있어서 하나의 근본적 사실이고 객관적 진리임을 강조합니다. 그는 이것을 하느님과 인간의 '제1차적 접촉(第一義の 接觸)이라고 불렀으며, 예수님은 이러한 객관적 진리를 깊이 깨닫고 자각한 사람이라고 합니다. 그리고 이러한 자각을 다키자와는 하느님과 인간의 '제2차적 접촉'이라고 불렀습니다.

　다키자와가 이러한 두 개념을 사용하는 데는 유명한 『대승기신론大乘起信論』에 나오는 본각本覺과 시각始覺 개념이 크게 작용했습니다. 본각은 이미 설명한 바와 같이 중생 모두에 내재해 있는 깨달음의 본성, 즉 불성 혹은 여래장을 가리키는 말로, 나의 주관적 자각 여부에 상관없이 모든 중생에게 이미 주어져 있는 엄연한 사실입니다. 임마누엘 사랑의 하느님에 해당하는 객관적 진리로서, 하느님과 인간의 떼려야 뗄 수 없는 관계를 뜻합니다. 시각은 바로 이러한 사실을 주체적으로 깨닫는 행위를 말합니다. 본각이라는 존재론적 진리를 바탕으로 하여 그것을 깨닫는 인식적 자각인 시각이 가능하지요. 다키자와에 의하면 예수님은 이렇게 임마누엘이라는 본각의 진리를 철저히 자각한 존재라는 것입니다.[1]

선에서는 번뇌에 싸인 중생심이 곧 부처라는 사실을 믿는 믿음을 먼저 강조합니다. 이 믿음이 없이는 깨달음이 이루어질 수 없다고 말합니다. 믿음으로 시작하여 깨달음으로 나아가는 것이 바른 순서입니다. 반면에 예수님의 순서는 오히려 은총의 하느님에 대한 깨달음과 자각이 먼저이고 이 은총의 하느님께 자기를 맡기는 믿음의 결단이 나중입니다. 어쨌든 진리에 대한 깨달음은 선사들이나 예수님에게서 절대적으로 중요합니다. 그것이 우리의 자기중심적 존재의 변화를 가져오는 근본적 힘이기 때문이지요. 깨달음은 우리의 모든 노력과 수행에 앞서 이미 주어져 있는 근본적 진리, 해방적 진리를 아는 힘입니다. 나아가서 그것은 중생의 아픔과 고통을 함께 지도록 하는 사랑과 자비의 힘입니다.

그리스도교에도 선불교와 같은 돈오, 즉 갑작스러운 깨달음이라는 것이 있을까요? 그렇습니다. 하느님을 알게 된 많은 사람의 이야기들이 그것을 말해 주고 있습니다. 사도 바울의 개심 이야기부터 시작하여 세상의 행복에 탐닉하며 살다가 갑작스럽게 하느님의 부르심을 경험하고 과거의 삶을 과감히 청산하고 나선 사람들의 이야기, 어느 한순간 사랑과 은총의 하느님을 발견하고서 자신의 모든 성취와 아집을 하찮게 여기고 자신을 비워서 섬기는 자의 삶을 선택한 사람들의 이야기들을 우리는 종종 접합니다. 물론 개심이 항시 이렇게 급작스럽게 이루어지는 것은 아닙니다. 성 아우구스티누스처럼 오랜 기간의 모색과 방황 끝에 마침내 하느님 품에 안겨 평화를 누리는 사람도 많습니다. 사실 선사들의 실제 이야기도 우리

---

1 이 문제에 대한 그의 주저는 『佛教ト キリスト教 の根本問題』(東京: 法藏館)입니다.

가 문헌을 통해 접하는 것처럼 항시 그렇게 드라마틱한 것이 아닐 는지도 모릅니다. 선사들도 인간이기에 세간의 욕망과 출세간의 부름 사이에서 한없이 번민하고 방황하다가 어느 순간 극적인 돌파구를 발견한 것이겠지요.

그리스도인이 경험하는 하느님의 부르심이란 곧 하느님의 모상으로 창조된 우리들 참 자아의 부름이 아닐까요? 하느님을 알기 전까지 세상의 그 어떤 행복도 참 평안에 이르지 못하게 했다는 성 아우구스티누스의 고백은 인간이란 결코 세상에 매몰되어 살 존재가 아니라는 것, 우리 안에는 세상에 안주하려는 자신을 끊임없이 불러내는 내면의 소리가 있으며 그 소리는 곧 나의 존재의 깊이에 이미 들어와 있는 하느님 자신의 부르심이라는 것을 말해 주는 것이 아니겠습니까? 이 소리는 결코 세상의 시끄러운 소리에 완전히 매몰될 수 없기에 때로는 아주 가냘픈 음성으로 호소하기도 하고 때로는 거역하기 어려운 강한 힘으로 우리를 흔드는 내면의 소리입니다. 우리는 이 소리를 듣고도 못 들을 채 외면하기도 하고, 때로는 오래 망설이며 번민하기도 하지만, 그 소리는 결코 죽을 때까지 우리를 떠나지 않는 소리이지요. 그것은 곧 나를 나 자신이 되도록 부르는 참 자아의 소리이기 때문일 것입니다.

선사들이 지향하는 세계나 예수님이 지향하는 세계나 모두 참다운 인간이 되려는 것입니다. 구원 혹은 해탈이란 곧 본래적인 참다운 인간성의 발견과 실현입니다. 이 참다운 인간성의 발견과 실현은 무엇보다도 내가 진정으로 누구인지, 즉 나의 참 자아에 대한 자각으로 시작됩니다. 선사들은 이 참 자아를 공과 불성의 진리를 통해 깨달으며, 예수님과 그리스도인들은 사랑과 은총의 아빠 하느

님과의 관계 속에서 자각합니다. 그리하여 선사들은 아무런 거침없
는 무위진인의 자유를 구가하며, 그리스도인들은 하느님의 모상으
로 창조된 인간 본연의 모습을 되찾아 아무 부족함 없는 하느님의
자녀로서 당당하게 살아갑니다. 사랑의 아빠 하느님께 모든 염려를
맡기고 어린아이처럼 무념, 무심, 무아 존재로 자유롭게 사는 거지요.

자력과 타력

우리는 흔히 그리스도교가 예수 그리스도에 대한 믿음으로 구원을 받는 타력신앙의 종교임에 반하여 불교는 자신의 노력을 통해 해탈을 이루는 자력 수행의 종교라고 말합니다. 오늘의 저의 강의에서는 이와 같은 도식적 이해가 역사적 사실에도 부합하지 않으며 두 종교에 대한 정확한 이해를 가로막는다는 점을 말씀드리고자 합니다. 이를 통해서 두 종교의 상호 이해에 도움이 되고자 합니다. 결론부터 말씀드리자면 불교에도 타력신앙의 전통이 있으며, 더 나아가서 종교의 세계에서는 '자력'이란 엄밀히 말해서 존재하지 않는다는 것입니다. 먼저 불교 내의 타력신앙에 대해서 살펴보겠습니다.

동아시아 불교의 주류는 선불교와 정토왕생淨土往生 신앙입니다. 흔히 선이 자력 종교라면 정토신앙은 타력신앙의 전형으로 이해되고 있지요. 선이 이른바 '자력' 종교인지는 조금 후에 더 논의하겠지만, 정토신앙이 타력신앙인 것만은 분명합니다. 이 타력신앙으로서의 정토신앙과 사상이 가장 확실하게 자리 잡은 곳은 한·중·일 삼국 가운데서도 일본입니다. 정토신앙은 본래 인도에서부터 시작된 것이지만, 중국과 한국에서 대중적 신앙으로 발전하다가 일본에서 신앙적으로나 사상적으로 활짝 꽃을 피웠습니다. 그래서 오늘은 일본의 정토신앙과 사상을 중심으로 하여 불교의 타력신앙의 일면을 소개하고자 합니다.

1. 정토신앙

정토신앙은 기본적으로 대승의 보살 신앙에 기초하고 있습니다. 정토신앙에 관한 경전들 가운데-흔히 동아시아에서는 정토 삼부경이라 하여 『무량수경』, 『아미타경』, 『관무량수경』을 꼽는다-『무령수경』에 의하면, 먼 옛날 한 국왕이 있었는데 출가하여 법장(Dharmākara)이라는 이름의 비구승이 되었습니다. 그는 과거불의 하나인 세자재왕불 앞에서 중생구제를 위한 자비심으로 48개의 원을 세운 후 이 원들을 이루기 위해 엄청난 기간의 수행을 하였으며, 마침내 성불하여 아미타불(Amitāyus Buddha, 無量壽佛 혹은 Amitābha Buddha, 無量光佛)이 되었습니다. 보살이었을 때의 그의 원이 수행을 통해 다 성취된 결과 그는 서방의 정토인 극락세계(Sukhavati)를 이루고 거기서 중생을 교화하며 계신다는 것입니다. 정토신앙의 핵심은 사후에 현재 우리가 살고 있는 이 더러운 땅인 예토穢土를 떠나 고통과 유혹이 없는 아미타불의 극락정토에 태어나 거기서 부처님의 설법을 듣고 수행하여 성불하려는 데에 있습니다. 본래는 정토왕생往生, 즉 정토에 태어나는 것 자체가 해탈은 아니고 어디까지나 해탈을 위한 방편일 뿐이었습니다만, 중국이나 우리나라, 특히 일본에서 발달된 정토신앙에서는 정토 그 자체가 해탈의 세계로 간주되게 되었습니다.

여하튼 정토신앙을 둘러싼 교리 내지 사상적 문제의 핵심은 어떻게 하면 중생이 이 정토에 왕생하여 구원을 받느냐에 있습니다. 법장보살의 48원은 그가 이루고자 했던 정토의 아름다운 모습과 중생이 거기에 태어날 수 있는 왕생의 조건들을 밝히고 있는데, 간단히 말하자면 아미타불과 정토의 모습을 자세히 관찰하고 그의 공덕을 생각하는 행위(염불)와 정토에 태어나고자 하는 지극한 마음 그리고 이 세상에서 쌓은 모든 선업을 왕생을 위해 회향廻向하는 것입니다. 이 가운데서도 핵심은 지극한 마음으로 아미타불을 생각하는 염불입니다. 염불念佛(Buddha-anusmrti)은 문자 그대로 부처님을 생각하고 명상하는 행위였으나, 중국 정토신앙에서는 선도善尊(613~681) 대사 이후로 '나무아미타불南無阿彌陀佛'(아미타불께 경배)이라고 입으로 아미타불의 이름을 일컬으며 신심을 표하는 구칭口稱염불로 변했습니다. 선도는 중국에서 염불 신앙을 크게 진작시킨 스님인데, 그는 오직 아미타불만을 향한 신앙의 표현으로서 독송讀誦, 관찰觀察, 예배, 칭명, 찬탄공양讚嘆供養을 정토왕생의 다섯 가지 바른 행위(五正行)로 강조하면서 다른 일체의 수행을 잡행雜行으로 배척하는 전수專修 사상을 펼쳤습니다.

일본에서는 평안平安조 말 사회적 혼란기에 말법未法(末世) 사상이 풍미하면서 전통적인 수행으로는 구원받기 어렵다는 비관적 견해가 널리 퍼지게 되었습니다. 그리하여 정토신앙의 주창자들은 계, 정, 혜 삼학을 닦는 전통적인 수행의 길을 난도難道라 하여 말세 중생이 도저히 감당할 수 없는 어려운 길로 간주하고, 오로지 염불수행을 통해 정토에 왕생하는 길을 누구나 실천할 수 있는 이도易道로서 주창하게 되었습니다. 여기에는 호넨(法然, 1133~1212) 이라는 정토종淨土宗 개창자의 역할이 매우 컸습니다. 그는 철저한 전수염불專修念佛의 주창자로서, 아미타불이 중생구제를 위해 세운 자비의 원속에서 제시해 준 염불 수행 말고는 말세 중생이 도저히 구원받을 길이 없음을 역설했고, 불교의 다른 모든 수행법을 물리치고 오로지 염불에만 전념하도록 가르쳤습니다. 그의 제자 신란親鸞(1173~1262)은 스승의 사상을 더욱 발전시켜서, 말세 중생은 정토왕생을 위한 진실한 염불마저도 수행하기 어렵다는 생각 아래 중생구제를 위해 이미 모든 것을 성취해 놓은 아미타불의 본원本願(pūrva-praṇidhāna)의 힘에 의지하는 신심信心만을 왕생의 유일한 길로 내세웠습니다. 신란에 의하면 염불은 신심의 자연스러운 발로일 뿐 결코 그것 자체가 나의 공로나 왕생의 조건이 될 수 없습니다. 그리고 진실한 신심 역시 나의 자력으로 성취해야 할 구원의 조건이 아니라 아미타불에 의해 주어지는 것이라는 극단적인 타력신앙을 주창했습니다.

신란은 자신의 해탈을 위한 모든 노력과 꾀를 완전히 포기하고 오직 아미타불의 은총으로 구원을 받는다는 타력신앙의 진리를 역설적으로 표현하여 "선한 사람도 구원을 받는데 하물며 악한 사람이야 말할 것 있겠는가?"라고 말할 정도였습니다. 바울 사도의 "죄가 많은 곳에 은혜가 더욱 넘치게 되었다"(롬 5:20)는 말을 연상케 하는 말이지요. 그는 또 아미타불이 발한 자비의 원을 곰곰이 생각해 보건대 오직 신란 한 사람 때문이었다고 고백할 정도로 깊은 죄의식과 은총에 대한 감사함을 가지고 산 사람이었습니다. 90세의 고령으로 입적할 때까지 그는 한편으로는 깊은 죄악으로부터 헤어나지 못하는 자기 자신의 모습에 절망하면서, 다른 한편으로는 아미타불의 은총으로 주어진 구원의 기쁨을 증언하는 삶을 살았습니다. 신란이 '일본의 루터'라 불리는 것도 쉽게 이해가 가는 일이지요. 신란은 정토진종淨土眞宗의 창시자가 되었으며, 이 종파는 현재 일본 불교 최대의 종파로서 해외 선교도 활발하게 하고 있습니다.

저 자신의 개인적 경험을 말씀드리자면, 제가 신학생으로 한창 그리스도교의 은총 사상에 사로잡혀 있던 시절 불교는 좋기는 좋은데 너무 어려운 자력 수행의 종교임에 반하여 그리스도교는 은총의 종교라는 생각을 많이 하고 있었습니다. 그즈음 저는 미국 예일 대학에서 불교 강의를 듣게 되었는데, 그때 저는 신란의 사상을 처음 접하면서 큰 충격을 받았던 일이 있었습니다. 불교의 세계가 넓고 깊다는 생각에 새삼 놀라면서 '자력 종교' 대 '타력 종교'라는 나의 도식적 이해가 무너지는 경험을 했던 것이지요. 그러면서 언젠가는 신란의 사상을 깊어 연구해보겠다는 결심을 했습니다.[1]

---

1 필자는 1990년에 일본 나고야에 있는 남산대학 종교문화연구소에서 1년간 신란 연구에 전념하면서 *Understanding Shinran: a Dialogical Approach* (Fremont, California: Asian Humanities Press, 1995)를 저술했고, 『일본의 정토 사상』(서울: 도서출판ㅁ 동연, 2021)이라는 제목으로 우리말로 번역해서 출판을 했습니다.

2. 종교에 자력이라는 것이 존재하는가?

그러면 이제 우리는 불교에도 철저한 타력신앙이 있음을 확인하면서, 한 걸음 더 나아가서 과연 자력이라는 것이 종교에서 가능한가라는 본질적인 물음을 던져봅니다. 우선 이른바 자력 종교라는 선과 극단적 타력신앙인 신란의 정토 사상을 비교해 보아도 우리는 의외의 사실을 발견하게 됩니다. 선이든 정토신앙이든 무엇보다도 중요한 것은 '나'라는 자아에 대한 집착이 사라지는 것이며, 이 무아의 세계가 곧 구원입니다. 무념, 무심, 무아를 말하는 선은 말할 것도 없고, 오직 아미타불의 은총과 순수 타력에 의한 구원을 말하는 정토신앙에서도 '나'라는 존재가 설 자리는 없습니다. 나의 모든 노력과 살길을 완전히 포기하자는 것이 타력신앙이며 은총의 신앙이기 때문입니다. 극단적인 자력의 길과 극단적인 타력의 길이 놀랍게도 하나로 만나는 것이지요.

저는 이 점을 예수님의 언행을 논하면서도 누차 말씀드렸습니다. 예수님의 사상의 핵심도 그가 아빠라고 불렀던 창조주 하느님의 무조건적 사랑과 은총입니다. 그는 이 은총의 하느님을 깊이 깨닫고 그에게 자신을 완전히 맡기는 자기 포기의 믿음을 통해서 하느님과 인간 앞에서 자기를 완전히 비우는 무아적 자유와 사랑의 삶을 살 수 있었던 것입니다. 사도 바울은 예수님의 십자가와 부활을 통해 은총의 하느님을 발견하고 그리스도인의 자유를 누렸습니다만, 예수님은 직접 은총의 아빠 하느님을 깨닫고 그에게 자신을 온전히 맡김으로써 무한한 자유와 사랑을 실현하신 것입니다.

그렇다면 우리는 한 걸음 더 나아가서 묻습니다. 과연 무아를 말하고 실현하고자 하는 선에서 깨달음을 얻는 경험이 정말로 자력에 의한 것일까요? 저는 아니라고 생각합니다. 물론 발심하고 수행하는 행위가 나의 결단과 노력을 필요로 하는 것은 부정할 수 없는 사실이지만, 누구나 마음먹는다고 되는 것도 아니고 또 누구나 그렇게 할 수 있는 형편에 있는 것도 아닙니다. 그러나 이러한 점은 차치하고, 바로 '나'라는 것을 잊는 깨달음의 체험 자체가 '나'에 의해 성취된다는 생각은 모순적이 아닐까요? 깨달음이란 아무리 우리가 노력한다 해도 결국은 '주어지는' 것이지 나의 성취는 아니지요. 깨침은 수동적인 것이라는 말입니다. 그야말로 우연히 일어나는 하나의 '사건'이지 내가 이룩한 성취물이 아니라는 것입니다. 그리스도교의 용어로 말하면 일종의 선물이고 '은총'이지요. '내가' 성취했다면 그것은 이미 순수한 깨달음이 아닐 것입니다. 그래서 선사들은 깨달음을 기다리는(待悟) 행위조차 경계한 것입니다. 선사상에 기초하여 철학을 전개한 일본의 철학자 니시다 기타로(西田幾多朗)도 말하기를 "본질적으로, 자력 종교란 있을 수 없다. 그것은 모순적 개념이다"라고 한 바 있습니다.[1]

모든 종교는 인간 존재와 생명의 근거가 자기 자신에 있지 않고 자기를 초월하는 어떤 무한한 실재에 있음을 말합니다. 그것이 하느님이든 공이든 불성이든 혹은 자연의 법칙과 질서이든, 우리를 초월하는 절대적인 삶의 기반이 있다는 거지요. 자기를 믿는 건 종교가 아니지요. 세상에 그런 종교는 없습니다. 부처님도 예수님도

---

1 Paul Mommaers & Jan Van Bragt, *Mysticism Buddhist and Christian: Encounter with Jan Van Ruusbroec* (New York: Crossroad, 1995), 92에서 재인용.

자기를 믿지 않았습니다.

저는 무엇이든 이미 '주어진 것', 나의 노력에 의해 성취되는 것이 아니지만 나의 삶의 가장 근원적 뿌리가 되는 것은 모두 '은총'이라고 부르고자 합니다. 물론 좁은 의미의 그리스도교적 은총이 아니라 넓은 의미의 은총이지요. '자력'이라는 생각은 교만의 산물이며, '나'라는 것을 벗어나야 하는 종교에서는 용납되기 어려운 관념입니다. 저는 이미 이러한 관점에서 이번 강좌를 통해 기회가 있을 때마다 이 점을 상기시키려 노력했습니다. 두 가지 예를 다시 한번 생각해 보겠습니다.

먼저 이 세상에 존재하는 법칙과 질서의 문제입니다. 이 세상이 혼돈과 무질서가 아니고 그 안에 일정한 법칙이 있고 질서가 존재한다는 사실은 결코 당연하거나 자명한 일이 아닙니다. 그리스도인들은 창조주 하느님에 대한 신앙을 통해 이 경이로운 사실을 확인하고 감사해합니다. 저는 이미 불교의 자업자득 사상과 윤회설에 대한 논의에서 이 점을 상기시킨 바가 있습니다. 불자들은 이 세상에 물리적 법칙뿐만 아니라 도덕적 인과의 질서가 존재한다는 것을 믿지만, 어째서 이 세상이 그런 성격과 구조를 지니게 되었는지 그 원인에 대해서는 그다지 관심이 없는 것 같습니다.

부처님을 비롯하여 모든 불자는 이 세계가 무의미한 혼돈이 지배하는 곳이 아니라 일정한 법칙과 질서라는 것이 존재하는 의미 있는 세계이며, 이 법칙을 발견하고 깨달아 거기에 따라 살면 궁극적으로 의미 있는 삶을 살 수 있으며 해탈이라는 최고의 행복을 얻을 수 있다고 믿습니다. 덧없고 고통스러운 인생이지만, 우리가 살고 있는 이 세계의 성격과 질서를 제대로 파악하고 대처하면 이 세계와 인생이 결코 무의미한 것이 아니라 의미를 가지고 있다는 것입니다. 부처님이 아무리 위대하다 해도 없는 진리를 만들어내지는 못합니다. 그리고 우리를 구원하는 것은 궁극적으로 부처님이 아니라 그가 발견한 법, 즉 진리 자체임을 명심할 필요가 있으며, 불자들 스스로가 이것을 인정합니다.

이러한 점에서 불교는 결코 서구적 무신론이 아닙니다. 서구 사상은 그리스도교의 초자연적 하느님 신앙에 대한 반발과 비판으로 이른바 자연주의(naturalism) 내지 실증주의라는 무신론과 세속적 이념을 산출했습니다. 자연에서 일어나는 모든 일은 순전히 자연적 원인에 의한 것이지 신의 개입이라는 초자연적 원인은 있을 수 없다는 사상이지요. 초자연적 원인을 배제하는 이러한 세계관은 자연히 초자연적 신을 부정하는 무신론을 낳았으며, 무신론은 실증주의나 유물론과 한통속이 된 것입니다. 역설적이게도 서구의 무신론과 초자연적 신관은 동전의 양면과 같은 것이었습니다. 하지만 자연의 이법과 질서에 순응하며 사는 것이 인간의 최대 지혜요 행복임을 깨닫고 가르치는 동양 종교들에서는 자연주의가 전혀 다른 의미를 갖게 됩니다. 동양의 자연주의는 결코 단순한 무신론이 아닙니다. 거기에는 영적 통찰이 있고 영성이 있습니다. 세계와 인간에 대해서 절망하지 않는 믿음이 깔려 있는 것입니다. 이런 면에서 일본에서 오랫동안 불교와 그리스도교 대화에 임해 온 브라그트Jan Van Bragt 신부의 다음과 같은 통찰은 매우 심오하고 경청할 만합니다.

그리스도교에서 즉시 하느님 관념과 연결되지만, 서구 무신론에서는 부정되며, 다른 한편으로 불교에서는 '믿는' 몇몇 요소들에 대한 간단한 검토가 여기서 좀 도움이 될 것 같다. 불교는 우주의 통일성과 파악가능성 (intelligibility)을 믿는다. 인간이 발견하고 그럼으로써 복을 누리는 '빛' 이 거기에 있음을 믿으며, 우주는 순전한 우연이나 혼돈이 아니라 어떤 법(dharma)이라는 것이 스며 있고 이 법은 단지 물리적 실재에만 질서를 부여하는 것이 아니라 인간의 삶도 마찬가지로 아주 구체적으로 지배하고 있는 질서라고 믿는다. 그렇다면 인간의 삶은 전적인 그리고 무의미한 자유의 삶이 아니라 어떤 목적성, 즉 열반에 이른다는 목적을 가지고 있는 것이며, 인간의 행동은 엄격한 업의 법칙에 종속되어, 인간이 하는 모든 행위는 필연적으로 그것에 합당한 '보상'을 받기에 그 도덕적 성격에 따라 좋고 나쁜 결과가 물리적 질서 속에서도 산출된다는 것이다. 그리고 마지막으로, 죽음이란 것도 개인 생명의 순전히 자연적인 '완전한 종말'이 아니라 너무나도 중요한 '그 넘어'가 존재한다는 것, 즉 자기의 업의 공과에 따른 환생, 아니면 열반으로의 입적이라는 것이다.[2]

사실 우리는 이보다 한 걸음 더 나아가서 심지어 물리학자들도 단순한 무신론자일 수 없음을 지적할 수 있습니다. 이 세계가 혼돈이 아니고 물리적 법칙과 질서가 지배하는 세계라고 믿는 한, 그리하여 이 세상이 파악 가능한 세계임을 긍정하는 한, 물리학자들도 암암리에 세계가 어떤 의미 같은 것이 있는 존재임을 인정하는 것이 아닐까요? 물리학자들은 물론 물리적 법칙이 존재한다는 사실 자체에 대해서는 별로 관심을 두지 않고, 그 법칙이 어떤 것이며 어떻게 작동하는지를 탐구하는 일에만 관심을 집중합니다. 다시 말

---

2 Paul Mommaers & Jan Van Bragt, *Mysticism Buddhist and Christian*, 72.

해서 그들은 '왜?'라는 질문보다는 '어떻게'라는 데에 주로 관심을 쏟는다고 할 수 있지요. 불교 역시 이 점에서는 마찬가지라고 저는 생각합니다. 사물의 실상은 파악하지만, 질서와 법칙의 존재 자체에 대해서는 묻지 않습니다.

그리스도교 신앙의 관점에서는 질서와 법칙의 존재는 결코 당연지사가 아닙니다. 세상이 혼돈의 위협에도 불구하고 여전히 어떤 질서 위에 서 있다는 사실은 하나의 신비이며, 이미 창조주 하느님의 선善과 사랑의 징표이지요. 그리스도교 시각에서 보면 무릇 누구든―물리학자든 예술가든 부처님이든 공자님이든― 질서가 혼돈보다 우선하며, 질서에 부합하는 진리의 존재를 믿으면 그는 자신이 인정하든 안 하든 '암묵적 유신론자'라고 부를 수 있을 것입니다. 적어도 그리스도교의 입장에서 보면 그들은 모두 하느님의 은총 아래 서 있는 것입니다.

둘째, 존재의 신비에 관한 문제입니다. 이 문제에 대해서도 역시 대승 공사상의 신학적 의미를 다루면서 이미 언급한 바 있습니다. 공과 창조 신앙 모두 '유도 아니고 무도 아닌'(非有非無) 존재자들의 신비를 인정합니다. 존재하는 것은 어느 것 하나 홀로 독자적으로 존재할 수 없는 의타적, 연기적 존재들이기 때문입니다. 하지만 차이점은 불교가 존재와 삶의 기반을 공이라는 사물의 수평적 의존관계에 둔 반면 그리스도교 신앙은 존재와 삶의 근거를 창조주 하느님께 두는 수직적 차원을 강조해왔습니다. 이제 두 종교는 서로에게 배워야 한다고 생각합니다. 사물들의 개체성과 차별성을 일방적으로 강조해 온 그리스도교는 사물들의 상호의존적 관계를 확인하면서 그것들이 서로 막힘없이 통한다는 사실, 즉 사물들의 일치성과 평등성을 깊이 인식한 필요가 있습니다. 반면에 덧없고 실체성이 결여된 사물들이 그럼에도 불구하고 존재한다는 존재의 신비를 사물들 간의 수평적 상호성으로만 인식해 온 불교는 존재하지 않을 수 있음에도 불구하고 존재하는 모든 존재자의 존재론적 뿌리를 물어 들어가는 지혜가 필요하다고 저는 생각합니다.

불교에서 사물들의 수평적 상호의존성과 연기성을 넘어서서, 존재하는 모든 것을 하나의 궁극적 원리로 설명하는 '일원론적' 사고에 가장 근접하는 사상은 중국불교에서 형성된 이른바 '여래장연기설如來藏緣起說'이라는 것입니다. 생멸의 세계를 불생불멸의 여래장, 불성 혹은 진심에 의거하여 전개되는 것으로 보는 존재론이지요. 기본적으로『대승기신론』에 의거하고 있는 사상인데 절대와 상대, 무한과 유한, 진여와 생멸의 관계를 그리스도교에서처럼 존재론적 의존관계보다는 유식唯識 내지 유심唯心 사상에 입각하여 인식론적으로 설명하고 있습니다. 다시 말해서 차별과 생멸의 현상계가 우리의 무지로 인해 일심一心 혹은 심진여心眞如로부터 전개되어 나오는 것으로 보기 때문에 우리가 유식 사상과 같이 존재를 인식으로 환원하는 극단적 형태의 주관적 관념론을 수용하지 않는 한, 존재의 신비에 대한 만족할만한 설명이라고 보기는 어렵지요.

여하튼 이상에서 제가 말하고자 하는 것은 질서의 신비와 존재의 신비에 관한 한 불교는 더 생각해 보아야 할 점이 있다는 것입니다. 물론 불교적 관점에서 보면 유한한 사물들의 배후에 어떤 무한한 절대적 실재가 있어서 사물들의 질서와 존재를 가능하게 한다는 형이상학적 사고나 유신론은 그것대로 많은 문제를 안고 있다고 여기기에 결코 수용하려 들지 않을 것입니다. 이미 부처님 출현 당시 바라문교의 존재론적 일원론(monism)의 형이상학을 극복했다고 믿기 때문입니다. 존재하는 모든 사물이나 현상을 하나의 궁극적 실재로 돌려 설명하는 것을 불교는 거부한 것이며, 이런 의미에서는 '무신론'이라고 말할 수 있습니다. 하지만 불자들이 우주 만물의 제일원인(prima causa)으로서 하느님이라는 궁극적 실재를 받아들이지 못한다 해도, 적어도 질서와 존재의 신비만은 부정하기 어려울 것이라고 저는 생각합니다. 그리고 이와 더불어 불교가 순전히 '자력' 종교라는 말을 쉽게 하지는 못할 것이라고 생각합니다. 또 불교가 '무신론적' 종교라고 속단하지도 않을 것이라고 저는 믿습니다. 그리스도교를 배경으로 하고 있는 서양 사상에서는 무신론이란 곧 세계와 인생의 궁극적 유의미성을 부정하는 허무주의와 세속주의를 의미하기 때문입니다. 누가 불교를 허무주의나 세속주의와 동일시하겠습니까?

신과 타력과 은총, 이 세 개념은 상호 밀접히 연결되어 있습니다. 적어도 그리스도교의 전통적인 신학에 의하면 그렇습니다. 하지만 은총의 개념이 반드시 인격신의 타력을 전제해야만 하는 것은 아니라고 저는 생각합니다. 인격성을 갖춘 어떤 초월적 존재가 있어서 그가 우리에게 도움을 준다는 생각에 은총의 개념이 국한될 필요는 없다는 말입니다. 저는 은총의 개념을 폭넓게 생각해서 우리 스스로의 힘으로 이루어진 것이 아닌 것은 무엇이든 은총에 속한다고 생각합니다. 이미 '주어져 있는 것'은 무엇이든 은총이라는 것입니다. 굳이 '누구'에 의해 주어진 것이냐를 따질 필요가 없습니다. 단지 주어져 있다는 사실 하나만을 인정해도 우리는 매우 겸손해질 수밖에 없으며, '자력' 종교라는 말은 불가능하다는 사실을 깨닿게 될 것입니다. 주어진 것 앞에서 우리의 사유가 멈추고 더 이상은 묻지 않는다고 해도 우리는 충분히 경건해질 수 있으며 겸손한 마음으로 감사할 수 있을 것입니다. 우리가 살고 있는 이 세계와 우리의 인생이 궁극적으로 의미가 있고, 구원이 가능하다는 사실 앞에서 우리는 삶을 긍정하고 사랑하며 감사할 수 있기 때문입니다.

3. 궁극적 실재의 인격성과 탈 인격성

이와 관련하여 마지막으로 저는 우주의 궁극적 실재(ultimate reality)
가 인격적인지, 탈 인격적인지 하는 문제를 잠시 생각해 보고자 합
니다. 이 강의 내내 여러분들 가운데는 이에 대한 의문을 품은 분들
이 많았으리라 생각합니다. 불교, 특히 대승불교에는 부처와 보살
에 인격성을 부여해서 신처럼 여기는 대중적 차원의 신앙이 있지만,
불교는 본래 궁극적 실재를 인격적이라고 보지는 않습니다. 적어도
공空이라는 개념은 그렇습니다. 우리가 공에게 기도를 드리거나 공
을 찬양하거나 하지는 않습니다. 인격적 실재가 아니기 때문이지요.
불성佛性이나 본각本覺 개념에 오면 사정이 좀 다르기는 해도 본질적
으로 달라지는 것은 아닙니다. 공사상에서도 공과 그것을 인식하는
반야지가 밀접히 연결되어 있지만, 불성 사상에서는 궁극적 실재
자체가 인간에 내재하는 본래적 깨달음의 참된 성품(本覺眞性)으로
이해되기 때문에 어느 정도 '인격성'을 띠게 되는 것이 사실입니다.
불성은 존재론적 원리이지만 동시에 우리 인간의 영성이기 때문입
니다. 법신불法身佛이라는 개념에도 '불'과 '신'이라는 개념이 암시하
듯이 궁극적 실재가 어느 정도 인격성을 함축하고 있다고 말할 수
있습니다. 특히 일본의 정토진종淨土眞宗에서는 법성법신法性法身과 방
편법신方便法身을 구별하는데, 후자는 아미타불처럼 중생을 향한 자
비심을 가진 인격적 존재로 간주됩니다. 하지만 이 모든 것이 유대
교, 그리스도교, 이슬람에서 창조주 하느님의 인격성을 믿는 것과
같은 차원의 것은 결코 아닙니다.

이러한 사정은 사실 불교에만 국한된 것이 아닙니다. 동양 사상에서는 대체로 우주의 궁극적 실재를 사람의 인격성에 준해서, 특히 신인동형론적(anthropomorphic)으로 매우 구체적이고 조잡한 형태의 인격성에 준해서 파악하는 일이 없었습니다. 인간이 아무리 위대한 존재라 해도 유한한 존재이며, 인간이 지닌 여러 속성 역시 유한하고 상대적이며 우연적인 것으로 간주되지요. 따라서 우주의 궁극적 실재를 인간적 속성에 준해서 생각하는 것은 무한한 것을 유한한 것으로, 절대적인 것을 상대적인 것으로 격하시키는 일로 여겨지는 겁니다.

인격신관은 도덕적으로도 큰 문제를 안고 있습니다. 인격신관은 우리 인간들의 각종 이기적 욕망이나 편견들을 신에게 그대로 투사하여 자기들의 뜻을 이루고자 하는 유혹에 항시 노출되어 있기 때문입니다. 동양 사상, 특히 철학적 사유나 신비주의 전통에서는 궁극적 실재를 풍부한 인격성을 지닌 유일신 신앙보다는 주로 탈 인격적인 철학적 일원론(philosophical monism)의 방향에서 사유하고 경험한 것입니다. 확실히 동양의 지혜나 철학적 관점에서 보면 그리스도교의 인격신관이 저급하고 유치하게 보이는 것은 부정하기 어려운 사실입니다. 특히 신이 정말로 우리 인간들과 똑같이 생각하고 행동한다고 여겨 우리들의 소원과 욕망을 마구잡이로 신에게 투사하는 행위는 경멸과 조소의 대상이지요. 그것이야말로 신을 격하시키고 욕되게 하는 행위로 보이며, 인격신의 존재를 인정하기 더욱 어렵게 만듭니다. 신이 너무나 인간을 닮아 우스꽝스러운 존재로 전락하고 마는 거지요.

한편 그리스도교 전통은 신이 인간을 닮은 것이 아니라 본래 인간이 신을 닮은 존재라고 말합니다. 그만큼 인간이 위대한 존재이며, 우리가 우주의 궁극적 실재인 신에 대해서 이야기할 때 세계의 다른 어떤 존재들보다는 인간에 준해서 말하는 것이 당연하고 피할 수 없는 일이라고 생각합니다. 인격의 깊이와 높이는 신에 대한 적절한 언어가 될 수 있다는 거지요. 특히 인격신관에서는 사랑, 정의, 선, 자유, 창조성 같은 인격적 경험과 가치들이 신적 실재성과 가치를 지님으로써 우주적 보편성과 타당성을 확보합니다. 이런 면은 인격적 유일신 신앙이 결코 포기할 수 없는 본질적 차원의 진리일 것입니다.

사실 피조물과 창조주 하느님 사이가 일종의 원인과 결과 사이로 이해되는 한, 신과 세계 사이에는 단절과 차이 못지않게 어느 정도의 연속성과 유사성이 존재한다는 것이 그리스도교 신학의 오랜 전통입니다. 그래서 이 세상이 존재, 진리, 선, 질서, 아름다움 같은 성격을 지니고 있다면 이 세상을 창조한 하느님도 어느 정도 그런 속성들과 무관하지 않다는 것이지요. 특히 하느님의 모상으로 창조된 고귀한 존재인 인간에 준해서 하느님을 이야기하는 것은 다른 어느 피조물로부터 도출된 개념들보다 더 타당성을 지니고 있다는 것입니다. 여하튼 그리스도교 신학은 우리가 인간이나 여타 피조물에 대하여 사용하고 있는 언어가 하느님에게도 어느 정도 적용될 수 있다는 것을 인정합니다. 다만 이러한 언어가 문자적으로 이해되어서는 안 된다는 거지요. 하느님에 대한 인간의 언어는 어디까지나 메타포로서 혹은 상징으로 사용되고 이해되어야 한다는 것입니다. 토마스 아퀴나스는 하느님에 대한 우리의 언어는 유비적(analogical)이라고 규정했습니다. 가령 우리가 하느님을 '아버지' 혹은 '선한 목자'라고 부를 때 그 의미가 인간 아버지나 인간 목자와 동일한 일의적一義的 의미로 취해져서는 안 되고, 그렇다고 전혀 다른 이의적異義的 의미도 아니라는 말입니다. 피조물과 창조주라는 차원이 다른 두 실재에 대해서 동일한 단어를 사용하기에 일의적일 수 없지만, 그렇다고 근거나 타당성이 전혀 없는 완전히 자의적 개념도 아니라는 것입니다.

다시 하느님에게 적용되는 인격적 개념의 문제로 돌아와서 논의를 계속해 보겠습니다. 우리는 다음과 같은 점에 유의할 필요가 있습니다. 즉, 창조주 하느님이 모든 만물의 궁극적 실재라면, 피조물 가운데 최고 존재인 인간의 출현을 가능하게 한 궁극적 원인 자체가 적어도 인격성을 지닌 혹은 그 이상의 존재이지 않으면 안 될 것이라는 점입니다. 이것을 창조 개념 대신 진화론적 시각에서 생각해 보아도 마찬가지 결론을 얻습니다. 인간이라는 존재가 물질에서 생명체로, 생명체에서 의식을 가진 존재로 오랜 기간을 두고 진화한 결과라 하더라도 물질 자체에 이미 인간이 출현할 가능성을 내포하고 있지 않았다면, 도대체 어떻게 물질계나 생명계로부터 의식과 정신을 지닌 인간이라는 고등 존재가 진화되어 나올 수 있었겠냐는 것이지요. 우리는 물질이 이미 그 안에 생명과 정신을 잠재적으로나마 잉태하고 있었다고 보아야 하지 않을까요? 의식을 지닌 인간 존재의 출현이 진화의 정점이라면, 의식은 진화의 첫 단계인 물질계 속에 이미 잠재해 있었다는 거지요. 그만큼 인격성이 만물의 원초적 실재이며 우주적 실재라는 말입니다. 그리고 만약 우리가 진화를 유신론적으로 해석해서 진화의 과정이 인간 존재의 출현으로 귀착되도록 주도하는 신의 손길을 인정한다면, 이 신은 당연히 인격적 속성을 지닌다고 생각해야 할 것입니다. 그래서 예부터 많은 사람이 하느님을 우주적 마음이나 정신(cosmic mind, spirit)으로 생각했던 것입니다. 우리가 신에 대하여 아무것도 알 수 없고 아무 말 할 수 없다면 모르지만-이른바 부정의 길(via negativa)을 강조하는 부정신학(negative theology)이 이렇게 주장합니다[1]- 그렇지 않고 신에 대하여 어떤 긍정적 언사를 사용하여 표현해야 한다면, 당연히 그 가운데는 인격적 개념들이 포함되어야 할 것입니다.

불교는 물론 창조론이나 진화론과는 무관합니다. 불교도 의식을 지닌 존재로서의 인간의 초월성과 자유를 인정하고, 지혜나 자비 등 인격적 가치들을 중시하지만, 인간 내지 인격이라는 현상에 대해서 특별한 존재론적 위상을 부여하거나 설명을 필요로 한다고 생각하지는 않았던 것 같습니다. 일반적으로 불교에서는 인격성이 신적인 것이라거나 혹은 궁극적 실재의 성격에 속하는 것이라고는 생각하지 않았으며 우주적 가치를 지닌다고 생각하지도 않았습니다. 다만 대승불교에서 불보살의 자비를 인정한다거나 특히 정토신앙에서 아미타불의 자비와 인격성을 인정하는 전통 그리고 불성이라는 인간의 영성이 우주적 차원의 실재임을 말하는 한, 인격성의 초월적 가치를 전적으로 도외시했다고 할 수는 없습니다. 불성은 물론 유일신 전통의 신 개념은 아니지만, 우주의 궁극적 실재라는 점

---

1 신은 어떠어떠한 것이 '아니다'라고만 말할 수 있지 어떠어떠하다고 긍정적 진술을 할 수는 없다고 주장하는 부정신학의 주장은 문자 그대로 취하면 수행적 자기모순에 빠집니다. 신에 대하여 아무것도 알 수 없다고 하면서 이러한 주장을 하고 있는 것 자체가 이미 자기모순이며, 신에 대하여 아무 말도 할 수 없다고 말하는 것부터가 이미 자가당착적 행위이기 때문입니다. 사실, 부정신학은 모종의 더 높은 긍정을 전제로 할 때 비로소 의미 있는 신학이 됩니다. 우리가 신에 대하여 무엇인가를 암암리에 긍정하고 있기 때문에 여타의 모든 긍정들이 부적절하다고 판단되기 때문입니다.

에서 인격신관에 좀 더 접근하고 있다고 보아야 하겠지요. 여하튼 불교도 의식과 자유를 지닌 인간 존재의 초월성, 존엄성, 인격성 등이 진화론이든 혹은 다른 어떤 방식으로든 설명을 요한다는 사실을 더 진지하게 고려해야 한다고 저는 생각합니다.

그렇다면 우리는 우주의 궁극적 실재가 인격적인가 아니면 비인격적 혹은 탈 인격적인가 하는 근본 물음에 대해 어떤 결론을 내려야 할까요? 우선 궁극적 실재가 인격과 탈 인격적 현상을 포함하여 존재하는 모든 것을 설명할 수 있어야 한다는 점을 감안할 때 우리는 그것이 인격적인 실재만도 아니고, 탈 인격적인 실재만도 아니라고 결론지어야 할 것입니다. 무엇보다도 궁극적 실재가 적어도 인격성 이하의 실재는 아닐 것입니다. 적어도 인간의 깊은 관심과 감정, 지성과 의식, 자유, 사랑, 선 등과 전혀 무관하거나 무관심한 실재가 아닐 것이라는 말입니다. 신은 남성도 아니고 여성도 아니며 '아버지'라고 불러도 그르고 '어머니'라고 불러도 그르지만, 그렇다고 인간적 관심과 가치와 전혀 무관한 실재는 아니리라는 것이 인격신을 믿는 종교들의 관점입니다. 그렇다면 우리는 신학자 한스 퀑Hans Küng의 제안대로 하느님을 '초인격적'(transpersonal) 실재라고 불러야 타당할 것입니다.

'초인격적'이라는 말은 하느님이 인격성을 지니되 우리가 흔히 생각하고 있는 조잡한 신인동형론적 인격성, 불자들을 비롯하여 동서양 지성인들의 조롱거리가 되는 유치하고 부도덕한 신관을 조장하는 인격성이 아니라 그런 것을 넘어서는 인격성을 지닌 실재라는 말입니다. 인격적 개념들도 어디까지나 유비적이고 상징적인 것이기에 우리는 궁극적 실재를 초인격적이라고 해야 하며, 인간의 유한성과 개체성을 초월하며 인간들의 조잡한 욕망과 편견을 초월하되 인간적 관심이나 가치와 무관하지 않기에 탈 인격적이 아니라 초인격적이라고 부를 수밖에 없는 것입니다. 큉의 말로써 이 문제에 대한 저의 견해를 마무리하고자 합니다. 다소 긴 인용문이지만 매우 사려 깊으면서도 웅변적이기에 인용합니다.

그리스도교 전통은 우리가 하느님에 대하여 혹은 절대자에 대하여 단지 유비적 언사나 이미지나 관념을 사용하여 그리고 메타포나 코드나 상징들로만 말할 수 있다는 사실을 결코 부정한 적이 없다. '하느님의 초인격성'이라는 표현마저도 모든 사고를 초월하는 어떤 것을 겨냥한 것이다. 그러면서도 우리는 이 구절이 뜻하는 바를 직시해야만 한다. 왜냐하면 많은 불자들은 궁극적인 것이 우리 [인간]들에게 무관심하거나 우리가 무관심할 수 있는 어떤 것이라고는 동의하지 않을 것이기 때문이다. 오히려, 그것은 우리에게 해방적이고 도전적인 요구를 부과한다. 그러나 이 점에서, 예언자적 종교들은 이보다 더 나아가 하나의 결정적인 추가적 발걸음을 내딛는다. 유대교, 그리스도교, 이슬람의 증언에 의하면―그리고 이 주장은 모든 비판적 숙고를 거친 후, 말하자면 '제2의 순진성'(Paul Ricoeur) 속에서 받아들일 수 있다― 하느님은 중성이 아니며 무명의 '그것'이 아니라 창조적 자유의 영(spirit in creative freedom)으로서, 모든 대립적인 것들의 종합이며 정의와 사랑의 원초적 일치이며, 그리하여 인간의 상호 인격성(human interpersonality)을 정초 지으며 포용하는 파트너라는 것이다. '하느님'이라는 말로, 성서는 진정한 파트너를 뜻한다. 불안전한 인간의 초월적 버팀목, 영원히 인간을 끈으로 끌고 다니며 조정하는 어떤 힘을 뜻하는 것이 아니라(이것은 그리스도교 신관에 대한 편협한 왜곡이며, 마땅히 불자들에 의해 비판받는 신관이다), 인자하며 자유를 주고 무조건적으로 신뢰할만한 그 반대의 존재를 뜻한다. 이 하느님은 인류의 근원이자 지주이며 완성이다.

큉은 이어서 '나와 당신'(I and Thou)이라는 하느님과 인간의 인격적 관계성이 지닌 위대성과 신비를 다음과 같이 서술합니다.

다른 사람들이 단지 끝없는 침묵만을 들었던 곳에서 유대교와 그리스도교와 이슬람의 경전들은 자기들의 하느님에 의해 말 걸어지고 요구되는 백성에 대해 말하고 있다. 다른 사람들이 메아리 없는 공간과 허공을 경험한 곳에서, 이 백성은 우리가 절대자의 소리를 들을 수 있고 그에게 말을 걸 수 있다는 것, 그것이 신비하게 의사소통을 하며 응답을 하는 '당신'(Thou)이라는 사실을, 자신들과 다른 사람들을 위해 발견하도록 허락되었다. 이 생각, 실로 이 약속은, 비록 세속적 서구에 의해 종종 잊혀지고 배반당했지만, 그 후부터 줄곧 모든 셈족 종교들의 버릴 수 없는 부분이어왔다. 이 '당신'에 의해 말 걸어짐으로 인해 인간들은, 동양이나 서양의 어떤 세속적 휴머니즘에서도 볼 수 없었고 어떤 기술문명의 발달이나 우주적 경건성도 보장할 수 없는 존엄성에로 자신들의 '나'가 고양되는 것을 경험할 수 있는 것이다.[2]

여기서 큉은 인격신관이 지닌 인간적 의미를 실로 웅변적으로

---

2 Hans Küng, *Christianity and the World Religions: Paths of Dialogue with Islam, Hinduism, and Buddhism,* trans. by Peter Heinegg(London: Fount Paperbacks, 1987), 398..

표현하고 있습니다. 그럼에도 불구하고 우리는 하느님의 음성은 오직 침묵과 '허공' 속에서만 진정으로 들을 수 있다는 사실을 불교를 통해 철저히 확인하게 됩니다. 무념과 무심이 아니면 우리는 하느님의 참다운 음성을 들을 수 없으며, 무상無相의 하느님이 아니고는 인간의 존엄성을 담보해 준다는 인격신은 인간의 편견을 조장하는 편협한 존재로 전락하기 십상이며, 무언의 하느님 음성을 듣기 전에는 하느님의 언어가 자칫 나의 언어로 둔갑하고 하느님의 말씀이 인간의 잡소리로 변질될 위험이 이른바 '계시 종교들'에 도사리고 있다는 거지요. 이 점을 그리스도인들은 결코 잊어서는 안 될 것입니다. 불교의 매력은 어디까지나 이 무념, 무심, 무상, 무언이라는 '없음'과 '비움'에 있지요.

부록

마이스터 에크하르트:
선과 그리스도교의 통로

* 이 글은 2003년 11월 5일 중앙승가대학교에서 "불교와 그리스도교의 수행"이라는 주제 아래 열린 '씨튼연구원 종교대화 모임 10주년 기념 심포지엄'에서 필자가 발표한 것입니다.

1. 불교와 그리스도교의 만남

동서양을 대표하는 두 종교 불교와 그리스도교의 만남은 인류역사상 가장 획기적 사건 가운데 하나이다. 두 종교의 본격적인 만남은 그리 오래된 일은 아니지만 앞으로 전개될 양상에 따라 인류 정신사에 중대한 변화를 가져올 사건이다.[1]

종교는 결코 하나의 완결된 체계로서 존재하는 것이 아니다. 종교는 시대와 환경에 따라 끊임없이 성장하고 변화하는 유기체와 같다. 우리는 흔히 종교를 명확한 교리나 사상체계 그리고 뚜렷한 울타리를 지닌 공동체로 이해하는 경향이 있으나, 사실상 종교는 그러한 고정된 정체성을 지닌 물체라기보다는 변하는 역사적 환경에 적응하면서 발전해가는 역동적 실재이다. 그리스도교의 경우 초기 유대 그리스도교는 다분히 유대교의 한 분파와도 같은 존재였으나 그리스-로마라는 거대한 문명을 만나 사상과 제도에 심대한 변화를 겪으면서 중세 그리스도교의 체제를 형성했으며, 근대 과학의 세계관과 역사주의적 사고의 도전을 받으면서 다시 한번 심대한 변화를 겪었다. 인도적 인생관과 세계관을 바탕으로 하여 출발한 불교 또한 인도 내에서 힌두교와의 끊임없는 교호작용 가운데서 발전했으며, 문화적 풍토가 전혀 다른 중국으로 전파되면서 커다란 변화를 겪었고, 한국, 일본, 티베트 그리고 동남아시아 지역에서도 각

---

1 불교와 그리스도교의 만남의 역사와 의의에 대해서는 길희성, "불교와 그리스도교: 창조적 만남과 궁극적 일치를 향하여," 「종교연구」 제21집(2000년 가을): 1-35쪽을 참조할 것.

각 독특한 형태로 변모했다. 불교 역시 그리스도교와 마찬가지로 중세적 유산을 안고 현대 세속 문명의 도전에 적응해야 하는 과제를 안고 있다.

이러한 역사적 변천 과정에서 불교와 그리스도교가 현대 세계에서 당면하고 있는 또 하나의 새로운 사건이 두 종교 사이의 본격적인 만남이다. 처음에는 이 만남이 서세동점이라는 근대사의 물결 속에서 주로 그리스도교 배경을 지닌 서양인들이 불교를 발견하고 동양학 내지 불교학이라는 학문 영역을 발전시키는 형태로 이루어졌지만, 현재는 그러한 단계를 지나 불교는 이미 서양에서 그리스도교나 세속주의를 대체하는 하나의 '대안 종교'와 사상으로 자리 잡고 있다. 이에 따라 서구 사상가들이나 그리스도교 신학자들은 불교를 단지 학문적 연구 대상이 아니라 깊은 공감적 이해를 바탕으로 하여 진지한 종교적 대화의 상대로 관심을 가지게 되었다. 불교 쪽에서도 이에 상응하는 움직임이 일고 있다. 아시아의 불자들은 이미 오래전부터 서구 세력의 제국주의적 팽창과 더불어 전파된 그리스도교를 접해 왔으며, 오늘날은 동양의 불자이든 서양의 백인 불자이든 그리스도교를 의식하는 가운데 자신들의 신앙과 사상을 논하지 않을 수 없게 되었다.

그러나 불행하게도, 아니 이상할 정도로 두 종교가 막상막하의 세력으로 존재하고 있는 우리나라에서는 이렇다 할 본격적 만남이 이루어지지 않고 있다. 둘은 다만 물리적으로 공존하고 있을 뿐 정신적 만남과 사상적 교류는 아직 시작 단계에도 진입하지 못하고 있는 형편이라 해도 과언이 아니다. 두 종교의 물리적 공존은 주로 상대방에 대한 무시 그리고 때로는 비난과 적대 행위로 점철되어

왔다. 최근 두 종교 사이에 우호적 관계가 형성되는 조짐이 보이기는 하나 아직은 극히 일부에 국한된 현상이라 하겠다.

이와 같이 우리나라에서 불교와 그리스도교의 창조적 만남이 이루어지지 않고 이유는 무엇일까? 불교와 그리스도교 양편 모두에서 우리는 그 이유를 찾아볼 수 있을 것이다.

주지하는 바와 같이 불교는 조선조 500년을 통해 심한 탄압을 받았고 사회와 문화의 주류에서 밀려나 종교적 주도권을 상실했다. 이로 인해 발생한 일종의 종교적 공백은 그리스도교, 특히 개신교가 비교적 쉽게 한국 사회에 전파되는 데 중요한 조건이 되었을 뿐 아니라, 한국 그리스도교인들이 불교를 몰라도 얼마든지 활동할 수 있는 여건을 형성했다. 한편 초기 천주교는 극심한 박해를 받아 한국의 토착 문화나 종교에 관심을 기울일만한 여유가 없었으며, 선교사들에 의해 주도된 개신교 또한 토착 종교와 문화를 무시하거나 배척하는 태도를 보여도 선교에 별 지장을 느끼지 않았다. 외세를 업고 있었을 뿐 아니라 불교 자체가 선교사들이 의식해야 할 정도로 힘 있는 존재가 아니었기 때문이었다.

하지만 지금은 모든 것이 달라졌다. 해방 후 오늘에 이르기까지 국내의 종교적 상황이 변했을 뿐 아니라, 앞에서 언급한 대로 세계의 종교적 상황이 많이 변했기 때문이다. 이제 한국에서도 불교와 그리스도교는 한국 사회와 문화의 발전을 위해서는 물론이요 서로를 위해서도 진지하게 만나야만 한다. 이 만남은 사회 정의나 평화 운동, 환경 운동 등 우리 사회의 공동선을 위한 각종 시민운동 차원에서도 이루어질 수 있겠지만, 역시 사상적 이해의 차원에서 이루어질 때 비로소 진정한 만남이 될 수 있을 것이다. 서로에 대한 깊은 이해와 존경심 없는 실천적 협력은 한계가 있기 때문이다. 그러나 불교와 그리스도교 사이의 사상적 만남은 쉬운 문제가 아니다. 두 종교 사이의 교리적, 사상적 간격이 너무나 크기 때문이다. 이질적으로 보이는 두 사상체계와 전통 사이에 이해가 가능하려면 무엇보다도 둘 사이를 매개해 줄 수 있는 어떤 접촉점 내지 공통점이 있어야 하며, 그것을 발견하기가 쉽지 않기 때문이다.

불교와 그리스도교는 통상적으로 다음과 같은 점에서 너무나도 이질적인 종교로 보인다.

첫째로 신관과 세계관의 차이를 들 수 있다. 그리스도교는 만물을 창조하고 만물의 제일 원인이 되는 절대적 실재로서의 신을 믿는 종교이지만, 불교는 그러한 신을 인정하지 않는다는 점에서 무신론적 종교이다. 불교는 전통적으로 다신들은 인정했으나 그들은 인간이나 동물들과 마찬가지로 중생의 범주에 들며 윤회 세계의 일부일 뿐 그리스도교가 말하는 하느님과는 거리가 멀다. 그리스도교는 창조주 하느님과 피조물 사이에 무시할 수 없는 존재론적 차이를 인정한다. 창조주와 피조물, 절대자와 상대적 존재들, 초자연과 자연, 초월과 내재 사이에는 건널 수 없는 존재론적 단절 내지 불연속성이 존재한다. 비록 존재하는 모든 것이 하느님이라는 하나의 절대적 실재에 의해 포섭되기는 해도 절대와 상대 사이의 질적 차이로 인해 신과 세계는 실제상 일종의 '이원적' 존재 질서를 형성하고 있다. 반면에 불교에서는 존재하는 모든 것은 연기적으로 생성되고 상호의존적으로 존재하며, 여기에는 예외적인 존재, 즉 절대적 존재란 있을 수 없다. 만물의 제일원인 같은 것은 없으며 연기, 공, 진여, 법신 등으로 표현되는 하나의 통일적인 존재론적 질서 속에 부처와 중생, 신들과 인간, 생물과 무생물이 모두 포섭된다. 그리스도교의 초월이 존재론적 초월임에 반하여 불교에서의 초월은 다분히 인식적-심적 초월이다. 그리스도교에도 하느님의 내재성에 대한 관념이 없는 것이 아니고 창조주와 피조물 사이의 불연속성 못지않게 연속성이 존재하는 것이 사실이나 적어도 불교의 입장에서 보면 그리스도교는 이원적 대립의 종교로 보이는 것이 부정할 수 없는 사실이다.

둘째로 이러한 절대와 상대의 질적 차이는 인간관에도 그대로 나타나 그리스도교에서는 하느님과 인간 사이에도 존재론적 괴리와 질적 차이가 존재한다. 인간은 결코 신이 될 수 없다. 인간이 하느님의 모상(imago dei)으로 창조되었다는 그리스도교의 전통적인 인간관 그리고 하느님이 인간이 되었다는 성육신(incarnation) 사상에도 불구하고 그리고 동방교회의 신화(deification) 사상에도 불구하고 그리스도교는 하느님과 인간 사이에 건너기 어려운 질적 차이를 강조해 온 것이 사실이다. 이에 반하여 불교나 힌두교 그리고 유교와 도교 같은 동양 종교들에는 유대교, 그리스도교 이슬람에서와 같은 창조(creation) 개념이 존재하지 않으며, 절대적 실재는 언제나 상대적 사물들 가운데 내재하는 것으로 파악된다. 절대의 내재성을 강조하는 동양 종교에서는 자연히 인간과 절대적 실재의 완전한 일치를 궁극적 진리로 강조한다. 절대적 실재는 인간 심성 안에 이미 완전하게 내재하기 때문에 인간은 다만 그것을 깊이 자각하고 실현하면 된다. 이렇게 자기 발견과 실현을 통해서 인간은 절대와 한 치도 어긋남 없는 완벽한 일치를 이룰 수 있다고 보는 점에서 동양 종교는 근본적으로 신비적 합일(unio mystica)의 종교이다.

셋째로 이와 관련하여 그리스도교는 절대자 하느님의 인격성을 강조하는 반면 불교에서는 절대적 실재의 탈 인격성을 강조한다. 불교도 물론 대중적 신앙의 차원에서 불보살에 대한 인격적 신앙이 없는 것은 아니나 궁극적으로 불교는 실재의 탈 인격성을 강조한다.

넷째로 이와 같은 인격신관에 따라 그리스도교는 하느님과 인간, 절대와 상대 사이에 존재론적 불연속성뿐 아니라 극복하기 어려운 도덕적 괴리를 강조한다. 인간은 항시 초월적 하느님의 절대적이고 거룩한 명령 앞에 서 있으며 그의 뜻에 순종해야 하는 존재이다. 인간은 하느님의 피조물임에도 불구하고 현실적으로는 늘 죄인으로서 하느님의 심판과 자비의 대상으로 파악된다. 불교와 여타 동양 종교에서도 물론 인간의 도덕적 · 영적 불완전성에 대한 자각과 번민이 있지만, 어디까지나 수도와 영적 훈련을 통해 자력으로 극복할 수 있다는 믿음이 있다. 동양 종교에는 기본적으로 누구든 부처나 성인이 될 수 있다는 인간에 대한 낙관적 믿음이 깔려 있다. 이와 대조적으로 그리스도교에서는 신학자들마다 정도의 차이는 있지만 늘 하느님의 초자연적 은총의 도움을 중시해왔다.[2]

다섯째, 불교와 그리스도교는 인생의 근본 문제에 대한 이해에서 몇 가지 중요한 차이를 보인다. 그리스도교가 절대와 상대, 하느님과 인간의 관계를 가로막는 것을 인간의 의지와 죄악성에서 본다면, 불교는 부처와 중생의 차이를 기본적으로 깨달음과 무지에서 찾는다. 이로 인해 그리스도교는 신앙을 강조하는 종교가 되었으며

---

2 인간의 죄악성에 대한 가각을 통해 극단적 他力신앙을 강조하는 일본의 淨土眞宗의 창시자 신란(親鸞)의 경우는 불교에서 극히 예외적이다. 신란의 정토 사상에 대해서는 길희성, 『일본의 정토 사상: 신란의 절대 타력他力신앙』 - 종교와 영성 연구 전집 5 (동연, 2021)를 볼 것.

불교는 지혜와 수행을 강조하는 명상적-철학적 종교가 된 것이다.

여섯째, 유대-성서적 전통에 따라 그리스도교는 하느님의 역사적 계시(historical revelation)를 중요시하는 종교이지만, 불교는 여타 동양 종교들과 마찬가지로 사물의 이법을 중시하는 종교이다. 그리스도교 전통에 따르면 하느님은 인간을 구원하기 위하여 이스라엘이라는 한 특정한 민족의 역사에 개입하여 인간을 향한 자신의 뜻을 계시했으며, 그의 아들 예수 그리스도의 인격과 말씀, 삶과 행적, 특히 그의 십자가상의 죽음과 부활을 통해 자신을 결정적으로 계시한 분이다. 불교는 어떤 특정한 역사적 사건에 이러한 엄청난 종교적 의미를 부여하지 않는다. 불타는 어디까지나 사물의 보편적 진리를 발견한 존재로서, 중요한 것은 그의 가르침이지 그의 존재 자체가 아니다. 그는 어디까지나 한 인간으로서 세상에 출현하여 사물의 보편적 이치를 깨닫고 거기에 따라 살다 간 존재일 뿐이다. 불자들도 물론 불타의 교설과 행적에 보편적 가치와 의미를 부여하기는 해도, 그리스도인들이 그리스도를 성육신한 하느님의 아들로 믿으며 그의 십자가와 부활의 유일회적 사건에 초월적 의미를 부여하는 것은 불교적 사고방식에는 이질적이다.

일곱째, 인생관의 차이이다. 그리스도교는 인생을 반복할 수 없는 유일회적 현상으로 보지만, 불교는 힌두교와 더불어 윤회전생을 믿는다. 인간의 독특한 존재론적 위상을 강조하는 그리스도교와는 달리 불교는 동물까지 포함하여 일체, 중생이 하나의 통합된 윤회질서 속에 포함되어 있음을 가르친다. 나아가서 그리스도교는 역사의 완성과 종말을 믿지만, 불교는 유일회적이고 불가역적인 시간의 흐름으로서의 역사의 종말이란 것을 부인한다.

이상과 같은 현저한 사상적 차이를 두고 볼 때 과연 불교와 그리스도교 사이에 어떠한 사상적 접촉점 내지 공통성을 찾을 수 있을지 회의가 드는 것은 당연하다. 둘은 그야말로 통약 불가능한 (incommensurable) 두 개의 이질적 패러다임에 근거한 종교로 보이기 때문이다. 그러나 유구하고 풍부한 전통을 가진 두 종교 안에는 위와 같은 방식으로 일반화하기 어려운 특이하고 다양한 사상들이 발견되는 것이 사실이다. 특히 유일신 신앙에 기초한 세 종교, 즉 유대교와 그리스도교와 이슬람 전통 내에는 비록 주류는 아니지만, 창조주와 피조물의 이원적 대립 그리고 하느님과 인간 사이의 괴리를 극복하고 둘의 완전한 합일을 지향하는 신비주의 전통이 면면히 흘러왔다는 사실에 우리는 주목할 필요가 있다. 즉, 유대교의 카발라Kabala 전통과 이슬람의 수피즘Sufism 그리고 서양 중세 그리스도교 신비주의의 흐름이다. 이 신비주의 전통들의 공통점은 신비적 합일을 통해 하느님과 인간 사이의 일치, 즉 신인합일의 경지에 이르려는 것으로서 동양 종교들의 근본적 이념과 상통한다. 따라서 신비주의 전통에서 우리가 유일신 종교들과 불교를 위시한 동양 종교들과의 만남을 모색하는 것은 자연스러운 일이다. 신비주의 전통에서 우리는 '이원적' 대립성을 넘어서는 유일신 종교의 또 다른 모습을 접하게 되며 동양 종교 전통들과의 친화성과 접촉점을 발견할 수 있기 때문이다.

이 글은 이러한 취지에 따라 선불교와 그리스도교 신비주의의 만남을 시도하려는 것이다. 이를 위해서 나는 선불교에서는 6조 혜능慧能 대사와 임제臨濟 선사 그리고 고려의 보조국사 지눌知訥의 선사상을, 그리스도교 신비주의 전통에서는 13세기 독일의 신비주의 사

상가 마이스터 에크하르트(Meister Eckhart)의 사상을 비교하고자 한
다.3 비록 에크하르트 사상의 일부가 그의 서거 후 얼마 안 되어 가
톨릭교회로부터 이단적이라는 판결을 받았지만, 그는 토마스 아퀴
나스와 더불어 중세 도미니코 수도회의 가장 탁월한 지도자였으며,
토마스와 마찬가지로 당시 유럽 지성의 중심지였던 파리대학의 신
학 교수직을 두 번이나 맡을 정도로 명성 있는 신학자였다. 최근
가장 주목을 받고 있는 중세 사상가 가운데 하나로서 그는 그리스
도교 내에서 새로운 길을 모색하고 있는 사람들에게 많은 영감을
주고 있다.

---

3 에크하르트와 동양 사상, 특히 선과의 비교는 이미 에크하르트 사상을 다루는 저서들
  에서 부분적으로 혹은 단편적으로 많이 이루어지거나 언급되고 있다. 이에 관한 문헌
  들을 일일이 소개하는 것은 너무 번거롭고, 다만 에크하르트 사상과 선 양쪽에 정통한
  학자는 찾아보기 쉽지 않다는 점만을 지적하고 싶다. Suzuki Daisetsu, *Mysticism:*
  Christian and Buddhist (New York: 1957)가 자주 언급되고 있지만, 그의 에크하르
  트 이해는 극히 초보적이고 피상적 수준을 벗어나지 못하기 때문에 거의 언급할만한
  가치가 없다. 이 문제에 관해서 가장 수준 높고 중요한 연구를 한 학자는 우에다 시즈
  테루(上田閑照)이다: *Die Gottesgeburt in der Seele und der Durchbruch zur Gottheit:*
  Die mystische Anthropologie Meister Eckharts und ihre Konfrontation mit der Mystik
  des Zen-Buddhismus; "Der Zen-Buddhismus als 'Nicht-Mystik' unter besonderer
  Berücksichtigung des Vergleichs zur Mystik Meister Eckharts," Transparente
  Welt, ed. by G. Schulz(Stuttgart: 1965); "Das 'Nichts' bei Meister Eckhart und
  im Zen-Buddhismus, unter besonderer Berücksichtigung des Grenzbereichs
  von Theologie und Philosophie," *Transzendenz und Immanenz*, Hrsg. von D.
  Papenfuss und J. Söring(Stuttgart: 1978); "Eckhart und Zen am Problm
  'Freiheit und Sprache'", *Luther und Shinran-Eckhart und Zen*, Hrsg. von Martin
  Kraatz(Köln: E. J. Brill, 1989). 우에다는 선과의 유사성에도 불구하고 에크하르트
  사상의 실체론적 사고의 한계를 지적하는 입장을 취하고 있다.

2. 동양적 그리스도교: 신관과 인간관

나는 에크하르트의 그리스도교를 아무 주저 없이 '동양적 그리스도교'라 부른다. 그 첫 번째 이유는 그의 신관에서는 창조주와 피조물의 이원적 질서가 지양되며, 그의 신비주의가 지향하는 신인합일의 경지는 하느님과 인간의 통상적 구별을 완전히 넘어서기 때문이다. 둘째로 이러한 신비적 합일을 이루기 위한 그의 수행론이 불교의 수행론과 매우 유사하기 때문이다. 먼저 이러한 신인합일의 신비적 경험과 수행론의 기초가 되는 그의 신관과 인간관을 간략히 살펴본 후 그의 수행론을 고찰하고자 한다.[1]

통상적인 그리스도교 신관에 의하면 하느님은 창조주로서 어느 한 시점에 혹은 '시간과 함께'(아우구스티누스) 이 세계를 창조하였다. 하느님은 세계 창조 '이전'에 계셨고 세계가 사라진다 해도 영원히 존재하는 실재이다. 하느님은 세계 없이도 존재할 수 있는 분이며, 세계를 창조하지 않을 수도 있는 존재이다. 어찌 보면 전통적인 창조론은 세계를 '우연적' 존재로 간주하는 모순적 진리를 함축하고 있다. 에크하르트는 이러한 신관을 거부한다. 성서적 신관 못지않게 신플라톤주의(Neo-Platonism) 철학의 강한 영향하에 형성된 그의 신관에 따르면 하느님은 세계 만물의 근원이자 귀착지로서, 만물이 거기서부터 출원하여(exitus) 거기로 다시 환원하는(reditus) 원초적 실재요 궁극적 실재이다. 하느님은 그 안에 무한한 생명력으로 끓

---

1 마이스터 에크하르트의 사상 일반에 대해서는 길희성, 『마이스터 에크하르트의 영성 사상』 - 종교와 영성 연구 전집 6 (서울: 동연, 2021)을 참고할 것.

어오르는(bullitio) 역동적 실재로서, 이 세계는 그 생명력이 자연스럽게 분출한 산물이다. 하느님은 무한한 생명임에 반하여 피조물들은 그에 의존하는 유한한 생명들이라는 차이는 있지만, 하느님과 피조물은 근본적으로 동일한 생명을 공유하고 있다. 더욱이 세계는 하느님의 자식과도 같은 산물이기에 어머니가 자식을 낳고 자식 없는 어머니를 생각할 수 없듯이 세계 없는 하느님은 생각할 수 없다. 세계 창조는 어느 한 시점에서 하느님의 자의적 의지의 결단으로 이루어진 행위라기보다는 하느님의 넘쳐흐르는 생명력의 자연스럽고 필연적인 분출이기 때문이다. 에크하르트에 의하면 창조는 결코 하느님의 외적 행위가 아니다. 이 세계는 마치 공예가들이 자기 밖에 존재하는 재료들을 가지고 만든 공예품과 같은 것이 아니라 어디까지나 생명의 근원인 하느님 안에서 잉태되고 분출된 것으로서, 하느님을 떠나서는 존재할 수 없으며 하느님 역시 그의 피조물들 밖에 있는 어떤 외적 존재가 아니다. 에크하르트는 다음과 같이 말한다.

> 그가 태초에, 즉 자기 자신 안에서 창조했다는 것은 다음에서 드러난다: 창조는 존재를 주거나 부여하는 것이다. 그런데 존재(존재 자체)는 모든 것의 시작이요 먼저이다. 존재 이전과 밖에는 아무것도 없다. 그리고 존재는 신이다. 그러므로 그는 태초에, 즉 자기 자신 안에서, 만물을 창조했다. 즉, 그는 만물을 태초이자 신 자신인 존재 안에서 창조한 것이다. 우리는 여기서 신은 창조하고 일하고 행하는 모든 것을 자기 자신 안에서 일하고 행하는 것임을 알아야 한다. 왜냐하면 신 밖에 있는 것, 그 밖에서 되는 것은 존재 밖에서 있고 되는 것이기 때문이다. 그렇다, 그것은 모두 아무것

도 아니게 된다. 왜냐하면 되는 것의 범위는 존재이기 때문이다. 아우구스
티누스는 그의 『고백록』 4권에서 "하느님은 만물을 창조하셨다: '그는 만
물을 창조하고 떠난 것이 아니라, 만물이 그로부터 나왔고 그 안에 있다'"
고 말한다. 공예가들은 다르다. 건축가는 자기 밖에 집을 짓는다. 첫째, 그
의 밖에 다른 사물들이 존재하기 때문이며, 둘째, 집을 만드는 재료인 나무
나 돌들이 건축가로부터 오거나 그의 안에 있는 것이 아니라 다른 사람으
로부터 오거나 다른 사람 안에 있기 때문이다. 따라서 우리는 하느님이
마치 피조물들을 자기 밖으로 던지거나 혹은 자기 밖의 어떤 무한한 [공간]
이나 진공 속에서 창조한 것처럼 잘못 생각해서는 안 된다… 따라서 신은
공예가들이 하는 식으로 만물이 자기 밖에 혹은 옆에 혹은 멀리 있도록
창조하지 않고, 자기 안에서 존재를 발견하고 받고 소유하도록 만물을 무
로부터, 즉 비존재로부터 존재로 불렀다. 왜냐하면 그 자신이 존재이기
때문이다.[2]

여기서 에크하르트는 이른바 '무로부터의 창조'(creatio ex nihilo)
라는 그리스도교의 전통적 창조론을 창조주와 피조물의 존재론적
차이를 강조하기보다는 역으로 해석하여 존재하는 모든 것이 하느
님 '안'에서 되었으며, 하느님으로부터 온 것임을 강조한다. 에크하
르트의 신관은 하느님 안에 있는 세계, 세계 안에 있는 하느님을
말하는 일종의 범재신론凡在神論(panentheism)에 가깝다. 하느님과 세
계는 불가분적이다.
　에크하르트에 의하면 하느님은 존재 자체(esse ipsum)이다. 모든

---

2 *Lateinishce Werke* I, 161-162.

유한한 존재들은 존재 그 자체인 하느님을 떠나 그 밖에서 존재할 수 없다. 하느님을 떠나서는 피조물은 '순전한 무'(ein reines Nichts) 라고까지 에크하르트는 말한다.3 그러나 하느님 안에서는 모든 피조물이 그의 존재에 참여함으로써 찬란한 빛을 발하는 아름다운 존재들이다.

> 하느님을 이렇게 그 존재(본질)에서 소유하는 자는 하느님을 신적으로 취하는 자이며, 그에게는 모든 사물에서 하느님이 빛을 비춘다. 왜냐하면 그에게는 모든 사물이 하느님 맛이 나고, 모든 사물에서 하느님의 형상이 드러나기 때문이다.4

우리가 통상적으로 보는 사물들이 하느님 안에서는 천사들처럼 훨씬 더 아름다운 존재들이라고 에크하르트는 말한다.5 사물들은 그것들이 존재하는 한 하느님과도 같은 존재들이다. 그들의 존재가 전적으로 하느님께 의존하고 있기 때문이다.

에크하르트는 하느님을 '하나'(unum)라는 개념을 통해 표현한다. 여기서 '하나'라는 말은 둘, 셋 등에 대비되는 숫자적 개념이 아니라 "모든 수들의 원천이고 근원"으로서의 하나로서,6 만물의 존재론적 근원이며 만물을 하나로 통일하는 절대적 하나이다. 따라서 이 하나는 여럿에 상대되는 하나가 아니라 여럿을 품고 여럿 중 어느 것

---

3 *Deutsche Werke* I, 444.

4 Josef Quint, *Meister Eckehart: Deutsche Predigten und Tractate* (München: Carl Hanser Verlag, 1963. 앞으로 Quint로 표시됨), 60.

5 Quint, 192.

6 *Lateinische Werke* II, 487.

에나 존재하는 무한한 실재로서의 하나이다. 하나는 하느님의 절대성, 무한성, 순수성을 나타내는 개념이다. 하나로서의 하느님은 무소부재하며, 어디에든 완전하게 전적으로 존재하며, 모든 사물의 중심이 된다. 하나로서의 하느님에게는 '타자'란 존재하지 않는다 (non-aliud). 유한한 사물들은 한계를 지닌 차별적(distinctus) 존재들로서 상호 배타적임에 반하여 하나로서의 하느님은 무차별적이며 (indistinctus) 만물을 품는다. 사물들은 상호 차별성을 지니지만 하느님은 무차별성이 바로 그의 차별성이다. 차별성을 지닌 사물들은 하나가 다른 하나가 아니라는 부정성을 지님에 반하여 하느님은 그의 무차별성 때문에 '부정의 부정'(negatio negationis)이라고 에크하르트는 말한다.[7]

절대적 하나, 하나라고조차 말할 수 없는 하나로서의 신은 에크하르트에게는 모든 잡다한 이름과 형상을 초월하고 양태를 초월한, 그야말로 이언절려離言絶慮의 실재로서 인간의 사고와 인식을 초월하는 '감추어진 신성의 어두움'이다.[8] 인격성마저 여읜 신성(Gottheit)으로서 우리가 온갖 속성과 술어를 붙여 파악하고 논하는 신이 아니라 벌거벗은 신, 신 아닌 신, 일종의 초신(Übergott)이며 비신 (Nicht-Gott)이라고까지 에크하르트는 표현한다.[9] 무(Nichts)로서의 하느님이다.[10]

이상과 같은 신과 사물들과의 관계를 잠시 불교의 화엄사상과

---

7 Quint, 252.
8 *Deutsche Werke* I, 490.
9 Quint, 355.
10 *Deutsche Werke* I, 522.

대비해보면 유사성과 차이점이 드러난다. 중심이 어디에도 존재하며 모든 사물이 중심이 될 수 있다는 에크하르트의 존재론은 화엄의 사사무애事事無碍의 세계를 연상시킨다. 그러나 사사무애가 사물들 간의 상호의존성을 말하는 연기법에 근거한 세계관이라면, 에크하르트의 경우는 연기보다는 모든 존재가 하느님으로부터 존재를 부여받거나 빌렸다는 일방적 의존관계에서 성립된다. 이런 면에서 사사무애보다는 이사무애理事無碍에 더 가깝다고 말할 수 있지만, 여기서도 역시 차이는 존재한다. 화엄에서 이사무애는 이理와 사事가 결코 분리될 수 없으며 의존관계라기보다는 '즉卽'의 관계임에 반하여 에크하르트의 경우는 피조물들이 하느님께 의존하되 하느님은 자존적 실재로서 피조물에 의존하지 않는다. 여하튼 우리는 여기서 중세 스콜라 철학의 실체론적 사고의 틀에서 사유할 수밖에 없었던 에크하르트와 일체의 실체론적 사고를 거부하는 불교의 연기론적 사유 사이의 근본적 차이를 부정할 수 없다. 그러나 이런 차이에도 불구하고 이와 시가 불가분적이듯이 에크하르트에게도 사물들은 하느님과 불가분적이다. 나아가서 무한의 시각에서 유한한 사물들을 바라보는 데서 오는 사물들의 신비성과 아름다움을 긍정하는 세계관도 공통적임을 알 수 있다. 하느님의 빛에서 보는 사물이나 공空의 진리에서 인식되는 사물 모두가 "존재하면서도 존재하지 않는" 신비한 묘유妙有인 것이다.11

　　존재(esse), 하나(unum) 개념으로 대표되는 에크하르트의 신관은 인간관과 관련하여 또 하나의 핵심 개념을 도입한다. 지성(intellectus)

---

11 "est ens et non ens." *Lateinische Werke* II, 77.

의 개념이다. 순수 존재이며 무차별적 존재인 하느님은 에크하르트에 의하면 순수 지성이다. 지성은 하느님의 속성이 아니라 그의 존재 자체이며, 하느님에게는 존재가 지성이며 지성이 존재이다. 지성은 신의 신성(Gottheit)으로서 신의 비밀스러운 숨겨진 근저(Gottesgrund)이며 일체의 속성을 여인 신의 벌거벗은 본질(nuda essentia dei)이다.

에크하르트에게는 순수 존재, 하나, 지성으로서의 신성은 그리스도교 전통의 핵심인 성부, 성자, 성령으로서의 삼위일체 신마저도 초월한다. 이런 의미에서 에크하르트는 신(Gott)과 신성(Gottheit)을 구별하며, 둘은 하늘과 땅처럼 차이가 있다고 말한다.[12] 속성을 지닌 삼위의 하느님은 신의 근저로부터 흘러나온 신의 외양일 뿐이다. 신과 신성은 활동(wirken)과 비활동(nicht wirken)에서 구별된다고 에크하르트는 말한다.[13] 신은 인간 혹은 피조물과의 관계 속에서 '생성'되기도(werden) 하고 '해체'되기도(entwerden) 하는[14] '상대적' 실재임에 비하여 모든 속성을 여인 신성은 관계성과 상대성을 완전히 초월한 감추어진 신비이다.

에크하르트에 의하면 인간의 지성도 하느님의 초월적 지성을 닮아 순수하고 무한하다. 지성은 모든 사물을 대하고 인식하는 보편성을 지녔으나 사물들의 형상이나 특성과는 무관하다. 지성은 영혼의 실체(substantia)로서 그 자체는 우리가 사물과의 접촉을 통해 얻는 일체의 상像(Bild)들을 떠나 '비고 자유롭다'(ledig und frei). 하느님

---

12 Quint, 272.
13 Quint, 272.
14 같은 곳.

의 모상으로서 하느님을 닮은 인간 지성은 하느님과 같이 보편적이고 초월적이고 순수하다. 지성은 인간을 인간으로 만드는 인간의 인간성(humanitas)이라고 에크하르트는 말한다.[15]

'영혼의 불꽃'(scintilla animae)이라고도 불리는 이 지성은 에크하르트에 의하면 영혼의 뿌리 혹은 근저(Grund)이며 그로부터 사물의 인지, 기억, 의지, 욕망 등 모든 정신적 활동이 흘러나오되 그 어느 기능과도 동일하지 않으며 어느 것에 의해서도 제약받지 않는다. 이와 마찬가지로 존재, 하나, 지성인 신의 근저로부터 특성을 지닌 삼위 하느님과 잡다한 피조물들이 흘러나온다. 영혼의 근저(Seelengrund)는 곧 신의 근저(Gottesgrund)로서 둘은 완전히 하나이다. 거기서는 완벽한 신인합일神人合一이 이루어지며, 이 진리를 인식하는 것이야말로 에크하르트 신비주의의 극치이다. 에크하르트는 이것을 '돌파'(Durchbruch)라고 부른다. 돌파는 사물들의 상이나 관념을 완전히 비우는 초탈(Abgeschiedenheit)의 극치이다. 자신에 대한 집착, 세상에 대한 집착뿐 아니라 대상적 존재로서의 신, 속성을 지닌 삼위의 신마저 떠나 신과 인간의 구별이 사라지는 완벽한 일치의 경지가 돌파를 통해 열린다.

에크하르트에 의하면 바로 이러한 일치가 하느님의 아들 예수 그리스도의 성육신(incarnation) 사건에서 실현되었다. 하느님의 아들이 인간이 되었을 때 그가 취한 것은 예수라는 한 특정한 인간의 성품이나 성격이 아니라 인류의 참된 보편적 인간성 그 자체이다.[16] 그에게서 신과 인간의 완벽한 일치가 이루어졌고, 그것은 모든 인

---

15 "Homo is quod est, per intellectum est." LW I, 579.
16 Quint, 178.

간에게서도 실현되어야 할 진리이다. 하느님이 인간이 된 이유는 모든 인간이 그리스도와 똑같이 하느님으로 태어나기 위함이라고 에크하르트는 말한다.[17]

> 성자가 본질과 본성에서 성부와 하나이듯, 그대도 본질과 본성에서 그와 하나이며, 성부가 자기 자신 안에 모든 것을 가지고 있듯이 그대도 그대 안에 모든 것을 가지고 있다. 그대는 그것을 하느님으로부터 빌릴 필요가 없다. 왜냐하면 하느님은 그대 자신의 것이기 때문이다.[18]

이상과 같은 신관과 인간관을 기초로 한 에크하르트의 그리스도교는 정녕 동양적 그리스도교라 할만하다. 신과 피조물의 이원적 질서가 극복되고 하느님과 인간의 차이가 완전히 사라지는 궁극적 경지를 말함으로써 동양적 일원론, 동양적 자연주의, 동양적 심성론에 근접하고 있기 때문이다. 에크하르트의 그리스도교는 완벽한 신인합일의 경지를 모든 인간이 추구해야 하며 이룩할 수 있는 진리임을 말한다는 점에서 동양의 수도 전통들과 일치한다. 범아일여梵我一如를 말하는 힌두교나 일체중생의 성불을 주장하는 불교, 도와의 완벽한 일치를 추구하는 도가 혹은 도교 사상 그리고 모두 사람이 성인이 될 수 있음을 말하는 유교의 가르침과 근본적으로 일치하고 있는 것이다. 에크하르트의 신학에서 초자연적 신관이 완전히 극복된 것은 아니고, 초자연적 은총의 사상 또한 존재하는 것이 사실이나 그에게는 자연과 초자연은 궁극적으로 하나이지 둘이 아니

---

17 Quint, 292-93.
18 DW II, 708.

다. 에크하르트에게는 또한 성서의 구원사(Heilsgeschichte)에 대한 관념이나 예수 그리스도의 대속의 십자가 등의 핵심 개념이 없는 것은 아니나 이 모든 것은 인간이 하느님이 되기 위해 하느님이 인간이 되었다는 성육신의 진리에 종속된다. 모든 영혼에 하느님의 아들이 탄생해야 하며 할 수 있다는 것, 모든 인간에게서 예수 그리스도와 조금도 다름없는 신인합일이 이루어져야 하며 이루어질 수 있음을 말하는 에크하르트의 신비신학은 실로 동양적 그리스도교라 아니할 수 없다.

3. 지성과 불성

에크하르트의 지성(intellectus) 개념은 중국의 선사 규봉 종밀圭峯宗密(780~841)의 '지知' 개념을 강하게 연상시킨다. 종밀에 의하면 지는 불성의 핵(體)으로서 우리는 그것을 통해 당 중기에 형성된 중국 선사상의 한 중요한 단면을 볼 수 있다. 특히 지 개념을 중심으로 전개된 종밀의 불성론은 고려시대 보조국사 지눌知訥(1158~1210)에게도 결정적 영향을 미쳤고, 그를 통해서 한국 선불교의 핵심 사상으로 자리 잡게 되었다. 불성 사상에 관한 한 지눌이 종밀의 사상을 그대로 계승하고 있기 때문에 나는 여기서 굳이 둘을 구별하지 않고 그 요점을 에크하르트의 지성과 대비하면서 논하고자 한다.[1]

마음이 곧 부처(心卽佛)임을 말하는 선불교는 불성 사상에 기초하고 있다. 불성은 문자 그대로 부처님의 성품, 부처님의 순수한 마음 바탕으로서 모든 중생이 본래부터 갖추고 있는 마음(本心)이다. 누구든 이 마음을 깨달으면 부처가 된다는 것이 선의 요지이다. 불성은 인간의 참 마음(眞心)이요 본래 성품(本性)이며 동시에 사물의 실재 혹은 있는 모습 그대로의 모습(眞如, tathatā)이다.

종밀에 의하면 달마 대사가 중국에 온 후 이 부처님의 마음이 제6조 혜능慧能(638~713)까지는 오직 마음에서 마음으로만 전해졌으

---

1 이에 관해서는 길희성, 『지눌의 선禪사상』 - 종교와 영성 연구 전집 4 (서울: 동연, 2021), 제3장 "심성론"을 볼 것. 또 荒木見悟, "宗密の 絶對知論 — 知之一字衆妙之門 に ついて, 『南都佛敎』 3(1957), Peter N. Gregory, *Tsung-mi and the Sinification of Buddhism* (Princeton: Princeton University Press, 1991), 206-223을 참조할 것.

며 각자가 자신의 수행을 통해서 직접 체험했을 뿐 그것이 무엇인지 언표하지 않았다. 그야말로 불립문자不立文字 이심전심以心傳心으로 비밀리에 전수되어왔다는 것이다. 그러다가 사람들의 근기가 타락하고 약해져서 이 비밀스러운 진리가 멸절 위기를 맞자 하택 신회荷澤神會(685~760) 선사가 출현하여 불성의 핵심(體)을 지(앎)라는 한 글자로 밝혀주었다는 것이다. 신회의 사상을 계승한 종밀은 이것을 두고 "지라는 한 글자는 모든 묘함의 문이다"(知之一字衆妙之門)라고 표현했다.

지눌은 신회와 종밀의 설을 따라 불성 혹은 진심眞心을 '공적영지지심空寂靈知之心'이라 부른다. 공적과 영지, 혹은 단순히 적寂과 지知가 진심의 두 본질적 측면이라는 것이다. 다시 말해 일체중생이 갖추고 있는 본래적 마음인 이 진심은 모든 번뇌와 생각을 여읜 비고 고요한(空寂) 마음이며, 동시에 스스로 신묘한 앎(靈知)이 있다는 것이다. 적과 지는 전통적 용어로는 정定(samādhi)과 혜慧(prajñā)로서, 선에서는 이것이 수행을 통해 비로소 얻어지는 것이 아니라 우리의 성품이 본래부터 갖추고 있는 자성自性의 정과 혜로 파악한다. 종밀은 공적영지지심을 깨끗하고 투명한 구슬(摩尼珠)에 비유한다. 구슬이 티 없이 맑고(공적) 투명해서(영지) 주위 사물들을 비추듯, 진심은 일체의 번뇌와 망상을 여읜 맑고 깨끗한 마음이며 동시에 만물을 비출 수 있는 투명한 구슬과도 같다는 것이다. 지눌은 진심의 본체(體)가 가지고 있는 이 두 측면, 즉 적과 지, 정과 혜를 또다시 체와 용의 관계로 해석한다.

이것을 에크하르트의 지성(intellectus) 개념과 대비해 보자. 우선 스콜라 철학의 용어로 말하자면 진심의 체는 영혼의 실체(substantia)

개념에 해당한다. 연기법을 위주로 하는 불교는 물론 일체의 실체론적 사고를 거부한다. 따라서 불성이라 해도『우파니샤드』의 아트만ātman과 같은 영적 실체는 아니다. 그러나 중국에서 전개된 불성 사상, 특히 종밀의 불성론은 실체론적 사고에 매우 근접하고 있음을 부인하기 어려우며, 적어도 불성 사상에 기초한 선불교는 실재를 공종空宗의 부정적 개념을 넘어 불성이라는 적극적 개념으로 표현하는 성종性宗에 속한다는 사실을 기억할 필요가 있다. 여하튼 이 실체로서의 신적 지성은 에크하르트에 있어서도 적과 지, 자성성과 자성혜의 양면을 지닌다. 에크하르트의 지성은 일체의 '이런저런' 제한된 사물들을 떠난 순수한 실재이며, 유有가 아니라 텅 빈 무無의 성격을 지닌 것이다. 에크하르트의 표현대로 그것은 적막한 황야(stille Wüste)와도 같은 고적한 세계로서 그야말로 공적하다. 그러나 지성은 동시에 앎(intelligere)으로서 이런저런 잡다한 사물들을 상대하고 분별하는 이성이나 영혼의 여타 기능들과는 다르지만, 그 자체는 항시 활성적인 앎 그 자체이다. 이 앎은 모든 사물을 대하되 그 자체는 어떤 사물에도 구애받지 않는 맑고 순수한 앎이며, 그야말로 종밀이 말하는 신령한 앎(靈知)의 성격을 지닌다. 에크하르트의 지성은 지눌의 공적영지지심과 대동소이하다.

　지눌에 의하면 정과 혜, 적과 지 가운데서도 지가 특히 중요하다. 지야말로 '중묘지문衆妙之門'으로서 불성 혹은 진심의 체 중의 체, 핵 중의 핵으로 간주된다. 종밀의 지는 에크하르트가 말하는 지성과 마찬가지로 온갖 사물을 상대하되 그 자체는 사물에 의해 아무런 영향을 받지 않는 순수하고 초연한 실재이다. 그것은 우리의 일상적 분별진分別知가 아니면 상(像, 相)을 통해 사물을 인식하고 분별

하는 이성도 아니다. 그것은 또한 깨달음을 얻는 지혜 혹은 반야般若
도 아니다. 지는 우리의 일상적 인식에 의해 알려지는 대상도 아니
고 지혜로 깨닫는 대상도 아니다. 종밀은 문수보살의 말을 인용하
면서 지를 다음과 같이 묘사한다

> 그것은 식識에 의해 알 수 있는 것이 아니며(비식소능식非識所能識. 그것은
> 식에 의해 알 수 없다. 식은 분별의 범주에 속한다. "분별이 된다면 그것은
> 진여眞知가 아니다." "진지는 단지 무심에서만 볼 수 있다."), 마음의 대상
> 이 아니다(역비심경계亦非心境界. 그것은 지혜에 의해 알 수 없다. 즉, 그것
> 이 지혜에 의해 깨달을 수 있는 것이라면, 그것은 깨달을 대상의 범주에
> 속할 것이다. 그러나 진지는 대상이 아니기 때문에 지혜에 의해 깨달을
> 수 없다).[2]

지知는 부처든 중생이든, 성인이든 범부든 누구나 공유하고 있는
본래적 참 마음(本有眞心)으로서 순수한 앎 그 자체이며 항구 불변이다.

> 이 가르침은 모든 중생이 예외 없이 공적진심空寂眞心을 가지고 있다고 가
> 르친다. 그것은 무시無始 이래 본래 깨끗하고 빛나고 막힘이 없고, 밝고 환
> 한 상존하는 앎(常知)이다. 그것은 상주常住하며 무궁토록 결코 멸하지 않
> 을 것이다. 그것은 불성佛性이라 이름하며, 또 여래장如來藏, 심체心體라고
> 도 부른다.[3]

---

2 『大正新修大藏經』 48권, 405a. 괄호에 있는 것은 종밀 자신의 해설이며, 그 안의 따옴
표 부분은 정관(澄觀)의 말을 종밀이 인용한 것이다.
3 『大正新修大藏經』 48권, 404b.

에크하르트의 지성 개념으로 이 지는 그야말로 환한 빛과 같은 '영혼의 불꽃'이며 '영혼 안에 있는 어떤 창조되지 않은 힘'이다. 그것은 영혼의 근저이자 신의 근저로서 거기서 신과 영혼, 부처와 중생은 완전히 하나이다. 우리가 앞으로 보겠지만, 이 근저로서의 지성 역시 불성과 마찬가지로 잡다한 사물들을 대하고 분별하는 우리의 일상적 마음으로는 인식할 수 없으며 일체의 상(像, 相)을 떠나는 초탈을 통해서 도달한 무심의 상태에서만 접할 수 있다.

지는 지눌에게 있어 진심의 세계와 일상생활의 세계를 연결하고 매개해주는 신비한 실재다. 마치 맑고 투명한 구슬이 바로 그 투명성으로 인해 온갖 바깥 사물들을 비출 수 있듯이 진심은 지라는 자성의 작용(自性用)으로 인해 일상의 행위들을 변하는 조건에 따른 작용(隨緣用)으로서 산출한다. 지를 통해 일상적 세계가 불성의 작용으로서 전개되는 것이다. 그러나 이 변하는 조건들에 따른(隨緣) 일상의 역동적 세계는 결코 번뇌 망상으로 뒤덮인 범부들이 경험하는 일상 세계가 아니라 어디까지나 진심의 묘용(眞心妙用)인 순수한 세계이며, 따라서 사事 아닌 사, 상相 아닌 상, 일상 아닌 일상, 시간 아닌 시간의 세계이다. 공空으로서의 유有이며, 이理로서의 사(理事無碍)인 묘유妙有의 세계이다.

에크하르트의 지성도 이렇게 일상적 현실과 연결되고 만난다. 지눌에게 일상적 지각 활동이 바로 불성의 작용 그 자체이듯 에크하르트에게도 영혼의 다양한 기능과 힘들은 영혼의 실체이며 근저인 지성으로부터 흘러나오며, 그 빛을 떠나 독자적으로 기능하지 않는다. 둘은 존재의 통일성(Seinseinheit) 속에 있다고 에크하르트는 말한다.

나는 때때로 영혼 안에 있는 창조되지도 않고 창조될 수도 없는 빛에 대해서 말해왔다. 이 빛에 대해서 나는 나의 설교에서 계속 다루곤 한다. 그리고 바로 이 빛이 하느님을 그 자신 속에 있는 대로 아무런 치장 없이 벌거벗은 채 직접 취하며, 이는 실로 그를 출산 행위 속에서 취한다. 그리하여 나는 진실로 이 빛이 어떠한 [영혼의] 힘들보다도 하느님과 일치성을 지닌다고 말할 수 있다. 하지만 그것은 이 힘들과 존재의 일치성을 지니고 있다. 왜냐하면 그대들은 나의 영혼의 본질 속에 있는 이 빛이 [영혼의] 가장 비천한 혹은 가장 조잡한 힘, 가령 청각이나 시각 혹은 다른 힘처럼 기아나 갈증, 추위나 더위를 탈 수 있는 힘보다 더 존귀하지 않다는 것을 알아야 하기 때문이다. 그리고 그 이유는 [이 빛과 힘들 사이에 있는] 존재의 일치성 때문이다. 그러므로 우리가 영혼의 힘들을 그 존재(Sein, 본질)에서 취하는 한, 그들은 모두 하나이고 동등하게 존귀하다. 그러나 우리가 그 힘들을 그 활동에서 취한다면, 하나가 다른 하나보다 훨씬 더 존귀하고 높다.[4]

무슨 뜻인가? 영혼의 실체와 기능, 지성의 빛과 영혼의 다른 힘들을 이원적 대립으로 보지 말라는 말이다. 영혼의 기능들이 지성에 뿌리를 두고 있는 한, 지성이 이 기능들보다 조금도 우월하지 않다는 말이다. 이 둘은 '존재의 통일성', 즉 본질상 일치성을 가지고 있기 때문이다. 중요한 것은 영혼의 기능들이 무슨 활동을 하던 영혼의 실체요 본질인 지성 자체에 뿌리박고 있다는 사실이며, 그러는 한 모든 기능과 활동이 똑같이 존귀하다는 것이다. 따라서 우리는 영혼의 기능들을 '그 존재에서 취해야' 한다. 그러면 다양한

---

4 Quint, 315.

영혼의 일상적 활동들이 모두 지성의 빛 못지않게 존귀하며, 지성을 방해하기는커녕 지성의 연장이며 작용일 뿐이다.

바로 이러한 이유로 에크하르트는 위 설교의 결론 부분에서 영혼의 빛이 머무는 '신성의 단순한 근저'는 '단순한 정적'이며, 그 자체는 부동이지만 바로 이 부동성에 의해서 만물이 움직여진다고 말하는 것이다. 여기서 신성의 근저란 물론 만물이 출원하는 근원이자 귀착지로서 만물을 움직이는 힘이지만, 그것은 동시에 영혼의 근저로서 거기에 뿌리박은 영혼은 진심의 묘용처럼 이런저런 사물에 흔들림 없이 자유롭게 자기 일을 수행할 수 있다. 설교 말미에 있는 "우리도 이런 뜻에서, 지성에 따라 살도록 하느님이 도우시기를"하는 에크하르트의 기원도 같은 뜻을 전하고 있다. '지성에 따라 산다는'(vernuftgemäss leben) 말은 영혼의 본질과 근저에 착근하여 흔들림 없이 고요한 지성의 빛에 따라 사물을 대하며 살아간다는 뜻일 것이다.

종밀의 불성 사상이 스콜라 철학의 실체론적 사고와 일치한다고는 말하기 어렵지만, 그가 상주불변하는 지 개념을 그의 사상의 중심으로 삼고 있다는 점에서 다분히 실체론적 사고에 근접하고 있다는 것은 부인하기 어렵다. 사실 불성 사상 자체가 공사상을 넘어서 힌두교 베단타 사상의 영적 실체론의 영향 아래 형성된 것이라면, 에크하르트의 지성 개념이 종밀의 불성 개념과 놀라운 유사성을 보이는 것은 결코 이상한 일이 아니다. 이러한 유사성은 실천 수행론에 가면 더욱더 확연히 드러난다. 이제 초탈超脫과 무념無念의 수행론을 대비해 보자.

4. 초탈과 무념

부처와 중생, 하느님의 아들 예수 그리스도와 죄인들을 가리지 않고 모든 인간이 보편적 인간성으로 공유하고 있는 지성 혹은 불성을 우리는 어떻게 해야 우리 자신의 마음 혹은 영혼에서 나의 진리로 실현할 수 있을까? 어떻게 하면 우리가 이기심으로 가득한 현실적 인간성을 극복하여 우리의 본래적 인간성을 회복할 수 있을까? 이것은 에크하르트와 선불교 그리고 동양 사상 전체의 공통된 문제의식이다. 이것을 에크하르트의 초탈 사상과 『육조단경』의 무념無念 사상을 중심으로 하여 살펴보자.

무념은 『단경』에서 무상無相, 무주無住와 밀접히 연결되어 있다. 무념, 무상, 무주는 에크하르트의 지성과 마찬가지로 본래 일체의 번뇌와 망상을 여읜 공적영지지심空寂靈知之心으로서의 불성 그 자체를 가리킨다. 무념은 동시에 이러한 맑고 투명한 인간의 본심을 회복하기 위한 수행이기도 하다. 번뇌에 싸인 현실적 인간이 본래성을 되찾기 위한 수행이 선에서는 무념이며 에크하르트에서는 초탈이다.

에크하르트에 의하면 우리가 영혼의 벌거벗은 본질이자 근저인 지성, 텅 빈 무로서의 지성에 이르려면 당연히 그것을 덮고 있는 온갖종류의 정신적 상像(Bild)들과 욕망들을 제거해야만 한다. '이런저런' 잡다한 사물의 상들뿐만 아니라 하느님에 대한 상들, 심지어 삼위 하느님에 대한 생각마저 떠나 전적으로 '비고 자유로워야'(ledig und frei) 한다. 이 '떠나는'(lassen) 행위가 곧 에크하르트가 그토록 강조하는 초탈超脫(Abgeschiedenheit)이고 초연超然(Gelassenheit)이다. 선에서 말하는 모든 것을 내려놓는 방하放下에 해당하는 개념이다. 초탈은 영혼에 일체의 관념들을 비우고 욕망을 비우는 일이다. 문제는 어떻게 이러한 텅 빈 마음이 일상적 삶을 살아가는 자들에게 실제로 가능한가이다. 도대체 아무 생각도 하지 않고 살란 말인가?

도가적 무위無爲가 아무 행동도 하지 않는 무행위가 아니듯 에크하르트의 초탈 또한 일상사로부터의 도피나 은둔과는 거리가 멀다. 선의 무념이 단순히 아무 생각도 하지 않는 멍청한 마음이나 목석 같은 지적 공백이 아니듯 에크하르트의 초탈도 그런 것이 아니다. 문자 그대로 아무 행동도 하지 않고 아무 생각도 하지 않는 것은 삶 자체의 포기일 것이다. 선에서 말하는 무념이란 생각에 집착하지 않는 무주로서의 무념이지 정신적 진공을 가리키는 것이 아니다. 『금강경金剛經』에 나오는 유명한 구절이 말해 주듯 "마땅히 머무는 바 없이 생각을 내어야 하는"(應無所住 而生其心) 경지이다. 『단경』은 "모든 대상에서 마음이 더럽혀지지 않는 것을 무념이라 한다"라고 무념을 정의한다.[1] 즉, 대상들을 수시로 접하고 상대하되 마음이 집착으로 인해 더럽혀지지 않는 경지를 가리키는 것이다. "무상이란 상에 있되 상을 떠남이며, 무념이란 생각에 있되 생각을 떠남이며"[2] 무주란 "모든 사물을 대할 때 생각마다 주착하지 않음으로 묶임이 없는 것"이다.[3]

---

1 於諸境上 心不染曰無念.

2 無相者 於相而離相 無念者 於念而不念.

3 於諸法上 念念不住 則無縛也. 이상 『壇經』 인용구들은 모두 『禪の의 語錄』 4, 『육조단경』(공摩書房, 1976), 62-63에 근거했음.

에크하르트에게 초탈은 사물이든 생각이든 지식이든 행동이든 욕심과 집착을 떠나는 것을 의미한다. 에크하르트에 의하면 문제가 되는 것은 생각이나 행위 자체가 아니라 자기 사랑(Eigenliebe), 자기 의지(Eigenwille), 자기 계박(Ich-Bindung) 그리고 소유욕(Eigenschaft, Eigenbesitz)이다. 단적으로 아집我執이 문제라는 것이다. "이 세상에 대한 모든 사랑은 자기 사랑에 근거하고 있다. 그대가 자기 사랑을 떠난다면 그대는 온 세상을 떠난 것이다"라고 에크하르트는 말한다.4 반면에 "어떤 사람이 왕국이나 온 세계를 놓아버렸다 해도, 자기 자신을 붙잡고 있다면 그는 아무것도 놓아버린 것이 아니다"라고 한다.5 자기 방하(sich selbst lassen)야말로 초탈의 핵심이라는 것이다.

"마음이 가난한 자는 복이 있다"라는 복음서의 말씀에 대한 유명한 설교에서 에크하르트는 마음의 가난을 설명하기를 "아무것도 원하지 않으며"(nichts willen), "아무것도 알지 않으며"(nichts wissen), "아무것도 소유하지 않는 것"(nichts haben)이라고 말한다. 비단 세속적인 의지나 앎이나 소유뿐만 아니라 종교적-영적 의지나 앎이나 소유까지 버리는 철저한 초탈을 말하고 있다.

에크하르트에서나 선에서나 철저한 부정은 동시에 순수한 긍정을 의미한다. 초탈의 부정을 매개로 하여 사물의 모습이 있는 그대로 순수하게 드러나기 때문이다. 자기중심적 욕망에 의해 왜곡된 시각을 버리고 순수한 지성 혹은 진심에 근거하여 사물의 실상을 그대로 볼 수 있기 때문이다. 무념, 무상, 무주로 마음을 비운 사람

---

4 Quint, 185.
5 Quint, 56.

은 자신의 본래적 성품, 자신의 본래적 마음인 진심에 근거하여 이전보다 더 적극적인 삶을 살 수 있다. 그의 모든 생각과 행위가 집착을 떠나 자연스럽고 자유로운 생각과 행위가 된다. 불성의 작용, 진심의 묘용으로서의 삶이 되는 것이다. 『단경』은 이러한 경지를 표현하여 "진여자성眞如自性이 생각을 일으키면, 비록 육근이 보고 듣고 깨닫는 것이 있어도, 만 가지 경계에 물들지 않고 참다운 성품이 늘 자유롭다. 밖으로는 여러 색상을 능히 분별하지만, 안으로는 최고 진리에 서서 꼼작도 하지 않는다"라고 한다.6

에크하르트의 경우도 역시 영혼의 근저에 뿌리박고 본질적 삶을 사는 자는 이기적 욕망을 떠나 하느님의 빛 아래서 사물들을 순수하고 아름답게 접하며 산다. 아무런 두려움이나 근심 없이 하느님의 아들로서 세상을 자유롭게 산다. 에크하르트는 그러한 인간을 '참사람'(ein wahrer Mensch)이라 부른다. 이제 참사람의 모습을 임제선사의 참 인간 무위진인無位眞人과 대비시켜 살펴보자.

---

6 眞如自性起念 六根雖有見聞覺知 不染万境而眞性常自在 外能分別諸色相 內於第一義而不動

5. 참사람과 무위진인

초탈은 그 자체에 목적이 있는 것이 아니다. 초탈이라는 죽음을 통해 새로운 생명으로 태어나기 위함이다. 선과 마찬가지로 에크하르트의 메시지는 "죽으면 산다"(stirb und werde)라는 '사즉생死卽生'의 메시지이다.

에크하르트에 의하면 자신의 본래적 인간성을 회복한 사람은 예수 그리스도와 조금도 다름없는 하느님의 아들로서 당당히 살아간다. 그에게는 아무것도 아쉽거나 부족한 것이 없다. 에크하르트는 그런 사람은 이제 기도조차 필요 없다고 말한다. 기도란 주로 무엇을 바라거나 무엇을 없애주기를 바라는 행위인데 초탈한 사람에게는 그 어떤 바람도 없기 때문이다. 하느님의 아들은 더 이상 종이 아니기에 누구에게든, 심지어 하느님에게조차 무엇을 빌 필요가 없다는 것이다. 참 인간은 자기 밖에서 무엇을 구하지 않는다.

우리가 우리 자신 밖에서 무엇을 얻거나 받으면 이는 옳지 않다. 우리는 하느님을 자기 자신 밖에 있는 것으로 파악하거나 간주해서는 안 되고, 자기 자신의 것으로 그리고 자신 안에 있는 것으로 간주해야 한다. 뿐만 아니라 우리는 하느님을 위해서든 자신의 명예를 위해서든 혹은 자기 밖의 그 어떤 것을 위해서든, 어떤 목적을 위해 봉사하거나 일해서도 안 된다. 오직 자기 자신 안에 있는 자신의 존재와 자신의 생명을 위해서 일해야 한다. 어떤 순진한 사람은 하느님은 저기 계시고 자기들은 여기 있는 것처럼 생각해야 한다고 망상을 한다. 그렇지 않다. 하느님과 나, 우리는 하나다.[1]

자기 자신을 떠나 남에게서 무엇을 구하려고 기웃거리는 자를 호통치는 임제 선사의 살불살조殺佛殺祖의 경지까지는 아니더라도 마음 밖에서 부처를 구하지 말라는 선사들의 말과 다름이 없다.

참 인간은 자기 자신 외에 누구를 위해 살지 않는다. 하느님과 마찬가지로 그는 타자에 의해 부과된 의무나 타자에 의해 규정된 어떤 목적이나 이유를 위해 살지 않는다. 그는 하느님을 위해 살지도 않는다. 그는 "하느님을 위해(for God) 살지 않고 자기 자신 안에 있는 하느님으로부터(out of the God) 산다."[2] 그는 아무 '이유 없이'(ohne Warum) 그저 산다. 생명이 살기 위해 살듯 참 인간은 "일하기 때문에 일한다"고 에크하르트는 말한다.[3] 에크하르트 신비주의 전통에 서 있는 17세기 독일의 신비가 안겔루스 실레시우스Angelus Silesius(1624~1677)는 이러한 경지를 다음과 같이 아름답게 표현했다.

장미는 이유를 모른다.
장미는 피기 때문에 핀다.
장미는 자신에 관심 없고
누가 자기를 보는지 묻지도 않는다[4]

이러한 순진무구한 생명적 삶이 참사람의 삶의 모습이고 하느님의 아들이 누리는 자유이다. 그저 아무 할 일 없이 사는 무사 귀인

---

1 Quint, 186.

2 John D. Caputo, *The Mystical Element in Heideger's Thought* (New York: Fordham University Press, 1986), 123.

3 Quint, 180.

4 Alois M. Haas, *Sermo Mysticus* (Freiburg: Universiätsverlag, 1979), 389에서 인용.

(無事是貴人)의 자유이다. 그의 삶은 진리의 자연스러운 발로일 뿐 무엇을 성취하려는 삶이 아니다. 철저한 초탈과 무념 속에서 이루어지는 삶, 자신의 존재 자체에 뿌리를 둔 본질적 삶은 언제 어디서 무엇을 하든 아무런 장애를 받지 않는 삶이다.

본질적 인간에게는 행위가 문제가 아니라 존재가 문제이다. 그에게는 존재(Sein)가 행위(Tun)에 우선한다. 중요한 것은 우리가 무슨 행위를 하느냐가 아니라 우리가 어떤 존재인가이다. 에크하르트는 말한다.

> 사람은 무엇을 해야 할지 그렇게 걱정할 필요가 없다. 오히려 어떤 존재의 인간인지를 걱정해야 한다. 행위가 우리를 거룩하게 만드는 것이 아니라 우리가 행위를 거룩하게 만든다.5

군중을 피해 고독 속에서 혹은 교회 안에서 평화를 찾으려는 사람들에게 에크하르트는 말하기를 "실로, 바로 선 사람은 어느 장소 어떤 사람과 있든지 문제가 없다. 그러나 바로 서지 못한 사람은 어느 장소 어떤 사람이라도 문제가 된다."6

'바로 서기만 하면'(es recht steht) 장소나 시간이나 환경이 아무 문제가 되지 않는다는 말이다. 이렇게 바로 선 참 인간은 "이것저것이 아니고, 이것저것을 소유하지 않음으로 모든 것이 되고 모든 것을 소유하며, 이곳저곳에 처하지 않음으로 어디에나 처한다."7 임제

---

5 Quint, 57.
6 Quint, 58.
7 DW III, 566.

가 말하는 "가는 곳마다 주인 노릇하면 처하는 곳마다 참되다"(隨處作主 立處皆眞)는 경지이다.[8] 임제에 의하면 진정으로 주인 노릇하는 주체적 인간은 누구엔가 의존하려는 유혹(人惑)을 단호히 거부치고 어떤 대상에 집착하려는 유혹(境惑)도 단호히 물리친다. 그는 어떤 생각이나 관념, 대상이나 환경에 휘둘림당하지 않고 언제 어디서든 그것을 타고(乘境) 부린다(用境)다.[9] 그는 결코 대상화되거나 물화되지 않는 참다운 주체이다.

주체적 인간, 참 인간으로서 본질적 삶을 살라는 에크하르트의 촉구에서 우리는 누구든 자기 앞에 나오려거든 거추장스러운 옷을 모두 벗어버리고 나오라는 임제의 추상같은 명령을 듣는다. 종교, 교주, 교리, 사상, 제도, 개념, 주의 주장, 그 밖에 어떤 관념의 탈도 쓰지 않는 벌거벗은 무의도인無衣道人, 자기 자신 외에 어떤 것에도 의존하지 않는 무의도인無依道人, 자신의 벌거벗은 존재외에 다른 아무것도 내세울 필요가 없는 무위진인無位眞人이야말로 에크하르트가 말하는 참사람이다.

선은 불교 아닌 불교이다. 가장 중국적 불교인 선에서 불교는 마침내 인도적 자취를 말끔히 지워버리고 생활 속의 종교, 종교 아닌 종교로 변모해 버렸다. 우리는 임제 선사에게서 그 극치를 본다. 보리니 열반이니 불성이나 앎(知)이니 하는 교리나 관념들을 거부하고 부처와 중생, 피안과 차안의 구별을 떠나 그야말로 평범한 일상적 행위 가운데서 진정한 인간다움을 실현할 것을 임제 선사는 촉구했다. 불교의 체취가 말끔히 사라져 더 이상 불교랄 것도 없는

---

8 秋月龍珉 역주, 『임제록』, 禪의 語錄 10(동경: 1972), 56.
9 『임제록』, 71. "不被境轉 處處用境."

'세속'의 종교이다. 이와 마찬가지로 에크하르트가 추구하는 영성 역시 활동적 삶의 영성(via activa)이다. 우에다의 표현대로 종교와 세속의 대립을 넘어서는 '비종교적 종교성'이다. 우에다의 날카로운 통찰로 이 글을 마친다.

> 에크하르트에 의하면, 신성神性의 무無는 영혼에게 하나의 대상이 아니라 그 자신의 근저이다. 따라서 영혼은 자기 자신의 본원적 근저로 되돌아오기 위해서 하느님을 돌파하여 신성의 무로 돌파해 가지 않으면 안 된다. 그러기 위해서 영혼은 '하느님을 떠나야' 하며 '하느님으로부터 자유로워야' 한다. 이것은 오직 영혼이 자기 자신을 떠나 하느님과 하나가 됨으로써만 이루어진다. 이것은 에크하르트에게 극단적인 '초탈,' '철저한 죽음'을 뜻한다. 동시에 이를 통해서 영혼의 근저에는 '아무 이유 없이' 자기 스스로로부터 자기 자신에 의해 사는 순수한 생명의 원천이 드러난다. 영혼은 이제 자기 자신의 근저로부터 산다. 이제 에크하르트는 영혼으로 하여금 "나는 신도 아니고 피조물도 아니다"고 말하게 한다.[10] 이것은 진정한 자유, 하느님 없는 자유로서, 이와 더불어 이 '하느님 없음' 속에 신성의 무, 곧 신의 본질이 현존한다. 이러한 사상으로 에크하르트는 유신론과 무신론의 대립의 피안, 인격신관과 탈 인격신관의 대립의 피안에 선다. 이 '하느님 없는' 삶 속에서 에크하르트는 이 '피안'을 일상적인 세상 현실 속의 '활동적 삶'과 직접 연결한다. 실로 '하느님으로부터 신성의 무로' 그리고 이와 더불어 '신으로부터 세상 현실로'라는 방식으로 그는 나아가는 것이다.[11]

---

10 Quint, 308.

11 Ueda Shizuteru, "Das 'Nichts' bei Meister Eckhart und im Zen-Buddhismus unter besonderer Berücksichtigung des Grenzbereiches von Theologie und Philosophie," 258-259.